PyTorch für Deep Learning

PyTorch für Deep Learning

Anwendungen für Bild-, Ton- und Textdaten entwickeln und deployen

Ian Pointer

Deutsche Übersetzung von Marcus Fraaß

Ian Pointer

Lektorat: Alexandra Follenius
Übersetzung: Marcus Fraaß
Korrektorat: Sibylle Feldmann, *www.richtiger-text.de*
Satz: III-satz, *www.drei-satz.de*
Herstellung: Stefanie Weidner und Frank Heidt
Umschlaggestaltung: Karen Montgomery, Michael Oréal, *www.oreal.de*
Druck und Bindung: mediaprint solutions GmbH, 33100 Paderborn

Bibliografische Information der Deutschen Nationalbibliothek
Die Deutsche Nationalbibliothek verzeichnet diese Publikation in der Deutschen Nationalbibliografie; detaillierte bibliografische Daten sind im Internet über *http://dnb.d-nb.de* abrufbar.

ISBN:
Print 978-3-96009-134-9
PDF 978-3-96010-399-8
ePub 978-3-96010-400-1
mobi 978-3-96010-401-8

1. Auflage 2021

Wieblinger Weg 17
69123 Heidelberg

Hinweis:
Dieses Buch wurde auf PEFC-zertifiziertem Papier aus nachhaltiger Waldwirtschaft gedruckt. Der Umwelt zuliebe verzichten wir zusätzlich auf die Einschweißfolie.

Schreiben Sie uns:
Falls Sie Anregungen, Wünsche und Kommentare haben, lassen Sie es uns wissen: kommentar@oreilly.de.

5 4 3 2 1 0

Inhalt

Vorwort

Deep Learning in der heutigen Zeit

Hallo und herzlich willkommen! Dieses Buch wird Sie in das Thema Deep Learning mit PyTorch, einer Open-Source-Bibliothek, die im Jahr 2017 von Facebook öffentlich bereitgestellt wurde, einführen. Wenn Sie in den letzten Jahren nicht wie ein Vogel Strauß mit dem Kopf im Sand gesteckt haben, werden Sie nicht umhingekommen sein, zu bemerken, dass neuronale Netzwerke heutzutage überall zugegen sind. Sie sind von dem »wirklich coolen Teil der Informatik, über den die Menschen lernen und danach nichts damit anfangen können« dazu gereift, jeden Tag in unseren Smartphones mit uns herumgetragen zu werden, um unsere Bilder zu verbessern oder unseren Sprachbefehlen zuzuhören. Unsere E-Mail-Programme lesen unsere E-Mails und produzieren kontextbezogene Antworten, unsere Lautsprecher hören uns zu, Autos fahren von selbst, und der Computer hat die besten Spieler bei Go inzwischen besiegt. Wir sehen auch, dass die Technologie in autoritären Ländern für ruchlosere Zwecke eingesetzt wird, etwa wenn Wächter mithilfe von neuronalen Netzwerken Gesichter aus der Menge herauspicken und darüber entscheiden, ob die Menschen verhaftet werden sollen.

Auch wenn es einem so vorkommen mag, dass dies alles sehr rasch voranging, so reichen die zugrunde liegenden Konzepte der neuronalen Netze und des Deep Learning dennoch weit zurück. Der Beweis, dass ein solches Netz in der Lage ist, *jede* mathematische Funktion in einer approximativen Weise zu ersetzen – was die Idee untermauert, dass neuronale Netze für viele verschiedene Aufgaben trainiert werden können –, geht zurück ins Jahr 1989.[1] Neuronale Konvolutionsnetze wurden bereits in den späten 1990er-Jahren zur Erkennung von Ziffern auf Schecks verwendet. In dieser Zeit hat sich ein solides Fundament aufgebaut. Warum also fühlt es sich so an, als hätte es in den letzten zehn Jahren eine explosionsartige Entwicklung in diesem Bereich gegeben?

1 Siehe »Approximation by Superpositions of Sigmoidal Functions« (*https://oreil.ly/BQ8-9*) von George Cybenko (1989).

Hierfür gibt es zahlreiche Gründe, wobei der wichtigste wohl der Anstieg der Leistungsfähigkeit von *Grafikprozessoren* (GPUs) und deren zunehmende Erschwinglichkeit ist. Ursprünglich für Spiele entwickelt, sind GPUs darauf ausgelegt, unzählige Millionen von Matrixoperationen pro Sekunde auszuführen, um alle Polygone für das Fahr- oder Ballerspiel, das Sie auf Ihrer Konsole oder Ihrem PC spielen, zu rendern – Operationen, für die ein gewöhnlicher Hauptprozessor (CPU) einfach nicht optimiert ist. Der im Jahr 2009 erschienene Forschungsbeitrag »Large-Scale Deep Unsupervised Learning Using Graphics Processors« von Rajat Raina et al.[2] wies darauf hin, dass das Training neuronaler Netze ebenfalls auf der Ausführung zahlreicher Matrixoperationen basiert, sodass zusätzliche Grafikkarten das Training beschleunigen und dadurch auch erstmals noch größere, *tiefere* neuronale Netzwerkarchitekturen eingesetzt werden können.

Andere wichtige Methoden wie *Dropout* (die wir in Kapitel 3 betrachten werden) wurden ebenfalls in den letzten zehn Jahren eingeführt, um das Training nicht nur zu beschleunigen, sondern auch besser zu *verallgemeinern* (damit das Netzwerk nicht einfach nur die Trainingsdaten auswendig lernt – ein Problem namens *Überanpassung*, auf das wir im nächsten Kapitel stoßen werden). In den letzten Jahren haben Unternehmen diesen GPU-basierten Ansatz auf die nächste Ebene gehoben. Dabei hat Google etwas entwickelt, das es als *Tensorprozessoren* (TPUs) bezeichnet. Es handelt sich dabei um anwendungsspezifische Chips, die speziell dafür entwickelt wurden, so schnell wie möglich Deep-Learning-Anwendungen durchzuführen. Darüber hinaus stehen sie sogar der allgemeinen Öffentlichkeit als Teil des Google-Cloud-Ökosystems zur Verfügung.

Eine weitere Möglichkeit, den Fortschritt des Deep Learning in den letzten zehn Jahren zu skizzieren, bietet der ImageNet-Wettbewerb. ImageNet ist eine riesige Datenbank mit über 14 Millionen Bildern, die zu Zwecken des maschinellen Lernens für 20.000 Kategorien manuell gelabelt sind. Seit dem Jahr 2010 wird jährlich im Rahmen des Wettbewerbs *ImageNet Large Scale Visual Recognition Challenge* versucht, die Anwendungen aller Teilnehmer anhand eines Auszugs aus der Datenbank mit 1.000 Kategorien zu testen. Bis 2012 lagen die Fehlerquoten für die Bewältigung der Aufgaben bei etwa 25%. In jenem Jahr gewann jedoch ein tiefes neuronales Konvolutionsnetz den Wettbewerb mit einer Fehlerquote von 16%, womit es alle anderen Teilnehmer deutlich übertraf. In den folgenden Jahren wurde diese Fehlerquote immer weiter nach unten gedrückt, bis die ResNet-Architektur im Jahr 2015 ein Ergebnis von 3,6% erreichte, das unterhalb der durchschnittlichen menschlichen Leistung (5%) lag. Wir wurden also überholt.

2 *http://www.robotics.stanford.edu/~ang/papers/icml09-LargeScaleUnsupervisedDeepLearningGPU.pdf*

Aber was genau ist Deep Learning, und brauche ich einen Doktortitel, um es verstehen zu können?

Die Definitionen von Deep Learning sind oft eher verwirrend als erhellend. Eine Definitionsmöglichkeit besteht darin, Deep Learning als eine Methode des maschinellen Lernens zu bezeichnen, die mehrere und zahlreiche Schichten nicht linearer Transformationen verwendet, um nach und nach Merkmale aus der ursprünglichen Eingabe zu extrahieren. Das ist zwar richtig, aber es hilft nicht wirklich weiter, oder? Ich ziehe es vor, es als eine Methode zu beschreiben, die Aufgaben löst, bei denen Sie dem Computer die Eingaben und die gewünschten Ausgaben liefern und er die Lösung findet, im Regelfall unter Verwendung eines neuronalen Netzes.

Auf viele Menschen abschreckend wirkt im Zusammenhang mit Deep Learning die dahinterstehende Mathematik. Wenn Sie sich irgendeinem Forschungspapier in diesem Bereich widmen, werden Sie fast überall auf undurchdringliche Mengen an Notationen in Form von griechischen Buchstaben stoßen und wahrscheinlich schreiend im Dreieck springen. Die Sache ist die: Man muss in den meisten Fällen kein Mathegenie sein, um die Methoden des Deep Learning anwenden zu können. Tatsächlich muss man für die meisten alltäglichen, grundlegenden Anwendungen der Technologie überhaupt nicht viel wissen. Um wirklich zu verstehen, was vor sich geht (wie Sie in Kapitel 2 sehen werden), muss man sich nur ein wenig anstrengen, um die Konzepte nachvollziehen zu können, die man wahrscheinlich bereits in der Oberstufe gelernt hat. Lassen Sie sich also nicht von der Mathematik verunsichern. Am Ende von Kapitel 3 werden Sie in der Lage sein, einen Bildklassifikator zusammenzustellen, der mit nur wenigen Zeilen Code mit dem konkurriert, was die besten Köpfe im Jahr 2015 anbieten konnten.

PyTorch

Wie bereits zu Beginn erwähnt, ist PyTorch eine Open-Source-Bibliothek von Facebook, die das Programmieren von Deep-Learning-Code in Python erleichtert. Der Ursprung der Bibliothek fußt wiederum auf zwei weiteren Bibliotheken. Sie leitet, und angesichts ihres Namens vielleicht nicht ganz überraschend, viele Funktionen und Konzepte von *Torch* ab, einer Lua-basierten Bibliothek für neuronale Netzwerke, die auf das Jahr 2002 zurückgeht. Der zweite wichtige Vorläufer ist die Bibliothek *Chainer*, die im Jahr 2015 in Japan entwickelt wurde. Chainer war eine der ersten Bibliotheken für neuronale Netzwerke, die einen eifrigen bzw. interaktiven (engl. Eager Execution) Ansatz zur Differenzierung anstelle der Definition statischer Graphen bot. Das ermöglichte eine größere Flexibilität bei der Erstellung, dem Training und der Handhabung von Netzwerken. Die Kombination aus Elementen von Torch und Ideen von Chainer hat PyTorch in den letzten Jahren populär gemacht.[3]

3 Beachten Sie, dass PyTorch Ideen von Chainer entlehnt, aber nicht den eigentlichen Code.

Die Bibliothek umfasst auch hilfreiche Module zur Text-, Bild- und Tondatenmanipulation (`torchtext`, `torchvision` und `torchaudio`) sowie integrierte Varianten populärer Architekturen wie ResNet (mit Gewichten, die heruntergeladen werden können, um bei Methoden wie *Transfer Learning*, das Sie in Kapitel 4 kennenlernen werden, Unterstützung zu bieten).

Auch über Facebook hinaus gewann PyTorch in der Industrie schnell an Akzeptanz. Unternehmen wie Twitter, Salesforce, Uber und NVIDIA nutzen es auf verschiedene Weise für ihre Deep-Learning-Anwendungen. Ich ahne aber bereits die nächste Frage ...

Warum nicht TensorFlow?

Genau, richten wir unseren Blick auf das ziemlich große von Google konzipierte Schwergewicht in der gegenüberliegenden Ecke. Was bietet PyTorch, was TensorFlow nicht bieten kann? Warum sollten Sie stattdessen PyTorch lernen?

Die Antwort ist, dass das traditionelle TensorFlow anders funktioniert als PyTorch, was erhebliche Auswirkungen auf den Code und die Fehlersuche mit sich bringt. In TensorFlow verwenden Sie die Bibliothek, um eine Graphendarstellung der Architektur des neuronalen Netzwerks aufzubauen, und führen dann Operationen auf diesem Graphen aus, was innerhalb der TensorFlow-Bibliothek geschieht. Diese Methode der deklarativen Programmierung steht im Widerspruch zum imperativen Paradigma von Python, was bedeutet, dass TensorFlow-Programme in Python etwas seltsam und schwer verständlich aussehen und sich auch so anfühlen können. Das andere Problem ist, dass im Vergleich zum Ansatz mit PyTorch die statische Graphendeklaration die dynamische Änderung der Architektur während der Trainings- und Inferenzphase sehr viel komplizierter macht und mit Boilerplate-Code vollstopfen kann.

Aus diesen Gründen ist PyTorch in den forschungsorientierten Fachkreisen populär geworden. Die Anzahl der bei der »International Conference on Learning Representations« eingereichten Beiträge, in denen *PyTorch* erwähnt wird, ist im letzten Jahr um 200% gestiegen. Die Anzahl der Beiträge, in denen *TensorFlow* erwähnt wird, hat fast genauso stark zugenommen. PyTorch wird mit Sicherheit auch in Zukunft eine Rolle spielen.

Mit dem Erscheinen neuerer Versionen von TensorFlow änderten sich die Dinge jedoch ein wenig. Eine neue Funktion namens *Eager Execution*, die es ermöglicht, ähnlich wie mit PyTorch zu arbeiten, wurde unlängst der Bibliothek hinzugefügt. Das wird auch das Paradigma sein, das in TensorFlow 2.0 vorangetrieben wird. Da jedoch nur wenige neue Informationsmaterialien außerhalb von Google zur Verfügung stehen, die Ihnen helfen, diese neue Arbeitsweise mit TensorFlow zu erlernen, sind die Möglichkeiten sehr begrenzt. Sie müssten jahrelang daran arbeiten, um das andere Paradigma zu verstehen, damit Sie das Beste aus der Bibliothek herausholen können.

Aber nichts davon sollte Ihnen ein schlechtes Bild von TensorFlow vermitteln; es bleibt eine industrieerprobte Bibliothek, die durch eines der größten Unternehmen der Welt gefördert wird. PyTorch (natürlich ebenfalls gestützt durch eine andere »größte Firma der Welt«) ist, würde ich sagen, ein rationalisierter und fokussierterer Ansatz für Deep Learning und differenzielle Programmierung. Da keine älteren, eingestaubten APIs mehr unterstützt werden müssen, ist es leichter, in PyTorch zu lehren und produktiv zu werden als in TensorFlow.

Wie hängt Keras damit zusammen? So viele gute Fragen! Keras ist eine übergeordnete Deep-Learning-Bibliothek, die ursprünglich Theano und TensorFlow und nun auch andere Frameworks wie Apache MXNet unterstützt. Sie bietet bestimmte Funktionen wie Trainings-, Validierungs- und Testroutinen, deren Erstellung die untergeordneten Frameworks sonst dem Entwickler überlassen, sowie einfache Methoden zum Aufbau von neuronalen Netzwerkarchitekturen. Sie hat enorm zur Verbreitung von TensorFlow beigetragen, ist jetzt Teil von TensorFlow selbst (als `tf.keras`) und wird auch weiterhin ein eigenständiges Projekt bleiben. Im Vergleich dazu ist PyTorch so etwas wie der Mittelweg zwischen reinem TensorFlow und Keras; wir werden unsere eigenen Trainings- und Vorhersageroutinen schreiben müssen, aber das Erstellen von neuronalen Netzwerken ist fast genauso einfach (und meiner Meinung nach ist der Ansatz von PyTorch zur Erstellung und Wiederverwendung von Architekturen für einen Python-Entwickler bedeutend logischer als der bei Keras).

Wie Sie in diesem Buch noch sehen werden, ist PyTorch seit der Einführung von Version 1.0, obwohl es in eher forschungsorientierten Kreisen verbreitet ist, perfekt für Anwendungsfälle im Produktiveinsatz geeignet.

Ziel und Ansatz

Das vorliegende Buch führt Sie in die Grundlagen von PyTorch ein und zeigt Ihnen, wie Sie selbst Ihre eigenen Deep-Learning-Anwendungen Schritt für Schritt entwickeln, debuggen und in den Produktivbetrieb überführen können. Sie lernen, wie man neuronale Netzwerke in PyTorch erstellt, schrittweise komplexere Modellelemente integriert und schließlich auch Modelle nutzt, die den neuesten Stand der Technik abbilden. Sie erfahren, wie Sie Ihren eigenen Datensatz aufbauen und erweitern können, und auch, wie Sie sich Transfer Learning zunutze machen, wenn Sie nur auf wenige Daten zurückgreifen können oder die Leistungsfähigkeit Ihres Modells weiter verbessern möchten.

Darüber hinaus lernen Sie, wie Sie Deep-Learning-Modelle erfolgreich überwachen und debuggen. Sie werden auch sehen, wie Sie die Entscheidungsfindung eines Modells mithilfe von Visualisierungen offenlegen können. Sie erfahren, wie sich Ihre Anwendung als skalierbarer Webdienst unter Nutzung von Docker, Kubernetes und Google Cloud in den Produktivbetrieb überführen lässt. Zudem sehen wir uns verschiedene Ansätze dazu an, wie wir bereits trainierte Modelle einerseits komprimieren und andererseits auch das Modelltraining, beispielsweise durch die direkte oder indirekte Nutzung der Programmiersprache C++ oder einer GPU, beschleunigen können.

Wir trainieren unsere Modelle mit Daten aus drei verschiedenen Domänen: Bilder, Texte und Töne. Dabei lernen Sie, in welche Form Sie diese Datentypen zur weiteren Verarbeitung bringen müssen, welche Unterschiede Sie hinsichtlich der Modellwahl beachten sollten, welche Modellarchitekturen sich für welche Domäne besonders anbieten, und sogar, wann es sich lohnt, in eine andere Domäne mithilfe einer Transformation der Daten zu wechseln. Dabei erfahren Sie, wie Sie in PyTorch sowohl integrierte Modelle und Klassen nutzen als auch eigenständig Erweiterungen oder Modifizierungen umsetzen können.

Im Verlauf des Buchs begegnen Ihnen zahlreiche hilfreiche Tipps und Tricks, die Ihnen das Leben bei der täglichen Anwendung von PyTorch erleichtern sollen. Das Buch soll Ihnen nicht nur einen Leitfaden an die Hand geben, sondern Sie auch zu selbstständigem Lernen anregen und Ihnen aufzeigen, was PyTorchs Ökosystem sonst noch für Sie bereithält. Scheuen Sie sich also nicht, zu gegebener Zeit einen Blick in die Dokumentationen oder in den Quellcode der genutzten Bibliotheken und Pakete zu werfen – es lohnt sich ungemein!

Voraussetzungen

Die Hauptzielgruppe dieses Buchs sind Entwickler und Data Scientists, die gegebenenfalls noch wenige Kenntnisse im Bereich Deep Learning haben, aber mehr darüber lernen möchten. Auch wenn Vorkenntnisse wie z.B. ein grundlegendes Verständnis für die Funktionsweise von neuronalen Netzwerken und deren Optimierungsroutinen hilfreich sind, so sind sie nicht unbedingt erforderlich.

Darüber hinaus richtet sich das Buch an diejenigen, die bereits Erfahrungen in der Programmierung im Bereich Deep Learning haben und auf PyTorch umsteigen oder es noch eingehender lernen möchten. Sie sollten über eine gewisse Erfahrung in der Programmierung mit Python oder anderen Programmiersprachen (z.B. Java, Scala, Ruby, R usw.) verfügen und sich bereits ein wenig mit der Handhabung der Kommandozeile auskennen.

Wenn Sie mit Python noch nicht vertraut sind, finden Sie einen guten Einstieg auf *https://www.learnpython.org*. Darüber hinaus gibt es unzählige kostenlose Onlineressourcen, die es Ihnen ermöglichen, sich genügend Python-Wissen anzueignen, um mit den Beispielen in diesem Buch arbeiten zu können.

Der Fokus des Buchs liegt auf der eigenständigen Entwicklung und Umsetzung von Deep-Learning-Modellen in PyTorch. Dabei wird weitestgehend auf mathematische Notationen und komplexe Formeln verzichtet. Sie müssen dementsprechend auch nicht über einen nennenswerten mathematischen Hintergrund verfügen, um dem Buch folgen zu können.

Sie benötigen eine Rechnerumgebung, in der Sie die verwendeten Codebeispiele, die Sie auch in dem GitHub-Repository (*https://oreil.ly/pytorch-github*) des Buchs finden, ausführen können. Das Repository können Sie mit dem Befehl `git clone https://github.com/falloutdurham/beginners-pytorch-deep-learning.git` herunterladen (oder besser, Sie forken zunächst das Repository und laden es dann von Ihrem eigenen Account herunter) und die Beispiele in Ihrer gewünschten Entwicklungsumgebung ausführen (ggf. müssen Sie noch die Pfadangaben individuell an Ihre eigene Verzeichnisstruktur anpassen). In Kapitel 1 werden Sie noch ausführlich erfahren, wie Sie Ihre Entwicklungsumgebung einrichten können.

Wegweiser durch dieses Buch

In Kapitel 1, *Einstieg in PyTorch*, richten wir alles ein, um mit der Programmierung in PyTorch loslegen zu können. Hierbei zeige ich Ihnen, wie Sie PyTorch sowohl lokal als auch in der Cloud nutzen können, und ich gehe auch kurz auf die grundlegendsten Elemente und Befehle der Bibliothek ein.

In Kapitel 2, *Bildklassifizierung mit PyTorch*, lernen Sie die Grundlagen neuronaler Netze kennen und erfahren, wie Sie ein neuronales Netzwerk in PyTorch selbst programmieren, das zur Bildverarbeitung bereitstehende Paket `torchvision` verwenden und Ihr Modell zur Bildklassifizierung nutzen können. Hierfür entwickeln wir zunächst ein relativ einfaches, vollständig verbundenes neuronales Netz, einen eigenen Datensatz mit Bildern aus dem Internet und eine Trainingsroutine, mit der wir das neuronale Netz auf der GPU trainieren. Zudem sehen wir uns an, wie Sie Vorhersagen für Bilder vornehmen und wie Sie Modelle auf und von der Festplatte speichern bzw. wiederherstellen können. Bis einschließlich Kapitel 4 entwickeln wir davon ausgehend unterschiedliche Netzwerke, mit denen wir Bilder klassifizieren und feststellen möchten, ob sich auf einem Bild eine Katze oder ein Fisch befindet. Dabei lernen Sie die wichtigsten Bestandteile und Parameter neuronaler Netzwerke kennen, wie Aktivierungs- und Verlustfunktionen, Lernrate sowie Optimierungsalgorithmen.

Im weiteren Verlauf erhöhen wir kontinuierlich die Leistungsfähigkeit unserer Netzwerke. In Kapitel 3 lernen Sie mit den neuronalen Konvolutionsnetzen (engl. Convolutional Neural Networks, CNNs) eine weitere Architektur kennen, und Sie werden beobachten, dass sich CNNs schneller trainieren lassen und auch genauer sind. In diesem Zusammenhang zeige ich Ihnen verschiedene neuronale Schichttypen und deren Funktionsweise. Zudem gebe ich Ihnen einen kurzen geschichtlichen Einblick in die Entwicklung der bemerkenswertesten Netzwerkarchitekturen im Bereich des bildbasierten Deep Learning. Anschließend werfen wir einen Blick darauf, wie man bereits zuvor trainierte Modelle in PyTorch nutzen kann.

In Kapitel 4, *Transfer Learning und andere Kniffe*, vertiefen wir das Thema Bildverarbeitung noch weiter und greifen dabei auf eine unglaublich effektive Technik im Deep Learning namens Transfer Learning zurück. Hierbei wird ein Modell auf eine

Aufgabe (vor-)trainiert und im Anschluss daran auf eine andere Aufgabe übertragen, weshalb es sich sehr schnell und äußerst effektiv in Anwendung bringen lässt. In diesem Zusammenhang greifen wir auf ein großes, auf einen anderen Datensatz vortrainiertes Netzwerk namens ResNet zurück und nehmen darauf basierend eine Feinabstimmung auf unseren Datensatz vor, um unsere Katze-oder-Fisch-Klassifizierung noch akkurater zu gestalten. Hierbei zeige ich Ihnen auch, wie Sie die optimale Lernrate finden, differenzielle Lernraten im Rahmen der Feinabstimmung heranziehen und auch Datenaugmentationstechniken sowie Ensemble-Modelle zur weiteren Verbesserung Ihres Modells nutzen können.

In Kapitel 5, *Textklassifizierung*, lassen wir die Bilddomäne vorerst hinter uns und widmen uns textbasierten Ansätzen des Deep Learning zur Klassifizierung. Das Kapitel bietet einen Schnelleinstieg in die Thematik rund um rekurrente neuronale Netzwerke und deren Erweiterungen. Wir sehen uns an, wie Textdaten in Form von Einbettungen (engl. Embeddings) codiert und für das Deep Learning nutzbar gemacht werden. Außerdem erkunden wir das `torchtext`-Paket sowie die Erstellung eines Twitter-Datensatzes und wie man das Paket im Rahmen der Textverarbeitung für die Entwicklung eines LSTM-basierten Modells zur Klassifizierung von Tweets nutzt. Darüber hinaus sehen wir uns ebenso für Textdaten Strategien an, die Ihnen helfen, Ihren Datensatz zu erweitern.

Kapitel 6, *Eine Reise in die Welt der Klänge*, bietet Ihnen einen Einstieg in die Verarbeitung von Ton- bzw. Audiodaten. Wir sehen uns zwei sehr unterschiedliche Ansätze zur Klassifizierung an: einen, der auf der reinen Wellenform der Audiodaten und einem neuronalen Konvolutionsnetz beruht, und einen anderen, bei dem wir die Audiodaten zuvor in den Frequenzbereich überführen und uns erneut Transfer Learning zunutze machen. Dabei unternehmen wir einen kurzen Einstieg in das `torchaudio`-Paket und sehen uns an, wie sich Transformationen von Datensätzen effektiv berechnen lassen. Außerdem widmen wir uns abschließend mehreren Ansätzen zur Datenaugmentation von Audiodaten, die die Leistungsfähigkeit der Modelle und ihre Fähigkeit, zu verallgemeinern, verbessern sollen.

In Kapitel 7, *PyTorch-Modelle debuggen*, kommen wir darauf zu sprechen, wie man Modelle debuggen kann, wenn das Training nicht korrekt oder nicht schnell genug vonstattengeht. Wir werfen einen Blick darauf, wie wir mit sogenanntem Class Activation Mapping unter Nutzung von PyTorch-Hooks Deep-Learning-Modelle nachvollziehbarer gestalten können und wie man PyTorch zu Debugging-Zwecken mit Googles TensorBoard verbindet. Zudem erfahren Sie, wie Flammendiagramme eingesetzt werden können, um rechenintensive Funktionsaufrufe zu identifizieren und zu beseitigen, speziell in Bezug auf mögliche Verzögerungen bei Transformationen. Schließlich sehen wir uns an, wie Sie die Auslastung Ihrer GPU im Blick behalten, den Speicherbedarf reduzieren und wie Sie insbesondere bei der Verwendung größerer Modelle mithilfe von Checkpoints mehr Speicherkapazität auf Ihrer GPU erlangen können.

In Kapitel 8, *PyTorch im Produktiveinsatz*, kommen wir darauf zu sprechen, wie Sie PyTorch-Anwendungen in eine Produktionsumgebung überführen, das Deployment des Modells gestalten und Ihr Modell weiter optimieren können. Wir entwickeln einen skalierbaren Webdienst, mit dem wir in PyTorch erstellte Vorhersagemodelle über HTTP und gRPC bereitstellen. Dabei packen wir unsere Anwendung in einen Docker-Container, stellen sie in einem Kubernetes-Cluster über Google Cloud bereit und führen uns vor Augen, wie wir die Anwendung mittels Telemetrie und Logging überwachen können. Im zweiten Teil beschäftigen wir uns mit Optimierungsmöglichkeiten unseres Codes. Wir erkunden in diesem Zusammenhang TorchScript, das uns aufgrund seiner statischen Typisierung und graphenbasierten Darstellung ermöglicht, Python-basierte Modelle weiter zu optimieren. Ich zeige Ihnen, wie Sie mithilfe von Just-in-Time-(JIT-)Tracing und Scripting optimierte und Python-kompatible TorchScript-Modelle erstellen können, die überdies mithilfe von libTorch in C++ ausgeführt und dadurch noch weiter optimiert werden können. Abschließend werfen wir auch einen kurzen Blick darauf, wie große Modelle mittels Quantisierung komprimiert werden können.

In Kapitel 9, *Praxiserprobte PyTorch-Modelle in Aktion*, sehen wir uns an, wie PyTorch von Personen und Unternehmen rund um den Globus genutzt wird und wie Sie selber diese hochaktuellen Modelle mit bereits zur Verfügung stehenden Bibliotheken für Ihre Anwendung nutzen können. Dabei lernen Sie einige neue Ansätze und Modelle kennen. Zuerst beschäftigen wir uns damit, wie Sie Ihr Modell mithilfe weiterer Datenaugmentationstechniken noch verbessern und einer Überanpassung vorbeugen können. Anschließend skizziere ich Ihnen den Aufbau von Super-Resolution-Modellen, die auf Generative Adversarial Networks (GANs) basieren und mit denen wir Bilder hochauflösend hochskalieren können. Im Anschluss daran zeige ich Ihnen, wie Sie relativ schnell mit dem Konvolutionsnetzwerk Faster R-CNN Objekte auf Bildern erkennen und wie Sie Bilder erstellen können, die sogar dazu in der Lage sind, neuronale Netzwerke zu täuschen – sogenannte Adversarial Samples. Wir schauen uns die Grundstruktur von Transformer-basierten Architekturen an und wie diese insbesondere im Bereich des Natural Language Processing als Sprachmodelle zum Tragen kommen. Hierbei zeige ich Ihnen, wie Sie Ihre Feinabstimmung mit einem Transformer-basierten Modell vornehmen (FastBERT), synthetische Tweets mit GPT-2 erzeugen und ein vortrainiertes ULMFiT-Modell sehr schnell mithilfe der fast.ai-Bibliothek zur Klassifizierung von Tweets heranziehen können, das zwar nicht auf dieser Architektur basiert, aber dennoch zufriedenstellende Ergebnisse liefert. Zu guter Letzt greifen wir noch auf PyTorch Lightning zurück, und ich zeige Ihnen verschiedene Anwendungsfälle des selbstüberwachten Lernens im Rahmen des Vorabtrainings, mit dem sich die Modellleistung für verschiedene Aufgabenstellungen weiter verbessern lässt. Hier lernen Sie einerseits den Ansatz kennen, Eingaben zu verändern und diese mithilfe von Selbstüberwachung wiederherzustellen, und andererseits den vielversprechenden Ansatz, Labels für Ihre Daten ohne jeglichen menschlichen Annotationsaufwand zu erstellen.

Veränderungen gegenüber der englischsprachigen Ausgabe

Die vorliegende deutsche Übersetzung unterscheidet sich an wenigen Stellen gegenüber dem englischsprachigen Original. Zum einen wurde der abgedruckte Code aktualisiert, um die Kompatibilität zu neueren Versionen der genutzten Bibliotheken zu gewährleisten, und Errata wurden ausgebessert. Zum anderen wurden der deutschsprachigen Ausgabe in enger Zusammenarbeit mit dem Autor Ian Pointer neue Abschnitte hinzugefügt oder überarbeitet. Dies betrifft den Abschnitt zur Quantisierung von Modellen zum Ende des Kapitels 8 und den Abschnitt zum selbstüberwachten Lernen zum Abschluss des Kapitels 9. Der Abschnitt zu den Transformer-basierten Modellen (ULMFiT, GPT-2 und FastBERT) wurde überarbeitet, und die Codebeispiele wurden komplett in PyTorch überführt. Darüber hinaus wurde der Abschnitt »Alles in einem« in Kapitel 2 inhaltlich ergänzt.

Softwareversionen

Der Code in diesem Buch wurde mit den folgenden Versionen auf Funktionsfähigkeit getestet: Python 3.6.9, PyTorch (torch) 1.6.0 (bis auf den Code im Abschnitt »Faster R-CNN und Mask R-CNN« auf Seite 203, der PyTorch-Version 1.0 nutzt), torchvision 0.7.0, torchtext 0.7.0 und torchaudio 0.6.0. Auf der GitHub-Seite des Buchs finden Sie Dateien mit einer vollständigen Auflistung aller genutzten Versionen. Diese können Sie zur Versionskontrolle nutzen, insbesondere dann, wenn Sie die Installationen lokal vornehmen möchten und in einer eigens dafür vorgesehenen virtuellen Umgebung arbeiten.

Sollten Sie mit dem Paketverwaltungsprogramm `pip` arbeiten, empfehle ich Ihnen, mit dem Befehl `python3 -m venv .venv` von Ihrer Kommandozeile aus (wenn Sie sich im Zielordner befinden) eine virtuelle Umgebung einzurichten (*https://docs.python.org/3/library/venv.html#module-venv*). Nach Aktivierung der virtuellen Umgebung können Sie auf Basis der Datei *requirements.txt* alle notwendigen Bibliotheken und Pakete mit dem Befehl `pip install -r requirement.txt` installieren. Wenn Sie sich für `conda` entscheiden, steht Ihnen eine Datei namens *environment.yml* zur Verfügung, mit der Sie die Installationen mit dem Befehl `conda env create` durchführen können. Auf gleiche Weise können Sie auch die Version bei der Installation einzelner Pakete kontrollieren. Beispielsweise könnten Sie die Befehle `pip install torch==1.6.0` oder `conda install torch==1.6.0` ausführen, um die Installation von PyTorch-Version 1.6.0 zu gewährleisten.

Es ist nicht auszuschließen, dass Veränderungen an den zugrunde liegenden Bibliotheken oder Paketen vorgenommen werden oder dass sich Schnittstellendefinitionen verändern. Sollten Sie einmal feststellen, dass der Code nicht wie gewünscht läuft, zögern Sie nicht, im Repository auf GitHub (*https://oreil.ly/pytorch-github*) nachzusehen, ob neuere Codeversionen verfügbar sind (oder gesonderte Branches) oder ob es offene oder geschlossene Issues gibt, die Ihnen bei Ihrem Problem weiterhelfen könnten.

Weitere Ressourcen

- *Deep Learning – Grundlagen und Implementierung: Neuronale Netze mit Python und PyTorch programmieren* von Seth Weidman, O'Reilly 2020
- *Natural Language Processing mit PyTorch: Intelligente Sprachanwendungen mit Deep Learning erstellen* von Delip Rao und Brian McMahan, O'Reilly 2019
- *GANs mit PyTorch selbst programmieren: Ein verständlicher Einstieg in Generative Adversarial Networks* von Tariq Rashid, O'Reilly 2020

In diesem Buch verwendete Konventionen

Die folgenden typografischen Konventionen werden in diesem Buch eingesetzt:

Kursiv
: Kennzeichnet neue Begriffe, URLs, E-Mail-Adressen, Dateinamen und Dateiendungen.

`Konstante Zeichenbreite`
: Wird für Programmlistings und für Programmelemente in Textabschnitten wie Namen von Variablen und Funktionen, Datenbanken, Datentypen, Umgebungsvariablen, Anweisungen und Schlüsselwörter verwendet.

`Konstante Zeichenbreite, fett`
: Kennzeichnet Befehle oder anderen Text, den der Nutzer wörtlich eingeben sollte.

`Konstante Zeichenbreite, kursiv`
: Kennzeichnet Text, den der Nutzer je nach Kontext durch entsprechende Werte ersetzen sollte.

Dieses Symbol steht für einen Tipp oder eine Empfehlung.

Dieses Symbol steht für einen allgemeinen Hinweis.

Dieses Symbol warnt oder mahnt zur Vorsicht.

Verwenden von Codebeispielen

Zusätzliche Materialien (Codebeispiele, Übungen und so weiter) können Sie von der Adresse *https://oreil.ly/pytorch-github* herunterladen.

Dieses Buch dient dazu, Ihnen beim Erledigen Ihrer Arbeit zu helfen. Im Allgemeinen dürfen Sie die Codebeispiele aus diesem Buch in Ihren eigenen Programmen und der dazugehörigen Dokumentation verwenden. Sie müssen uns dazu nicht um Erlaubnis bitten, solange Sie nicht einen beträchtlichen Teil des Codes reproduzieren. Beispielsweise benötigen Sie keine Erlaubnis, um ein Programm zu schreiben, in dem mehrere Codefragmente aus diesem Buch vorkommen. Wollen Sie dagegen eine CD-ROM mit Beispielen aus Büchern von O'Reilly verkaufen oder verteilen, benötigen Sie eine Erlaubnis. Eine Frage zu beantworten, indem Sie aus diesem Buch zitieren und ein Codebeispiel wiedergeben, benötigt keine Erlaubnis. Eine beträchtliche Menge Beispielcode aus diesem Buch in die Dokumentation Ihres Produkts aufzunehmen, bedarf hingegen unserer ausdrücklichen Zustimmung.

Wir freuen uns über Zitate, verlangen diese aber nicht. Ein Zitat enthält Titel, Autor, Verlag und ISBN. Beispiel: »*PyTorch für Deep Learning* von Ian Pointer (O'Reilly). Copyright 2021 dpunkt.verlag, ISBN 978-3-96009-134-9.«

Wenn Sie glauben, dass Ihre Nutzung von Codebeispielen über den übliche Rahmen hinausgeht oder außerhalb der oben vorgestellten Nutzungsbedingungen liegt, kontaktieren Sie uns bitte unter *kommentar@oreilly.de*.

Danksagungen

Ein herzliches Dankeschön an meine Lektorin, Melissa Potter, meine Familie und Tammy Edlund für all ihre Hilfe bei der Umsetzung dieses Buchs.

Vielen Dank auch an die technischen Gutachter, die während des gesamten Schreibprozesses wertvolles Feedback gaben, darunter Phil Rhodes, David Mertz, Charles Givre, Dominic Monn, Ankur Patel und Sarah Nagy.

KAPITEL 1

Einstieg in PyTorch

In diesem Kapitel richten wir alle erforderlichen Elemente ein, die wir für die Arbeit mit PyTorch benötigen. Jedes folgende Kapitel wird anschließend auf diesem anfänglichen Grundgerüst aufbauen, daher ist es wichtig, dass wir es richtig machen. Dies führt zu unserer ersten grundlegenden Frage: Sollten Sie besser einen maßgeschneiderten Computer für Deep Learning zusammenstellen oder einfach eine der vielen verfügbaren Cloud-basierten Ressourcen verwenden?

Zusammenbau eines maßgeschneiderten Deep-Learning-Rechners

Wenn man sich ins Deep Learning stürzt, verspürt man den Drang, sich ein Rechenmonstrum zusammenzustellen. Sie können Tage damit verbringen, sich verschiedene Arten von Grafikkarten anzusehen, die verschiedenen Speichertypen in Erfahrung zu bringen, die mit Ihrer CPU kompatibel sind, die beste Art von Speicher zu kaufen und zu durchdenken, wie groß ein SSD-Laufwerk im Rahmen Ihres Budgets sein mag, damit Sie so schnell wie möglich auf Ihre Festplatte zugreifen können. Auch ich war davor nicht gefeit; ich habe vor ein paar Jahren einen Monat damit verbracht, eine Liste mit Komponenten zu erstellen und einen neuen Computer auf meinem Esstisch zusammenzubauen.

Mein Rat – vor allem wenn Sie neu in die Welt des Deep Learning einsteigen – lautet: Tun Sie es nicht. Sie können leicht mehrere Tausend Euro in einen Rechner investieren, den Sie möglicherweise gar nicht so oft benutzen. Stattdessen empfehle ich Ihnen, dieses Buch mithilfe von Cloud-Ressourcen (entweder in Amazon Web Services, Google Cloud oder Microsoft Azure) durchzuarbeiten und erst dann über den Bau eines eigenen Rechners nachzudenken, wenn Sie das Gefühl haben, dass Sie einen eigenen Rechner für den 24/7-Betrieb benötigen. Sie müssen *in keiner Weise* große Investitionen in Hardware tätigen, um den Code in diesem Buch ausführen zu können.

Unter Umständen werden Sie nie in die Lage kommen, einen maßgeschneiderten Rechner für sich selbst bauen zu müssen. Es gibt sicherlich Fälle, in denen es billiger sein kann, einen maßgeschneiderten Rechner zu bauen, insbesondere wenn Sie wissen, dass sich Ihre Berechnungen immer auf einen einzigen Rechner (mit bestenfalls einer Handvoll GPUs) beschränken werden. Wenn Ihre Berechnungen jedoch allmählich mehrere Rechner und GPUs erfordern, erscheint die Cloud-Lösung attraktiver. Angesichts der Kosten für die Zusammenstellung eines maßgeschneiderten Rechners würde ich vor einem möglichen Kauf lange und intensiv nachdenken.

Falls es mir nicht gelungen ist, Sie vom Bau Ihres eigenen Rechners abzubringen, finden Sie in den folgenden Absätzen Vorschläge dazu, was Sie dafür benötigen würden.

Grafikprozessor (GPU)

Das Herzstück jedes Deep-Learning-Rechners ist der Grafikprozessor bzw. die GPU. Sie ist die Grundlage für die Vielzahl an Berechnungen in PyTorch und wird die wahrscheinlich teuerste Komponente in Ihrem Computer sein. In den letzten Jahren sind die Preise für GPUs aufgrund ihres Einsatzes beim Mining von Krypto-Währungen wie dem Bitcoin gestiegen und die Vorräte spürbar gesunken. Glücklicherweise scheint diese Blase allmählich zu verschwinden, und das Angebot an GPUs ist wieder etwas größer geworden.

Zum Zeitpunkt des Verfassens dieses Buchs empfehle ich die Beschaffung der NVIDIA GeForce RTX 2080 Ti. Eine billigere Variante ist die GTX 1080 Ti (wenn Sie jedoch die Entscheidung für die 1080 Ti aus Budgetgründen abwägen, schlage ich erneut vor, stattdessen die Cloud-Optionen in Betracht zu ziehen). Obwohl es auch Grafikkarten von AMD gibt, ist ihre Unterstützung in PyTorch derzeit nicht gut genug, um etwas anderes als eine NVIDIA-Karte zu empfehlen. Aber behalten Sie ihre ROCm-Technologie im Auge, die sie allmählich zu einer ernst zu nehmenden Alternative im GPU-Bereich machen sollte.

Hauptprozessor (CPU) und Motherboard

Wahrscheinlich werden Sie sich für ein Motherboard der Z370-Serie entscheiden wollen. Viele Menschen werden Ihnen sagen, dass die CPU für das Deep Learning keine Rolle spielt und dass Sie mit einer CPU mit einer relativ geringen Rechengeschwindigkeit auskommen können, solange Sie eine leistungsstarke GPU haben. Meiner Erfahrung nach werden Sie überrascht sein, wie oft die CPU zum Engpass werden kann, insbesondere bei der Arbeit mit augmentierten Daten.

Arbeitsspeicher (RAM)

Mehr Arbeitsspeicher ist immer ratsam, da Sie dadurch mehr Daten im Speicher halten können, ohne auf den viel langsameren Festplattenspeicher zurückgreifen zu müssen (besonders wichtig während des Trainings). Sie sollten mindestens 64 GB DDR4-Speicher für Ihren Rechner in Betracht ziehen.

Speicher

Der Speicher für ein individuelles System sollte zwei Arten umfassen: zum einen eine Festplatte mit M2-Schnittstelle (SSD) – so groß wie möglich – für Ihre »heißen« Daten, damit Sie so schnell wie möglich auf diese zugreifen können, wenn Sie aktiv an einem Projekt arbeiten. Als zweites Speichermedium fügen Sie ein 4 TB (Terabyte) großes Serial-ATA-(SATA-)Laufwerk für Daten hinzu, an denen Sie nicht aktiv arbeiten; wechseln Sie je nach Bedarf zwischen »heißem« und »kaltem« Speicher.

Ich empfehle Ihnen, einen Blick auf die Webseite PCPartPicker (*https://pcpartpicker.com*) zu werfen, um einen Eindruck von den Deep-Learning-Rechnern anderer Leute zu bekommen. (Sie können sich auch all die schrägen und verrückten Ideen ansehen!) Sie erhalten ein Gefühl für die Auswahl an möglichen Computerteilen und den dazugehörigen Preisen, die insbesondere bei Grafikkarten sehr stark schwanken können.

Nachdem Sie nun die Möglichkeiten für Ihren lokalen physischen Rechner gesehen haben, ist es an der Zeit, auf die Cloud-Alternativen zu sprechen zu kommen.

Deep Learning in der Cloud

Okay, nun könnten Sie fragen, warum die Cloud-Variante besser sein sollte – besonders dann, wenn Sie sich das Preisschema von Amazon Web Services (AWS) angeschaut und herausgefunden haben, dass sich der Eigenbau eines leistungsfähigen Rechners innerhalb von sechs Monaten bezahlt macht. Denken Sie darüber nach: Wenn Sie gerade erst anfangen, werden Sie diesen Rechner in den besagten sechs Monaten nicht rund um die Uhr nutzen. Sie werden es schlichtweg nicht tun. Das bedeutet, dass Sie den Cloud-Rechner abschalten und in der Zwischenzeit lediglich ein paar Cents für die gespeicherten Daten bezahlen dürften.

Sie brauchen nicht gleich zu Beginn eine von NVIDIAs Profikarten wie die Tesla V100 zu verwenden, die ebenfalls in Ihrer Cloud-Instanz verfügbar sind. Sie können mit einer der wesentlich preisgünstigeren (manchmal sogar kostenlosen) K80-basierten Instanz beginnen und zu einer leistungsstärkeren Grafikkarte wechseln, sobald diese benötigt wird. Das ist ein wenig günstiger als der Kauf einer einfachen GPU-Karte und die Aufrüstung auf eine RTX 2080 Ti für Ihre eigene Rechnerumgebung. Wenn Sie acht V100-Karten zu einer einzelnen Instanz hinzufügen möchten, können Sie dies mit nur wenigen Klicks erledigen. Versuchen Sie das einmal mit Ihrer eigenen Hardware.

Ein weiterer Punkt ist die Wartung. Wenn Sie es sich zur Gewohnheit machen, Ihre Cloud-Instanzen regelmäßig neu zu erstellen (idealerweise jedes Mal, wenn Sie wieder an Ihren Projekten arbeiten), werden Sie fast immer auf einem Rechner arbeiten, der auf dem neuesten Stand ist. Gehört der Rechner Ihnen, obliegt Ihnen auch die Aktualisierung. An dieser Stelle muss ich gestehen, dass ich meinen eigenen, speziell konzipierten Deep-Learning-Rechner habe und die Ubuntu-Installation darauf so lange ignoriert habe, bis sie nicht mehr unterstützt wurde. Dies führte dazu, dass ich schließlich einen Tag damit verbrachte, das System erneut an einen Punkt zu bringen, an dem es wieder Updates erhalten konnte. Peinlich.

Wie dem auch sei, nehmen wir an, Sie haben die Entscheidung getroffen, die Cloud zu nutzen. Hurra! Nun zur nächsten Frage: Welchen Anbieter sollten Sie wählen?

Google Colaboratory

Doch warten Sie, bevor wir uns die Anbieter ansehen: Was ist, wenn Sie überhaupt keine Lust haben, einen nennenswerten Aufwand zu treiben? Keine Lust auf das lästige Aufbauen eines Rechners oder die ganze Mühe, Instanzen in der Cloud einzurichten? Was wäre denn tatsächlich die bequemste Wahl? Dafür hat Google das Richtige für Sie. *Colaboratory* (oder *Colab*) (*https://colab.research.google.com*) ist eine weitgehend kostenlose, installationsfreie, benutzerdefinierte Jupyter-Notebook-Umgebung, für die Sie ein Google-Konto benötigen, um Ihre eigenen Notebooks einzurichten. Abbildung 1-1 zeigt einen Screenshot eines in Colab erstellten Notebooks.

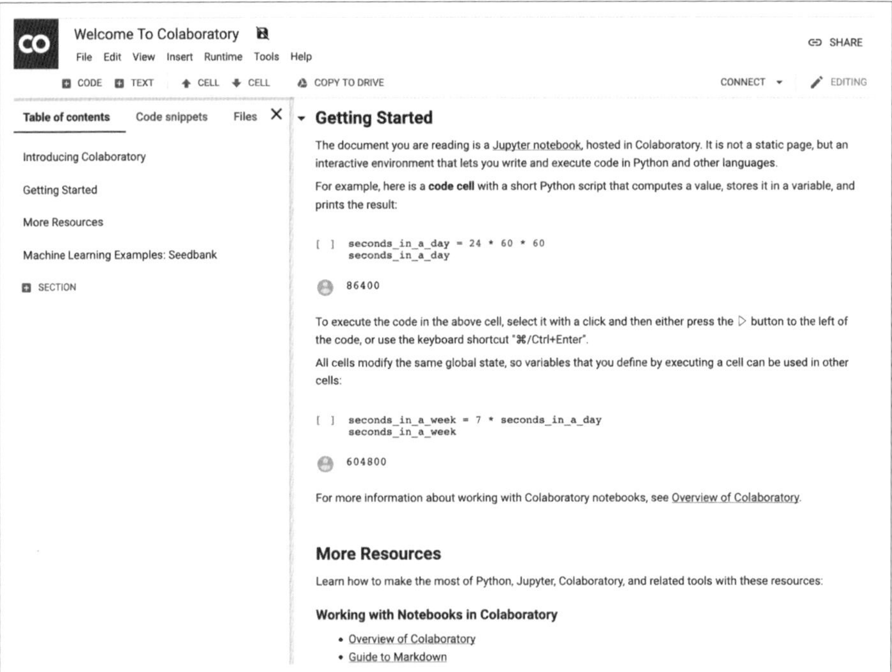

Abbildung 1-1: Google Colab(oratory)

Colab ist ein großartiges Tool, um ins Deep Learning einzutauchen, da es bereits vorinstallierte Versionen von TensorFlow und PyTorch bereithält. Dementsprechend müssen Sie nichts weiter eingeben als den `import torch`-Befehl und auch keine weiteren Einstellungen vornehmen. Jeder Benutzer erhält einen freien Zugang zu einer NVIDIA-T4-Grafikkarte mit bis zu zwölf Stunden ununterbrochener Laufzeit. Kostenlos. Um das einzuordnen: Empirische Untersuchungen haben ergeben, dass Sie etwa die Hälfte der Geschwindigkeit einer 1080 Ti für Ihr Training erhalten, aber zusätzlich noch 5 GB Speicher, sodass Sie größere Modelle speichern können. Es besteht zudem die kostenpflichtige Möglichkeit, eine Verbindung zu neueren GPUs oder Googles eigener TPU-Hardware herzustellen. Aber Sie können so ziemlich jedes Beispiel aus diesem Buch mit Colab ausführen, ohne dass irgendwelche Kosten für Sie anfallen. Aus diesem Grund empfehle ich, Colab zunächst parallel zu diesem Buch zu verwenden, um dann bei Bedarf zu entscheiden, ob Sie auf dedizierte Cloud-Instanzen und/oder Ihren eigenen persönlichen Deep-Learning-Server ausweichen möchten.

Wenn Sie zum ersten Mal mit Google Colab arbeiten, werden Sie feststellen, dass es verschiedene Möglichkeiten gibt, die Dateien des GitHub-Repositorys dieses Buchs einzubinden. Eine gute Einführung bietet Ihnen das Willkommens-Notebook, das sich beim Aufruf von Google Colab im Hintergrund lädt, und hier insbesondere der Abschnitt »Weitere Ressourcen«.

Colab ist der Ansatz, mit dem am wenigsten Aufwand verbunden ist. Sie möchten aber vielleicht ein wenig mehr Kontrolle darüber haben, wie Dinge installiert werden oder wie Sie einen Secure-Shell-(SSH-)Zugang zu Ihrer Instanz in der Cloud erhalten. Werfen wir am besten einen Blick auf das Angebot der wichtigsten Cloud-Anbieter.

Cloud-Anbieter

Jeder der drei großen Cloud-Anbieter (Amazon Web Services, Google Cloud Platform und Microsofts Azure) bietet GPU-basierte Instanzen (auch als *virtuelle Maschinen* oder *VMs* bezeichnet) und offizielle Images, die auf diesen Instanzen bereitgestellt werden. Sie haben alles, was Sie brauchen, um loszulegen, ohne selbst Treiber oder Python-Bibliotheken installieren zu müssen. Gehen wir die Angebote der einzelnen Anbieter einmal durch.

Amazon Web Services

AWS, das Schwergewicht auf dem Cloud-Markt, erfüllt nur zu gern Ihre GPU-Anforderungen und bietet P2- und P3-Instanzarten an, um Sie zu unterstützen. (Der G3-Instanztyp wird eher in tatsächlich grafikbasierten Anwendungen wie der Videocodierung verwendet, daher werden wir hier nicht weiter darauf eingehen). Die P2-Instanzen verwenden die älteren NVIDIA-K80-Karten (maximal 16 können an eine Instanz angeschlossen werden), und die P3-Instanzen setzen die extrem schnellen NVIDIA-V100-Karten ein (Sie können acht davon auf eine Instanz legen, wenn Sie sich trauen).

Sollten Sie sich für AWS entscheiden, empfehle ich, für dieses Buch die Klasse `p2.xlarge` zu verwenden. Das kostet Sie zum Zeitpunkt des Verfassens dieses Buchs rund einen US-Dollar pro Stunde und bietet Ihnen ausreichend Leistung, um die Beispiele problemlos durchzuarbeiten. Sollten Sie mit diversen anspruchsvollen Kaggle-Wettbewerben beginnen, bietet es sich gegebenenfalls an, auf P3-Instanzen aufzustocken.

Es ist unglaublich einfach, eine Deep-Learning-Umgebung auf AWS zu erstellen:

1. Melden Sie sich an der AWS-Konsole an.
2. Wählen Sie *EC2* und klicken Sie auf *Launch a virtual machine*.
3. Suchen Sie nach der Option *Deep Learning AMI (Ubuntu)* und wählen Sie diese aus.
4. Wählen Sie `p2.xlarge` als Ihren Instanztyp.
5. Starten Sie die Instanz, indem Sie entweder ein neues Schlüsselpaar erstellen oder ein vorhandenes Schlüsselpaar wiederverwenden.
6. Stellen Sie mittels Ihrer Kommandozeile eine Verbindung zur Instanz her, indem Sie SSH verwenden und Port 8888 auf Ihrem lokalen Rechner auf die Instanz umleiten:

```
ssh -L localhost:8888:localhost:8888 \
-i /path/my-key-pair.pem my-instance-user-name@my-instance-public-dns-name
```

7. Starten Sie Jupyter Notebook, indem Sie **`jupyter notebook`** eingeben. Kopieren Sie die erzeugte URL und fügen Sie sie in Ihren Browser ein, um auf Jupyter zuzugreifen.

Vergessen Sie nicht, Ihre Instanz abzuschalten, wenn Sie sie nicht benutzen! Sie können das tun, indem Sie mit der rechten Maustaste auf die Instanz in der Weboberfläche klicken und unter *Instance State* die Option *Stop* wählen. Dadurch wird die Instanz heruntergefahren, und es entstehen Ihnen keine Kosten für die Instanz, solange sie nicht läuft. Allerdings wird Ihnen der Speicherplatz, den Sie der Instanz zugewiesen haben, auch dann in Rechnung gestellt, wenn die Instanz ausgeschaltet ist; seien Sie sich dessen bewusst. Um die Instanz und den Speicherplatz vollständig zu löschen, wählen Sie stattdessen die Option *Terminate*.

Azure

Wie AWS bietet auch Azure eine Mischung aus günstigen K80-basierten Instanzen und teureren Tesla-V100-Instanzen an. Azure stellt außerdem Instanzen zur Verfügung, die auf der älteren P100-Hardware basieren und als Kompromiss zwischen den beiden anderen Instanzen gelten. Für dieses Buch empfehle ich, als Instanztyp eine einzelne K80 (NC6) zu verwenden, die 90 Cent pro Stunde kostet. Wechseln

Sie anschließend je nach Bedarf auf andere Typen wie NC, NCv2 (P100) oder NCv3 (V100).

So richten Sie die VM in Azure ein:

1. Melden Sie sich im Azure-Portal an und suchen Sie nach dem Image der *Data Science Virtual Machine*.
2. Klicken Sie auf die Schaltfläche *Get It Now*.
3. Füllen Sie die Angaben zur VM aus (geben Sie ihr einen Namen, wählen Sie die SSD- statt einer HDD-Festplatte, einen SSH-Benutzernamen sowie ein SSH-Passwort, das der Rechnung der Instanz zugrunde liegende Abonnement und legen Sie den Standort fest, der Ihnen am nächsten liegt und den NC-Instanztyp anbietet).
4. Klicken Sie auf die Option *Create*. Die Instanz dürfte in etwa fünf Minuten bereitgestellt werden.
5. Sie können SSH mit dem Benutzername-Passwort-Paar verwenden, das Sie dem öffentlichen DNS-Namen (*Domain Name System*) dieser Instanz gegeben haben.
6. Jupyter Notebook sollte laufen, sobald die Instanz bereitgestellt wurde; navigieren Sie zu *http://dns_name_of_instance:8000* und verwenden Sie die Benutzername-Passwort-Kombination, die Sie für SSH zur Anmeldung verwendet haben.

Google Cloud Platform

Zusätzlich zu den von Amazon und Azure unterstützten Instanzen K80, P100 und V100 bietet die Google Cloud Platform (GCP) die zuvor erwähnten TPUs für diejenigen an, die immense Daten- und Rechenanforderungen haben. Sie benötigen keine TPUs für dieses Buch, zumal diese sehr kostspielig sind. Sie werden seit PyTorch Version 1.0 unterstützt. Denken Sie also nicht, dass Sie TensorFlow verwenden müssen, um die Vorteile dieser Technologie zu nutzen, wenn Sie ein Projekt haben, das ihre Verwendung erfordert.

Der Einstieg in die Google Cloud ist ebenfalls recht einfach:

1. Suchen Sie nach der Deep-Learning-VM auf dem GCP Marketplace.
2. Klicken Sie auf *Starten*.
3. Geben Sie der Instanz einen Namen und ordnen Sie sie der Region zu, die sich am nächsten bei Ihnen befindet.
4. Wählen Sie als Rechnertyp *8 vCPUs*.
5. Wählen Sie eine GPU des Typs K80 aus.
6. Stellen Sie sicher, dass im Abschnitt *Framework* PyTorch ausgewählt ist.
7. Aktivieren Sie das Kontrollkästchen *Install NVIDIA-GPU automatically on first startup*.

8. Setzen Sie die Bootfestplatte auf *SSD Persistent Disk*.
9. Klicken Sie auf die Option *Bereitstellen*. Die vollständige Bereitstellung der VM dauert etwa fünf Minuten.
10. Um auf der Instanz eine Verbindung zu Jupyter herzustellen, vergewissern Sie sich zunächst, dass Sie im richtigen Projekt in `gcloud` eingeloggt sind, und geben Sie den folgenden Befehl ein:

```
gcloud compute ssh _INSTANCE_NAME_ -- -L 8080:localhost:8080
```

Die Gebühren für Google Cloud sollten sich auf etwa 45 US-Cent pro Stunde belaufen, was das Produkt zum günstigsten der drei großen Cloud-Anbieter macht.

Welchen Cloud-Anbieter sollte ich wählen?

Wenn Sie in keine Richtung tendieren, empfehle ich Ihnen, die Google Cloud Platform (GCP) zu nutzen. Sie ist die preiswerteste Variante und kann bei Bedarf sogar mithilfe von TPUs skaliert werden. Außerdem bietet sie bedeutend mehr Flexibilität als AWS oder Azure. Wenn Sie jedoch bereits Erfahrungen mit einer der beiden anderen Plattformen gemacht haben, können Sie auch in diesen Umgebungen absolut problemlos arbeiten.

Sobald Ihre Cloud-Instanz läuft, können Sie sich bei deren Kopie von Jupyter Notebook anmelden. Schauen wir uns das also als Nächstes an.

Verwendung von Jupyter Notebook

Falls Sie bislang noch nicht auf Jupyter Notebook gestoßen sind, hier die Kurzfassung: Diese browserbasierte Umgebung ermöglicht Ihnen, Livecode mit Text, Bildern und Visualisierungen zu kombinieren, und ist zu einem der wichtigsten Tools von Datenwissenschaftlern auf der ganzen Welt geworden. In Jupyter erstellte Notebooks können leicht gemeinsam genutzt werden; dementsprechend sind auch alle Notebooks in diesem Buch (*https://oreil.ly/pytorch-github*) leicht zugänglich. Abbildung 1-2 zeigt einen Screenshot von Jupyter Notebook in Betrieb.

Wir werden in diesem Buch keine fortgeschrittenen Funktionen von Jupyter einsetzen; alles, was Sie wissen müssen, ist, wie man ein neues Notebook erstellt und dass Sie den Inhalt einer Zelle durch gleichzeitiges Drücken der Umschalt- und der Enter-Taste ausführen (und vielleicht, dass Kommandozeilenbefehle direkt mit einem vorangestellten *!* ausgeführt werden können). Sollten Sie es noch nie benutzt haben, schlage ich vor, die Jupyter-Dokumentation (*https://oreil.ly/-Yhff*) zu lesen, bevor Sie zu Kapitel 2 übergehen.

Bevor wir uns mit der Benutzung von PyTorch beschäftigen, widmen wir uns noch einer letzten Sache: wie man alles manuell installiert.

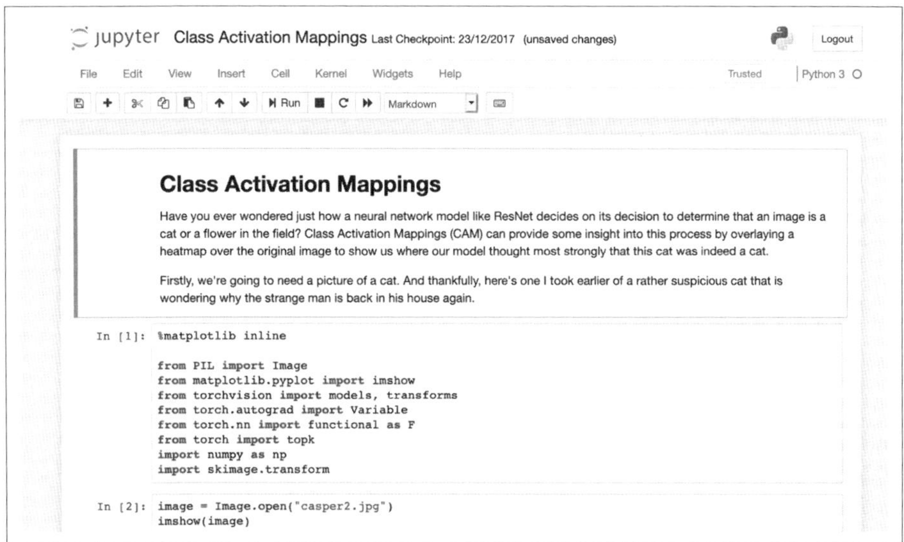

Abbildung 1-2: Jupyter Notebook

PyTorch selbst installieren

Vielleicht möchten Sie etwas mehr Kontrolle über Ihre Programme behalten als mit einem der eben beschriebenen von der Cloud bereitgestellten Images. Oder Sie benötigen für Ihren Code eine bestimmte Version von PyTorch. Oder aber Sie möchten die Programme tatsächlich – all meinen kritischen Anmerkungen zum Trotz – auf Ihrem System zu Hause ausführen. Schauen wir uns an, wie man PyTorch im Allgemeinen auf einem Linux-Server installiert.

Sie können PyTorch mit Python 2.*x* verwenden, aber ich empfehle dringend, das nicht zu tun. Während die Upgrade-Saga von Python 2.*x* auf 3.*x* nun schon seit über einem Jahrzehnt andauert, beginnen immer mehr Pakete, die Unterstützung für Python 2.*x* einzustellen. Wenn Sie also keinen besonderen Grund haben, stellen Sie sicher, dass Ihr System mit Python 3 läuft.

CUDA downloaden

Obwohl PyTorch durchaus auf einer CPU ausgeführt werden kann, ist für den praktischen Gebrauch in den meisten Fällen der Einsatz einer GPU erforderlich. Dementsprechend benötigt PyTorch eine GPU-Unterstützung. Dies lässt sich ziemlich einfach umsetzen – vorausgesetzt, Sie haben eine NVIDIA-Karte. Die GPU-Unterstützung wird von deren CUDA-Schnittstelle (*Compute Unified Device Architecture*) zur Verfügung gestellt. Laden Sie für Ihre Linux-Variante das passende Paketformat herunter (*https://oreil.ly/Gx_q2*) und installieren Sie das Paket.

Für Red Hat Enterprise Linux (RHEL) 7:

```
sudo rpm -i cuda-repo-rhel7-10-0local-10.0.130-410.48-1.0-1.x86_64.rpm
sudo yum clean all
sudo yum install cuda
```

Für Ubuntu 18.04:

```
sudo dpkg -i cuda-repo-ubuntu1804-10-0-local-10.0.130-410.48_1.0-1_amd64.deb
sudo apt-key add /var/cuda-repo-<version>/7fa2af80.pub
sudo apt-get update
sudo apt-get install cuda
```

Anaconda

Python beinhaltet eine Vielzahl von Paketverwaltungssystemen, die allesamt gute und weniger gute Eigenschaften besitzen. Wie die Entwickler von PyTorch empfehle ich Ihnen, Anaconda zu installieren. Anaconda ist ein Paketierungssystem, das darauf ausgerichtet ist, die optimale Zusammenstellung von Paketen für Datenwissenschaftler zu gewährleisten. Wie CUDA ist es ziemlich einfach zu installieren.

Gehen Sie auf die Webseite von Anaconda (*https://oreil.ly/9hAxg*) und suchen Sie die Installationsdatei für Ihren Rechner heraus. Da es sich um ein riesiges Archiv handelt, das über ein Shell-Skript auf Ihrem System ausgeführt wird, empfehle ich Ihnen, die heruntergeladene Datei *md5sum* auszuführen und sie mit der Liste der Signaturen (*https://oreil.ly/anuhu*) zu vergleichen. Prüfen Sie, ob die Signatur auf Ihrem Rechner mit der auf der Webseite übereinstimmt, bevor Sie den Kommandozeilenbefehl `bash Anaconda3-VERSION-Linux-x86_64.sh` ausführen. Dies stellt sicher, dass die heruntergeladene Datei nicht manipuliert wurde und auf Ihrem System sicher ausgeführt werden kann. Das Skript fordert Sie mehrmals auf, das Installationsverzeichnis anzugeben; wenn es keine Gründe dagegen gibt, akzeptieren Sie einfach die Standardeinstellungen.

Sie fragen sich vielleicht: »Kann ich das auch auf meinem MacBook bewerkstelligen?« Leider sind die meisten Macs heutzutage entweder mit Intel- oder AMD-Grafikprozessoren ausgestattet und bieten nicht wirklich eine Unterstützung für die Ausführung von PyTorch im GPU-beschleunigten Modus. Ich empfehle daher die Verwendung von Colab oder eines Cloud-Providers, anstatt zu versuchen, Ihren Mac lokal zu nutzen.

Zu guter Letzt – PyTorch (und Jupyter Notebook)

Jetzt, da Sie Anaconda installiert haben, ist die Einrichtung von PyTorch denkbar einfach:

```
conda install pytorch torchvision -c pytorch
```

Hierdurch werden PyTorch und das `torchvision`-Paket installiert, die wir in einigen nachfolgenden Kapiteln verwenden, um Deep-Learning-Architekturen zu erstellen, die mit Bildern arbeiten. Mit der Anaconda-Distribution wird automatisch auch Jupyter Notebook für uns installiert. Wir können also sofort loslegen:

```
jupyter notebook
```

Geben Sie *http://YOUR-IP-ADDRESS:8888* in Ihren Browser ein (eigentlich sollten Sie direkt darauf umgeleitet werden), erstellen Sie ein neues Notebook und geben Sie Folgendes ein:

```
import torch
print(torch.cuda.is_available())
print(torch.rand(2,2))
```

Dies sollte zu einer ähnlichen Ausgabe wie der folgenden führen:

```
True
 0.6040  0.6647
 0.9286  0.4210
[torch.FloatTensor of size 2x2]
```

Falls der Befehl `cuda.is_available()` als Ausgabe `False` zurückgibt, müssen Sie Ihre CUDA-Installation debuggen, damit PyTorch Ihre Grafikkarte erkennen kann. Die Werte des Tensors werden auf Ihrer Instanz etwas anders sein.

Aber was ist eigentlich dieser Tensor? Tensoren sind das Herzstück von fast allem in PyTorch. Deshalb sollten Sie wissen, was ein Tensor ist und was er für Sie leisten kann.

Tensoren

Ein *Tensor* ist sowohl ein Container für Zahlen als auch ein Regelsatz, der Transformationen zwischen Tensoren definiert, die neue Tensoren erzeugen. Es ist wahrscheinlich am einfachsten für uns, *Tensoren* als mehrdimensionale Arrays aufzufassen. Jeder Tensor hat einen *Rang*, der seinem Dimensionsraum entspricht. Ein einfacher Skalar (z. B. 1) kann als Tensor mit dem Rang 0 dargestellt werden, ein Vektor besitzt den Rang 1, eine $n \times n$-Matrix den Rang 2 und so weiter. Im vorigen Beispiel haben wir einen Tensor mit Zufallswerten vom Rang 2 durch die Verwendung von `torch.rand()` erstellt. Wir können sie auch aus Listen erzeugen:

```
x = torch.Tensor([[0,0,1],[1,1,1],[0,0,0]])
x
>tensor([[0, 0, 1],
    [1, 1, 1],
    [0, 0, 0]])
```

Wir können ein Element in einem Tensor ändern, indem wir die gewöhnliche Python-Indizierung verwenden:

```
x[0][0] = 5
>tensor([[5, 0, 1],
    [1, 1, 1],
    [0, 0, 0]])
```

Sie können spezielle vordefinierte Funktionen einsetzen, um bestimmte Arten von Tensoren zu erzeugen. Insbesondere die Funktionen ones() und zeroes() erzeugen Tensoren, die mit Einsen bzw. mit Nullen gefüllt sind:

```
torch.zeros(2,2)
> tensor([[0., 0.],
  [0., 0.]])
```

Auch mathematische Standardoperationen können mit Tensoren durchgeführt werden (z.B. können zwei Tensoren addiert werden):

```
torch.ones(1,2) + torch.ones(1,2)
> tensor([[2., 2.]])
```

Und wenn Sie einen Tensor vom Rang 0 haben, können Sie sich den Wert des Elements mit der Funktion item() ausgeben lassen:

```
torch.rand(1).item()
> 0.34106671810150146
```

Tensoren können sowohl auf der CPU als auch auf der GPU eingesetzt und mit der Funktion to() zwischen den Komponenten kopiert werden:

```
cpu_tensor = tensor.rand(2)
cpu_tensor.device
> device(type='cpu')

gpu_tensor = cpu_tensor.to("cuda")
gpu_tensor.device
> device(type='cuda', index=0)
```

Tensoroperationen

Wenn Sie sich die PyTorch-Dokumentation (*https://oreil.ly/1EvO-*) anschauen, werden Sie feststellen, dass es eine *Vielzahl* an Funktionen gibt, die Sie auf Tensoren anwenden können – alles vom Finden des Maximalwerts bis zur Anwendung einer Fourier-Transformation. Im vorliegenden Buch müssen Sie nicht alle Funktionen kennen, um die Bilder, Texte und Töne in Tensoren zu verwandeln und sie für unsere Zwecke zu manipulieren. Sie werden dennoch einige benötigen. Ich empfehle Ihnen auf jeden Fall, spätestens aber nach dem Lesen dieses Buchs, einen Blick in die Dokumentation zu werfen. Gehen wir nun alle Funktionen durch, die in den kommenden Kapiteln verwendet werden.

Zum einen müssen wir häufig das Element mit dem Maximalwert in einem Tensor sowie den korrespondierenden *Index* des Elements finden (da dieses oft der Kategorie angehört, für die sich das neuronale Netz in seiner endgültigen Vorhersage entschieden hat). Dies können wir mit den Funktionen max() und argmax() vornehmen. Ebenso können wir die Funktion item() verwenden, um einen Wert aus einem eindimensionalen Tensor zu extrahieren.

```
torch.rand(2,2).max()
> tensor(0.4726)
```

```
torch.rand(2,2).max().item()
> 0.8649941086769104
```

In manchen Situationen möchten wir den Typ eines Tensors ändern, zum Beispiel von einem LongTensor in einen FloatTensor. Dies können wir mit der Funktion to() erreichen:

```
long_tensor = torch.tensor([[0,0,1],[1,1,1],[0,0,0]])
long_tensor.type()
> 'torch.LongTensor'
float_tensor = torch.tensor([[0,0,1],[1,1,1],[0,0,0]]).to(dtype=torch.float32)
float_tensor.type()
> 'torch.FloatTensor'
```

Die meisten Funktionen, die auf einem Tensor operieren und einen Tensor zurückgeben, erzeugen gleichzeitig einen neuen Tensor, um das Ergebnis zu speichern. Wenn Sie jedoch Arbeitsspeicher sparen wollen, vergewissern Sie sich, ob eine *In-Place*-Funktion definiert ist. Diese besitzt den gleichen Namen wie die ursprüngliche Funktion, lediglich mit einem angehängten Unterstrich (_).

```
random_tensor = torch.rand(2,2)
random_tensor.log2()
>tensor([[-1.9001, -1.5013],
        [-1.8836, -0.5320]])
random_tensor.log2_()
> tensor([[-1.9001, -1.5013],
        [-1.8836, -0.5320]])
```

Eine weitere gängige Operation ist die *Umformung* eines Tensors. Dies kann oft vonnöten sein, weil Ihre neuronale Netzwerkschicht eine etwas andere Form der Eingabe erfordert als die, die Sie gerade einspeisen. Zum Beispiel ist der Datensatz des *Modified National Institute of Standards and Technology* (MNIST) mit handgeschriebenen Ziffern eine Sammlung von 28 × 28 Pixel großen Bildern. Er besteht jedoch aus Arrays der Länge 784. Um die Netzwerke, die wir aufbauen, zu verwenden, müssen wir diese wieder in 1 × 28 × 28-Tensoren umwandeln (die führende 1 entspricht der Anzahl der Farbkanäle – für gewöhnlich Rot, Grün und Blau –, da die MNIST-Ziffern aber nur in Graustufen gehalten sind, haben wir lediglich einen Kanal). Die Umformung können wir entweder mit der Funktion view() oder mit reshape() durchführen:

```
flat_tensor = torch.rand(784)
viewed_tensor = flat_tensor.view(1,28,28)
viewed_tensor.shape
> torch.Size([1, 28, 28])
reshaped_tensor = flat_tensor.reshape(1,28,28)
reshaped_tensor.shape
> torch.Size([1, 28, 28])
```

Dabei ist es wichtig, dass Sie den Tensor in eine Form überführen, bei der er die gleiche Anzahl an Gesamtelementen wie sein Original umfasst. Wenn Sie es mit flat_tensor.reshape(3,28,28) versuchen, werden Sie einen Fehler wie diesen sehen:

```
RuntimeError Traceback (most recent call last)
<ipython-input-26-774c70ba5c08> in <module>()
----> 1 flat_tensor.reshape(3,28,28)

RuntimeError: shape '[3, 28, 28]' is invalid for input of size 784
```

Sie fragen sich jetzt vielleicht, worin der Unterschied zwischen `view()` und `reshape()` besteht. Die Antwort ist, dass `view()` als ein Abbild des ursprünglichen Tensors funktioniert – wenn also die zugrunde liegenden Daten geändert werden, wird sich auch das Abbild ändern (und umgekehrt). Allerdings kann `view()` Fehler verursachen, wenn das erforderliche Abbild nicht *kontinuierlich* ist; d. h., wenn der Tensor nicht denselben Speicherblock teilt, den er belegen würde, wenn ein neuer Tensor mit der erforderlichen Form von Grund auf erstellt werden würde. Wenn dies geschieht, müssen Sie `tensor.contiguous()` aufrufen, bevor Sie `view()` verwenden können. Da `reshape()` jedoch all das hinter den Kulissen erledigt, empfehle ich im Allgemeinen die Verwendung von `reshape()` anstelle von `view()`.

Schließlich müssen Sie möglicherweise die Dimensionen eines Tensors neu anordnen. Dies wird Ihnen wahrscheinlich bei Bildern begegnen, da diese oft in Form von `[Höhe, Breite, Kanal]`-Tensoren gespeichert sind. PyTorch sieht jedoch die Anordnung `[Kanal, Höhe, Breite]` vor, um diese zu verarbeiten. Sie können die Funktion `permute()` nutzen, um diesem Problem auf eine ziemlich einfache Art und Weise zu begegnen:

```
hwc_tensor = torch.rand(640, 480, 3)
chw_tensor = hwc_tensor.permute(2,0,1)
chw_tensor.shape
> torch.Size([3, 640, 480])
```

Hier haben wir gerade die Funktion `permute` auf einen `[640,480,3]`-Tensor angewendet, wobei die Argumente den Indizes der Dimensionen des Tensors entsprechen. Dadurch haben wir erreicht, dass die letzte Dimension (2, da der Index bei 0 beginnt) an der ersten Stelle unseres Tensors steht, gefolgt von den restlichen zwei Dimensionen in ihrer ursprünglichen Reihenfolge.

Tensor-Broadcasting

An NumPy angelehnt, ermöglicht *Broadcasting* die Durchführung von Operationen zwischen einem Tensor und einem kleineren Tensor. Rückwärts ausgehend von den letzten Dimensionen, können Sie über zwei Tensoren broadcasten, wenn:

- die beiden Dimensionen identisch sind,
- eine der Dimensionen 1 ist.

Hier ein Beispiel:

```
a = torch.ones(1,2,2)

> tensor([[[1., 1.],
         [1., 1.]]])
```

```
b = torch.ones(1,2)

> tensor([[1., 1.]])

c = a + b

> tensor([[[2., 2.],
         [2., 2.]]])

c.shape
> torch.Size([1, 2, 2])
```

Wenn wir Tensor b zu Tensor a addieren, erhalten wir als Ergebnis Tensor c. Dabei wurde der kleinere Tensor so erweitert, dass er die Dimensionen des größeren Tensors abdeckt. Würden wir versuchen, einen [2,2]-Tensor zu einem [3,3]-Tensor zu addieren, erhielten wir diese Fehlermeldung:

```
The size of tensor a (2) must match the size of
tensor b (3) at non-singleton dimension 1
```

Wir könnten jedoch problemlos einen [1,3]-Tensor zu einem [3,3]-Tensor addieren. Das Broadcasting ist ein praktisches kleines Feature, das den Code kürzer macht und oft schneller ist, als den Tensor selbst manuell zu erweitern.

Das ist alles, was Sie zunächst in puncto Tensoren benötigen, um anzufangen! Wir werden später im Verlauf des Buchs noch weitere Operationen aufgreifen. Widmen wir uns nun Kapitel 2.

Zusammenfassung

Ob in der Cloud oder auf Ihrem lokalen Rechner, Sie sollten jetzt PyTorch installiert haben. Ich habe den grundlegenden Baustein der Bibliothek, den *Tensor*, vorgestellt, und Sie haben einen kurzen Blick auf Jupyter Notebook geworfen. Das ist alles, was Sie zum Einstieg benötigen! Im nächsten Kapitel verwenden Sie alles, was Sie bisher gesehen haben, um mit dem Aufbau neuronaler Netze und der Klassifizierung von Bildern zu beginnen. Vergewissern Sie sich also, dass Sie mit Tensoren und Jupyter vertraut sind, bevor Sie weitermachen.

Weiterführende Literatur

- Dokumentation zum Jupyter-Projekt (*https://jupyter.org/documentation*)
- PyTorch-Dokumentation (*https://pytorch.org/docs/stable*)
- AWS Deep Learning AMIs (*https://oreil.ly/G9Ldx*)
- Azure Data Science Virtual Machines (*https://oreil.ly/YjzVB*)
- Google Deep Learning VM Image (*https://oreil.ly/NFpeG*)
- PyTorch-Ökosystem (*https://pytorch.org/ecosystem/*)
- PyTorch-Ressourcen (*https://pytorch.org/resources/*)

KAPITEL 2

Bildklassifizierung mit PyTorch

Nachdem Sie PyTorch eingerichtet haben, werden Sie in den meisten Deep-Learning-Lehrbüchern mit jeder Menge Fachjargon überhäuft, bevor Sie etwas Interessantes tun. Ich versuche, das auf ein Minimum zu beschränken, und erarbeite mit Ihnen ein Beispiel, das leicht erweitert werden kann, wenn Sie sich mit der Arbeit in PyTorch besser zurechtfinden. Wir verwenden dieses Beispiel im gesamten Buch, um zu erfahren, wie man ein Modell debuggt (Kapitel 7) oder es in den Produktiveinsatz bringt (Kapitel 8).

Was wir von jetzt an bis zum Ende von Kapitel 4 entwickeln werden, ist ein *Bildklassifikator*. Neuronale Netzwerke werden üblicherweise als Bildklassifikatoren verwendet; das Netzwerk erhält ein Bild und wird etwas gefragt, das für uns eine einfache Frage darstellt: »Was ist das?«

Beginnen wir mit der Entwicklung unserer PyTorch-Anwendung.

Unsere Klassifizierungsaufgabe

Hier erstellen wir einen einfachen Klassifikator, der den Unterschied zwischen Fischen und Katzen erkennen soll. Wir werden das Design und die Art und Weise, wie wir unser Modell aufbauen, schrittweise verändern, um es immer akkurater zu gestalten.

Die Abbildungen 2-1 und 2-2 zeigen einen Fisch und eine Katze jeweils in ihrer ganzen Pracht. Ich bin mir nicht sicher, ob der Fisch einen Namen hat, aber die Katze heißt Helvetica.

Beginnen wir mit einer Erläuterung der traditionellen Herausforderungen, die mit der Klassifizierung verbunden sind.

Abbildung 2-1: Ein Fisch!

Abbildung 2-2: Helvetica im Karton

Traditionelle Herausforderungen

Wie würden Sie ein Programm schreiben, das einen Fisch von einer Katze unterscheiden können soll? Vielleicht würden Sie eine Reihe von Regeln verfassen, die beschreiben, dass eine Katze einen Schwanz oder dass ein Fisch Schuppen hat, und diese Regeln auf ein Bild anwenden, um zu bestimmen, was Sie sehen. Aber das würde Zeit, Mühe und Geschicklichkeit erfordern. Und was passiert, wenn Sie auf etwas wie eine Manx-Katze stoßen? Obwohl es eindeutig eine Katze ist, besitzt sie keinen Schwanz.

Wie Sie sich vorstellen können, werden diese Regeln immer komplizierter, um sämtliche möglichen Szenarien zu beschreiben. Außerdem muss ich gestehen, dass ich absolut schlecht in der Grafikprogrammierung bin, sodass mich allein der Gedanke, all diese Regeln manuell programmieren zu müssen, mit Furcht erfüllt.

Was wir suchen, ist eine Funktion, die bei der Eingabe eines Bilds entweder *Katze* oder *Fisch* zurückgibt. Diese Funktion ist für uns kaum zu programmieren, wenn wir alle Kriterien abschließend auflisten möchten. Durch Deep Learning wird jedoch der Rechner im Wesentlichen dazu gebracht, die harte Arbeit der Entwicklung all dieser Regeln zu leisten, von denen wir gerade gesprochen haben. Voraussetzung ist, dass wir eine Struktur schaffen, dem Netzwerk viele Daten geben sowie die Möglichkeit, herauszufinden, ob es die richtige Antwort liefert. Und genau das werden wir jetzt tun. Dabei werden Sie einige Schlüsselkonzepte für die Verwendung von PyTorch kennenlernen.

Zunächst erst mal Daten

Zunächst benötigen wir Daten. Wie viele Daten? Nun, das kommt darauf an. Die Vorstellung, dass man für jede Deep-Learning-Methode riesige Datenmengen benötigt, um das neuronale Netz zu trainieren, ist nicht unbedingt richtig, wie Sie noch in Kapitel 4 sehen werden. Für den Moment möchten wir jedoch ein Netzwerk von Grund auf trainieren, was meist den Zugriff auf eine große Datenmenge erfordert. Wir benötigen also eine Menge Bilder von Fischen und Katzen.

Wir könnten nun einige Zeit darauf verwenden, viele Bilder beispielsweise mithilfe der Google-Bildsuche herunterzuladen. In unserem Fall haben wir jedoch eine andere Lösung: eine Sammlung von Bildern namens *ImageNet*, die standardmäßig zum Trainieren neuronaler Netze verwendet wird. Sie enthält mehr als 14 Millionen Bilder und 20.000 Bildkategorien und ist der Standard zur Beurteilung der Leistungsfähigkeit aller Bildklassifikatoren. Ich nehme die Bilder von dort, aber Sie können auch gern selbst andere Bilder herunterladen, wenn Sie das bevorzugen.

Zusätzlich zu den Daten benötigt PyTorch eine Möglichkeit, mit der es bestimmen kann, was eine Katze und was ein Fisch ist. Das mag für uns leicht sein, aber für den Computer ist es nicht so einfach (deshalb bauen wir das Programm überhaupt erst!). Wir verwenden zur Kennzeichnung *Labels*, die den Daten beigefügt sind. Dieser Ansatz wird als *überwachtes Lernen* (engl. Supervised Learning) bezeichnet. (Wenn Sie keine Labels vorliegen haben, müssen Sie zum Trainieren wohl wenig überraschend auf *unüberwachtes Lernen* (engl. Unsupervised Learning) zurückgreifen.)

Wenn wir nun die ImageNet-Daten verwenden, werden die vorhandenen Labels nicht so nützlich sein, weil sie *zu viele* Informationen enthalten. Ein Label für *gestromte Katze* oder *Forelle* ist für den Computer getrennt zu betrachten vom Label *Katze* oder *Fisch*. Wir müssen die Bilder also neu labeln. Da ImageNet eine so umfangreiche Sammlung von Bildern ist, habe ich bereits eine Liste mit Bild-URLs und Labels (*https://oreil.ly/NbtEU*) für Fische und Katzen zusammengestellt.

Sie können das Skript *download.py* innerhalb Ihres aktuellen Arbeitsverzeichnisses ausführen. Es lädt die Bilder von den URLs herunter und speichert sie für das Training in den entsprechenden Ordnern. Die *Kennzeichnung* mit neuen Labels gestaltet sich einfach; das Skript speichert Katzenbilder im Verzeichnis *train/cat* und Fischbilder in *train/fish*. Wenn Sie es vorziehen, das Skript nicht zum Herunterladen zu verwenden, erstellen Sie einfach die Verzeichnisse und speichern die entsprechenden Bilder an den richtigen Stellen. Jetzt haben wir unsere Daten zusammen. Allerdings müssen wir sie noch in ein Format bringen, das PyTorch verstehen kann.

Daten mit PyTorch einspielen

Das Laden und Konvertieren von Daten in trainingskonforme Formate gehört in der Datenwissenschaft oft zu den Bereichen, die viel zu viel unserer Zeit in Anspruch nehmen. PyTorch bietet Ihnen Standardkonventionen für die Interaktion mit Daten, die Ihnen, egal ob Sie mit Bild-, Text- oder Tondaten arbeiten, eine ziemlich konsistente Handhabung ermöglichen.

Die beiden wichtigsten Konventionen für den Umgang mit Daten sind die `Dataset`- und `DataLoader`-Klassen. `Dataset` ist eine Python-Klasse, die es uns erlaubt, an die Daten zu gelangen, die wir dem neuronalen Netz zur Verfügung stellen. Die Klasse `DataLoader` speist die Daten aus dem Datensatz in das Netzwerk ein. (Dies kann die Ausgabe von Informationen wie »Wie viele Arbeitsprozesse speisen Daten in das Netzwerk ein?« oder »Wie viele Bilder geben wir auf einmal ein?« umfassen.)

Sehen wir uns zunächst die `Dataset`-Klasse an. Jeder Datensatz, egal ob er Bilder, Audio, Text, dreidimensionale Landschaften, Börseninformationen oder was auch immer enthält, kann mit PyTorch interagieren, wenn er dieser abstrakten Python-Klasse genügt:

```
class Dataset(object):
    def __getitem__(self, index):
        raise NotImplementedError

    def __len__(self):
        raise NotImplementedError
```

Das ist ziemlich einfach: Wir müssen eine Methode implementieren, die die Größe unseres Datensatzes (`len`) zurückgibt, und eine Methode, mit der wir ein Element aus unserem Datensatz in Form eines (*`Label`*, *`Tensor`*)-Paars abrufen können. Dieses wird vom `DataLoader`-Objekt aufgerufen, um die Daten zum Training in das neuronale Netz zu schicken. Wir müssen also einen Funktionskörper für `getitem` schreiben, damit die Methode ein Bild aufnehmen, in einen Tensor transformieren und diesen sowie das Label zurückgeben kann, damit PyTorch darauf operieren kann. So weit, so gut, aber Sie können sich vorstellen, dass dieses Szenario durchaus häufig auftaucht. Vielleicht kann PyTorch die Dinge für uns ja einfacher gestalten?

Einen Trainingsdatensatz erstellen

Das torchvision-Paket enthält eine Klasse namens ImageFolder, die so ziemlich alles für uns tut, vorausgesetzt, unsere Bilder befinden sich in einer Struktur, in der jedes Verzeichnis alle Bilder eines Labels enthält (z. B. alle Katzen befinden sich in einem Verzeichnis namens *cat*). Für unser Beispiel mit den Katzen und Fischen genügen uns etwa die Befehle in nachfolgendem Code. Um zu gewährleisten, dass unsere DataLoader-Objekte nur valide Bilder erhalten, integrieren wir ein weiteres Argument, is_valid_file, das mittels der Hilfsfunktion check_image() zunächst prüft, ob die Bilder problemlos verarbeitet werden können:[1]

```
import torchvision
from PIL import Image, ImageFile
from torchvision import transforms
from torchvision.datasets import ImageFolder

ImageFile.LOAD_TRUNCATED_IMAGES = True

def check_image(path):
    try:
        im = Image.open(path)
        return True
    except:
        return False

train_data_path = "./train/"

img_transforms = transforms.Compose([
                    transforms.Resize((64,64)),
                    transforms.ToTensor(),
                    transforms.Normalize(mean=[0.485, 0.456, 0.406],
                                         std=[0.229, 0.224, 0.225])
])

train_data = ImageFolder(root=train_data_path,
                         transform=img_transforms,
                         is_valid_file=check_image)
```

Darüber hinaus können Sie mit torchvision auch eine Reihe von Transformationen festlegen, die auf die Bilder angewendet werden, bevor sie in das neuronale Netz eingespeist werden. Die Standardtransformation besteht darin, die Bilddaten in einen Tensor umzuwandeln (die transforms.ToTensor()-Methode aus dem vorhergehenden Codeblock). Zusätzlich führen wir auch einige weitere Arbeitsschritte durch, die vielleicht nicht ganz offensichtlich sind.

GPUs sind so konzipiert, dass sie schnell Berechnungen durchführen können, die auf eine Standardgröße abzielen. Aber wahrscheinlich haben wir eine Auswahl an Bildern in vielen verschiedenen Auflösungen. Um unsere Rechenleistung zu erhö-

1 Sollte torchvision oder PIL noch nicht installiert sein, geben Sie einfach conda install -c pytorch torchvision bzw. pip install torchvision und für den Fork der PIL-Bibliothek, Pillow, pip install Pillow in Ihre Kommmandozeile ein.

hen, skalieren wir jedes eingehende Bild auf die gleiche Auflösung von 64 × 64 mittels der `Resize((64,64))`-Transformation. Anschließend konvertieren wir die Bilder in einen Tensor und normalisieren ihn um einen bestimmten Satz von Mittelwerten und Standardabweichungen.

Die Normalisierung ist wichtig, da beim Durchlaufen der Eingabe durch die Schichten des neuronalen Netzes viele Multiplikationen stattfinden; die Beschränkung der eingehenden Werte auf einen Bereich von 0 bis 1 verhindert, dass die Werte während des Trainings zu groß werden (bekannt als das Problem des *explodierenden Gradienten*). Dazu benötigt diese magische Umwandlung nur den Mittelwert und die Standardabweichung des ImageNet-Datensatzes als Ganzes. Man könnte sie speziell für unsere Fisch- und Katzen-Untergruppen berechnen, aber unsere Werte sind akzeptabel. (Würden Sie an einem völlig anderen Datensatz arbeiten, müssten Sie den Mittelwert und die Standardabweichung berechnen, wobei auch viele einfach auf diese ImageNet-Konstanten zurückgreifen und über akzeptable Ergebnisse berichten).

Die zusammenfügbaren Transformationen können wir ebenfalls problemlos für Dinge wie Bilddrehung und -krümmung zu Zwecken der Datenaugmentation nutzen, auf die wir in Kapitel 4 zurückkommen werden.

In diesem Beispiel ändern wir die Auflösung der Bilder auf 64 × 64. Ich habe diese willkürliche Wahl getroffen, um in unserem kommenden ersten Netzwerk eine schnellere Berechnung zu ermöglichen. Die meisten Architekturen, die Sie in Kapitel 3 sehen werden, verwenden eine Auflösung von 224 × 224 oder 299 × 299 für ihre Bildeingaben. Im Allgemeinen gilt: Je größer der Eingabewert, desto mehr Informationen kann das Netzwerk daraus lernen. Die Kehrseite der Medaille ist, dass man oft nur eine kleinere Menge von Bildern in dem Speicher der GPU vorhalten kann.

Wir sind noch nicht ganz fertig mit der Datenvorbereitung. Wir benötigen neben dem Trainingsdatensatz noch weitere Datensätze. Aber warum?

Erstellen eines Validierungs- und eines Testdatensatzes

Unsere Trainingsdaten sind fertig vorbereitet – wir müssen jetzt noch die gleichen Schritte für unseren *Validierungsdatensatz* wiederholen. Worin liegt der Unterschied? Eine Gefahr beim Deep Learning (und eigentlich bei allen Formen des maschinellen Lernens) ist das Phänomen der *Überanpassung* (engl. Overfitting): Ihr Modell wird wirklich gut darin, das korrekt zu erkennen, worauf es trainiert wurde, kann aber nicht auf Beispiele verallgemeinern, die es nicht gesehen hat. Es sieht also das Bild einer Katze, und wenn nicht alle anderen Bilder von Katzen diesem Bild sehr ähnlich sind, glaubt das Modell nicht, dass es sich um eine Katze handelt, obwohl es offensichtlich eine Katze ist. Um unser Netzwerk daran zu hindern, laden wir einen *Validierungsdatensatz* mithilfe der Datei *download.py* herunter, der eine Reihe von Katzen- und Fischbildern enthält, die nicht im Trainingsdatensatz enthalten sind.

Am Ende eines jeden Trainingszyklus (auch als *Epoche* bekannt) vergleichen wir die Leistung mit diesem Datensatz, um sicherzustellen, dass unser Netzwerk keine Fehler macht. Aber keine Sorge – der Code dafür ist unglaublich einfach; es ist lediglich der vorherige Code mit ein paar geänderten Variablennamen:

```
val_data_path = "./val/"
val_data = ImageFolder(root=val_data_path,
                       transform=img_transforms,
                       is_valid_file=check_image)
```

Wir haben die vorherige Definition der verketteten `img_transforms` einfach erneut verwendet, anstatt sie noch einmal zu definieren.

Zusätzlich zum Validierungsdatensatz sollten wir auch einen *Testdatensatz* erstellen. Dieser dient der abschließenden Modellbewertung nach Beendigung des gesamten Trainings:

```
test_data_path = "./test/"
test_data = ImageFolder(root=test_data_path,
                        transform=img_transforms,
                        is_valid_file=check_image)
```

Die Unterscheidung der verschiedenen Datensätze kann etwas verwirrend sein, deshalb habe ich eine Tabelle zusammengestellt, die Ihnen Auskunft darüber gibt, welcher Datensatz in welchem Schritt in der Modellentwicklung verwendet wird (siehe Tabelle 2-1).

Tabelle 2-1: Arten von Datensätzen

Trainingsdatensatz	Wird während des Trainingsvorgangs zur Aktualisierung des Modells verwendet.
Validierungsdatensatz	Wird verwendet, um zu bewerten, wie gut das Modell auf die jeweilige Aufgabendomäne verallgemeinert, statt ausschließlich die Trainingsdaten abzubilden; wird nicht zur direkten Aktualisierung des Modells verwendet.
Testdatensatz	Ein finaler Datensatz, der eine abschließende Bewertung der Leistung des Modells nach Beendigung des Trainings liefert.

Mit ein paar weiteren Zeilen Python-Code können wir nun unsere `DataLoader`-Objekte erstellen:

```
from torch.utils.data import DataLoader

# Kann bei wenig Speicher auch kleiner gewählt werden, z.B. 32:
batch_size = 64

train_data_loader = DataLoader(train_data, batch_size=batch_size)
val_data_loader = DataLoader(val_data, batch_size=batch_size)
test_data_loader = DataLoader(test_data, batch_size=batch_size)
```

Das neue Element in diesem Code ist die Angabe der `batch_size` (Batchgröße). Diese sagt uns, wie viele Bilder durch das Netzwerk geschickt werden sollen, ehe wir es trainieren und aktualisieren. Theoretisch könnten wir die `batch_size` auf die Anzahl der Bilder in den Test- und Trainingsdatensätzen einstellen, sodass das Netzwerk jedes

Bild sieht, bevor es aktualisiert wird. In der Praxis tendieren wir dazu, das nicht zu tun, weil kleinere Batches (in der Literatur eher als *Minibatches* bekannt) weniger Speicherplatz benötigen, als wenn wir *alle* Informationen über *jedes* Bild im Datensatz speichern müssten. Die kleinere Batchgröße führt letztendlich dazu, dass das Training rascher vonstattengeht, da wir unser Netzwerk viel schneller aktualisieren.

Standardmäßig sind die `DataLoader` von PyTorch auf eine `batch_size` von 1 eingestellt. Sie werden das mit ziemlicher Sicherheit ändern wollen. Obwohl ich hier 64 ausgewählt habe, sollten Sie dennoch damit experimentieren, um zu sehen, wie groß ein Minibatch sein kann, ohne den Speicher Ihrer GPU zu überlasten. Vielleicht möchten Sie auch mit einigen der zusätzlichen Parameter experimentieren: Sie können angeben, wie die Datensätze gesampelt werden, ob der komplette Datensatz bei jedem Durchlauf neu gemischt wird und wie viele Arbeitsprozesse genutzt werden, um Daten aus dem Datensatz zu entnehmen. All dies kann in der PyTorch-Dokumentation (*https://oreil.ly/XORs1*) nachgelesen werden.

So viel zum Einspeisen von Daten in PyTorch. Lassen Sie uns jetzt ein einfaches neuronales Netz entwickeln, um endlich mit der Klassifizierung unserer Bilder zu beginnen.

Endlich, ein neuronales Netzwerk!

Wir beginnen mit dem einfachsten Deep-Learning-Netzwerk: einer Eingabeschicht, die mit den Eingabetensoren (unseren Bildern) arbeitet, einer Ausgabeschicht, die so groß ist wie die Anzahl unserer Ausgabekategorien (2), und einer verborgene Schicht zwischen ihnen. In unserem ersten Beispiel verwenden wir vollständig verbundene Schichten. Abbildung 2-3 illustriert, wie das mit einer Eingabeschicht mit drei Neuronen, einer verborgenen Schicht mit drei Neuronen und unserer zwei Neuronen umfassenden Ausgabe aussieht.

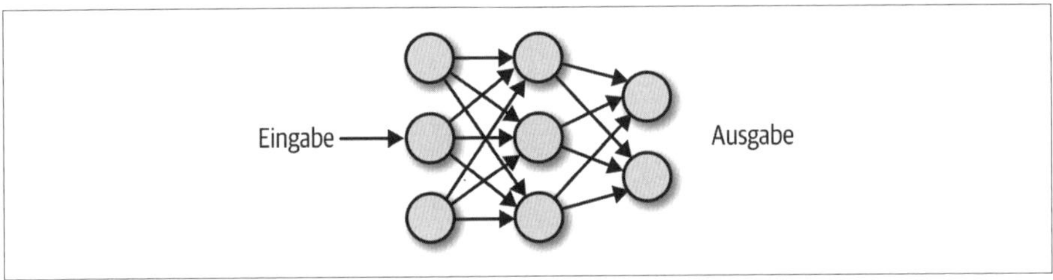

Abbildung 2-3: Ein einfaches neuronales Netzwerk

Wie Sie in diesem Beispiel mit vollständig verbundenen Neuronen sehen können, wirkt jedes Neuron in einer Schicht auf jedes Neuron der nächsten Schicht. Jede Verbindung besitzt ein *Gewicht*, das die Stärke des Signals von diesem Neuron bestimmt, das in die nächste Schicht geht (diese Gewichte werden im Rahmen des Trainings des Netzwerks üblicherweise infolge einer zufälligen Initialisierung aktualisiert). Wenn eine Eingabe das Netzwerk durchläuft, können wir (oder besser, PyTorch) einfach eine Matrixmultiplikation der Gewichte und des Bias-Werts dieser Schicht mit der Eingabe durchführen. Bevor es in die nächste Komponente geleitet wird, geht dieses Ergebnis in eine *Aktivierungsfunktion* ein. Auf diese Weise lässt sich relativ einfach Nichtlinearität in unser System integrieren.

Aktivierungsfunktionen

Aktivierungsfunktionen klingen zunächst kompliziert. Die heutzutage in der Literatur am häufigsten anzutreffende Aktivierungsfunktion wird als `ReLU`, genauer *Rectified Linear Unit*, bezeichnet. Was wiederum kompliziert klingt! Sie ist jedoch nicht mehr als eine Funktion, die *max(0,x)* implementiert, also als Ergebnis eine 0 liefert, wenn die Eingabe negativ ist, oder einfach die Eingabe (*x*), wenn *x* positiv ist. Wirklich simpel!

Eine weitere Aktivierungsfunktion, der Sie wahrscheinlich begegnen werden, heißt *Softmax*, die mathematisch etwas komplizierter ist. Im Grunde erzeugt sie eine Menge von Werten zwischen 0 und 1, die sich gemeinsam zu Wert 1 summieren (Wahrscheinlichkeiten!), und gewichtet die Werte so, dass sie Unterschiede überbewertet – das heißt, sie liefert einen Vektor, in dem ein Resultat höher als alle anderen ist. Sie werden oft sehen, dass er am Ende eines Netzwerks zu Klassifizierungszwecken verwendet wird, um sicherzustellen, dass das Netzwerk eine eindeutige Vorhersage darüber macht, zu welcher Kategorie es die Eingabe zugehörig sieht.

Nachdem wir alle diese Bausteine eingeführt haben, können wir mit dem Aufbau unseres ersten neuronalen Netzes beginnen.

Ein Netzwerk erstellen

Die Erstellung eines Netzwerks in PyTorch gestaltet sich sehr pythonisch. Unsere Klasse erbt von einer Klasse namens `torch.nn.Module`, und wir füllen die Methoden `__init__` und `forward` unseren Vorstellungen entsprechend aus:

```
import torch.nn as nn
import torch.nn.functional as F

class SimpleNet(nn.Module):

    def __init__(self):
        super(SimpleNet, self).__init__()
        self.fc1 = nn.Linear(12288, 84)
        self.fc2 = nn.Linear(84, 50)
        self.fc3 = nn.Linear(50,2)

    def forward(self, x):
        x = x.view(-1, 12288)
        x = F.relu(self.fc1(x))
        x = F.relu(self.fc2(x))
        x = F.softmax(self.fc3(x))
        return x

simplenet = SimpleNet()
```

Auch das ist nicht allzu kompliziert. Wir geben die erforderliche Struktur in `init()` vor. In diesem Fall initiieren wir unseren Superklassenkonstruktor und die drei vollständig verbundenen Schichten (in PyTorch `Linear` genannt, im Gegensatz zu `Dense` bei Keras). Die `forward()`-Methode beschreibt, wie die Daten sowohl im Rahmen des Trainings- als auch während des Vorhersagevorgangs (Inferenz) durch das Netzwerk strömen. Erinnern Sie sich? Zuerst müssen wir den dreidimensionalen Tensor (*x* und *y* plus drei Farbkanäle: Rot, Grün, Blau) in ein Bild umwandeln – in einen eindimensionalen Tensor –, sodass er in die erste `Linear`-Schicht eingespeist werden kann. Dies erreichen wir mit der `view()`-Funktion. Von da an können Sie sehen, dass wir die Schichten und die Aktivierungsfunktionen der Reihe nach einsetzen und schließlich eine `softmax`-Ausgabe erhalten, die uns unsere Vorhersage für ein Bild liefert.

Die Anzahl der Neuronen in den verborgenen Schichten ist etwas willkürlich gewählt. Eine Ausnahme davon stellt die letzte Schicht dar, bei der die zwei Ausgaben unseren beiden Kategorien, Katze oder Fisch, entsprechen. Im Allgemeinen möchten Sie, dass die Daten in Ihren Schichten *komprimiert* werden, wenn sie durch das Netzwerk hindurchströmen. Wenn bei einer Schicht z. B. 50 Eingänge zu 100 Ausgängen führen, könnte das Netzwerk *lernen*, einfach die 50 Verbindungen zu 50 von den insgesamt 100 Ausgängen weiterzuleiten und seine Arbeit als erledigt zu betrachten. Indem wir die Größe der Ausgabe in Bezug auf die Eingabe reduzieren, zwingen wir diesen Teil des Netzwerks dazu, eine Darstellung der ursprünglichen Eingabe mit weniger Ressourcen zu lernen, wodurch wir uns erhoffen, dass es einige Merkmale der Bilder erkennt, die für das zu lösende Problem wichtig sind, wie z. B. das Erkennen einer Flosse oder eines Schwanzes.

Wenn unser Netzwerk eine Vorhersage liefert, können wir diese mit dem tatsächlichen Label des Ausgangsbilds vergleichen, um zu sehen, ob die Vorhersage richtig war. Allerdings benötigen wir einen Weg, der es PyTorch erlaubt, nicht nur zu ermitteln, ob eine Vorhersage richtig oder falsch ist, sondern auch, wie falsch oder richtig sie ist. Hierfür bedarf es einer Verlustfunktion.

Verlustfunktionen

Verlustfunktionen gehören zu den wichtigsten Elementen einer erfolgreichen Deep-Learning-Lösung. PyTorch verwendet sie, um zu beurteilen, wie es das Netzwerk aktualisieren muss, um die gewünschten Ergebnisse zu erzielen.

Verlustfunktionen können so kompliziert oder einfach sein, wie Sie es wünschen. PyTorch wird standardmäßig mit einer umfassenden Sammlung von Funktionen ausgeliefert, die die meisten Anwendungen abdecken, auf die Sie wahrscheinlich stoßen werden. Dennoch können Sie natürlich Ihre eigenen Funktionen programmieren, falls Sie eine individuelle Lösung benötigen. Im vorliegenden Fall werden wir eine bereits integrierte Verlustfunktion namens `CrossEntropyLoss` (Kreuzentropieverlust) verwenden, die, wie bei uns vorliegend, für mehrkategoriale Klassifizierungsaufgaben empfohlen wird. Eine weitere Verlustfunktion, die Ihnen wahrscheinlich begegnen wird, nennt sich `MSELoss` (engl. *Mean Squared Error Loss*). Sie ist der gewöhnliche mittlere quadratische Verlust, den Sie für eine numerische Vorhersage heranziehen können.

Etwas, das man bei der `CrossEntropyLoss`-Verlustfunktion beachten muss, ist, dass sie auch eine `softmax()`-Funktion als Teil seiner Operation beinhaltet; deshalb ändern wir unsere `forward()`-Methode wie folgt:

```
def forward(self, x):
    # In einen eindimensionalen Vektor umwandeln.
    x = x.view(-1, 12288)
    x = F.relu(self.fc1(x))
    x = F.relu(self.fc2(x))
    x = self.fc3(x)
    return x
```

Sehen wir uns nun an, wie die Schichten eines neuronalen Netzes während einer Trainingsschleife aktualisiert werden.

Optimierung

Beim Training eines Netzwerks werden die Daten durch das Netzwerk geleitet, wobei die Verlustfunktion dazu verwendet wird, die Differenz zwischen der Vorhersage und dem tatsächlichen Label zu quantifizieren. Diese Informationen werden anschließend rückwärts gerichtet durch das Netzwerk geleitet und zur Aktualisierung der Gewichte des Netzwerks verwendet, um zu versuchen, den Verlust so gering wie möglich zu halten. Zur Aktualisierung des neuronalen Netzes verwenden wir einen sogenannten *Optimierer*.

Für den Fall, dass wir nur ein Gewicht hätten, könnten wir einfach dem jeweiligen Verlustwert den Wert des Gewichts visuell nachvollziehbar gegenüberstellen. Der Zusammenhang könnte beispielsweise wie in Abbildung 2-4 aussehen.

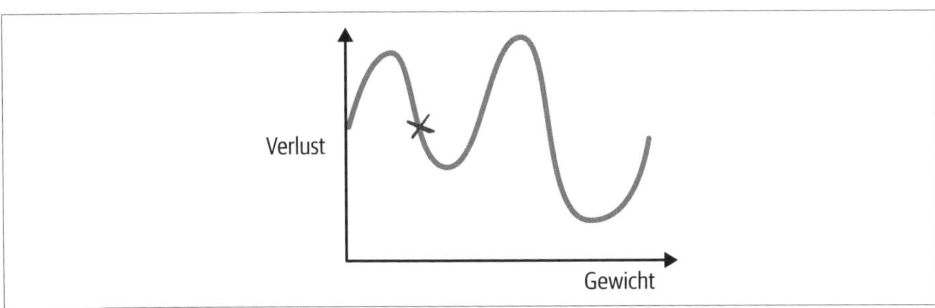

Abbildung 2-4: Zweidimensionale Darstellung einer Verlustfunktion

Nehmen wir als Ausgangspunkt eine zufällige Position in Abbildung 2-4, die durch das X markiert ist. Den entsprechenden Gewichtswert können wir auf der x-Achse und den Wert des Verlusts auf der y-Achse ablesen. Um unsere optimale Lösung zu erreichen, müssen wir zum niedrigsten Punkt auf der Kurve gelangen. Wir können uns entlang der Funktion bewegen, indem wir den Wert des Gewichts ändern und so einen neuen Wert für die Verlustfunktion erhalten. Anhand der Steigung der Kurve können wir einschätzen, wie gut wir uns hinsichtlich der Erreichung des Optimums bewegen. Eine verbreitete Methode zur Visualisierung des Optimierers ist das Rollen einer Murmel, um den niedrigsten Punkt (bzw. das *Minimum*) in einer bestimmten Anzahl von Tälern zu finden. Dies wird vielleicht deutlicher, wenn wir unser Beispiel auf zwei Parameter erweitern und so ein dreidimensionales Diagramm wie das in Abbildung 2-5 gezeigte erhalten.

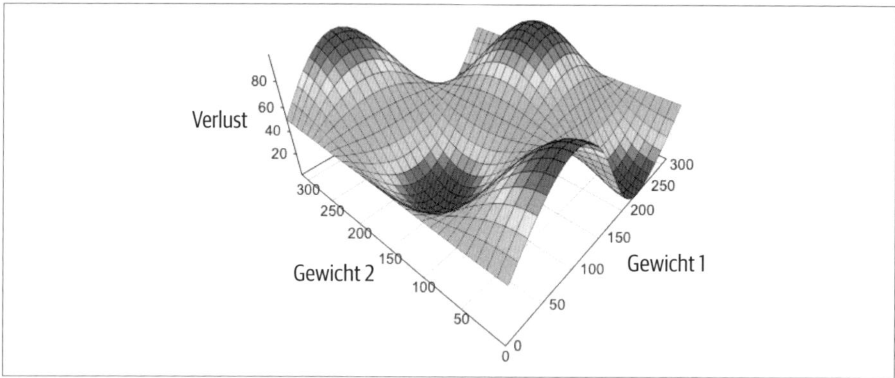

Abbildung 2-5: Dreidimensionale Darstellung einer Verlustfunktion

In diesem Fall können wir an jedem Punkt die Gradienten aller potenziellen Bewegungen ermitteln und denjenigen auswählen, der uns am deutlichsten den Berg hinunterbringt.

Allerdings sollten Sie sich über ein paar Dinge im Klaren sein. Zum einen besteht die Gefahr, sich in *lokalen Minima* zu verfangen, d.h. in Bereichen, die im Rahmen der Ermittlung unserer Gradienten so aussehen, als seien sie die tiefsten Teile der Verlustkurve, obwohl in Wirklichkeit jedoch tiefer liegende Bereiche existieren. Anhand unserer eindimensional verlaufenden Kurve in Abbildung 2-4 können wir sehen, dass wir, wenn wir durch kleine Sprünge nach unten in einem der Minima auf der linken Seite landen, nie einen Grund hätten, diesen Bereich wieder zu verlassen. Wenn wir größere Sprünge machen, könnten wir auf den Weg zum eigentlichen Minimum gelangen. Da wir allerdings immer wieder so große Sprünge machen, überspringen wir auch immer wieder den ganzen Bereich.

Die Weite unserer Sprünge wird als *Lernrate* bezeichnet und ist oft der *entscheidende* zu justierende Parameter, der dazu beiträgt, dass Ihr Netzwerk richtig und effizient lernen kann. In Kapitel 4 werden Sie eine weitere Methode kennenlernen, um eine geeignete Lernrate zu bestimmen. Vorerst experimentieren wir einfach mit unterschiedlichen Werten: Versuchen wir es zunächst einmal mit einem Wert wie 0,001. Wie eben erwähnt, führen große Lernraten dazu, dass Ihr Netzwerk während des Trainings über den ganzen Bereich springt, ohne dass es zu einer *Konvergenz* der Gewichte kommt.

Um das Problem der lokalen Minima zu entschärfen, nehmen wir eine leichte Änderung bei der Ermittlung aller möglichen Gradienten vor und stellen zufällig gesampelte Gradienten während eines Batches bereit. Diese Methode wird als *stochastischer Gradientenabstieg* (engl. *Stochastic Gradient Descent* (SGD)) bezeichnet und stellt den traditionellen Ansatz zur Optimierung neuronaler Netze und anderer maschineller Lernverfahren dar. Es gibt noch weitere Optimierungsalgorithmen, die im Bereich des Deep Learning vorzuziehen sind. PyTorch wird standardmäßig mit SGD sowie anderen wie AdaGrad, RMSProp und Adam, dem Optimierer, den wir für den Großteil des Buchs verwenden werden, ausgeliefert.

Eine der wichtigsten Verbesserungen, die Adam (wie auch RMSProp und AdaGrad) vornimmt, besteht darin, dass er jeweils pro Parameter eine Lernrate verwendet und diese in Abhängigkeit von der Änderungsrate dieser Parameter anpasst. Dabei wird eine exponentiell abnehmende Liste von Gradienten und der Quadrate dieser Gradienten gespeichert und dazu verwendet, die globale Lernrate, mit der Adam arbeitet, zu skalieren. Es hat sich empirisch gezeigt, dass Adam die meisten anderen Optimierer in tiefen Netzwerken übertrifft. Sie können Adam aber auch gegen SGD, RMSProp oder einen weiteren Optimierer austauschen, um nachzuvollziehen, ob der Einsatz einer anderen Methode ein schnelleres und verbessertes Training für Ihre spezielle Anwendung ermöglicht.

Die Erstellung eines auf Adam basierenden Optimierers ist einfach. Wir rufen die Funktion `optim.Adam()` auf und übergeben die Gewichte des zu aktualisierenden Netzwerks (die wir mithilfe der Funktion `simplenet.parameters()` erhalten) sowie unsere exemplarisch gewählte Lernrate von 0,001:

```
import torch.optim as optim
optimizer = optim.Adam(simplenet.parameters(), lr=0.001)
```

Der Optimierer ist das letzte fehlende Teil des Puzzles – wir können also endlich anfangen, unser Netzwerk zu trainieren.

Training

Widmen wir uns nun unserer vollständigen Trainingsschleife, die alles, was Sie bisher kennengelernt haben, für das Training des Netzwerks kombiniert. Wir werden diese als Funktion formulieren, damit wir Komponenten wie die Verlustfunktion und den Optimierer als Parameter übergeben können. An diesem Punkt sieht es zunächst recht allgemein aus:

```
for epoch in range(epochs):
    model.train()
    for batch in train_loader:
        optimizer.zero_grad()
        inputs, targets = batch
        output = model(inputs)
        loss = loss_fn(output, targets)
        loss.backward()
        optimizer.step()
```

Auch wenn der Code ziemlich unkompliziert ist, sollten Sie dennoch ein paar Dinge beachten. Wir nehmen bei jeder Iteration der Schleife ein Batch aus unserem Trainingsdatensatz, der von unserem `DataLoader`-Objekt verarbeitet wird. Dieses lassen wir durch unser Modell laufen und berechnen den Verlust auf Basis der ermittelten Ausgabe. Dann rufen wir die `backward()`-Methode auf, um die Gradienten auf Grundlage dieses Verlusts im Rahmen der sogenannten Backpropagation, auch Fehlerrückführung genannt, zu berechnen. Die Methode `optimizer.step()` verwendet diese Gradienten anschließend, um die im vorherigen Abschnitt erwähnte Anpassung der Gewichte durchzuführen.

Was aber bewirkt der Funktionsaufruf `zero_grad()`? Bei genauerem Hinsehen stellt sich heraus, dass die berechneten Gradienten standardmäßig kumuliert werden (engl. accumulated). Das bedeutet, dass die Gradienten am Ende der Iteration eines Batches nicht auf null gesetzt werden, sondern dass beim nächsten Batch die Gradienten dieses Batches gemeinsam mit den eigentlichen Gradienten verarbeitet werden müssten und beim darauffolgenden Batch die beiden vorhergehenden und so weiter. Dies erweist sich nicht als hilfreich, da wir für unsere Optimierung in jeder Iteration nur die Gradienten des aktuellen Batches berücksichtigen möchten. Deshalb rufen wir die Funktion `zero_grad()` auf, um sicherzustellen, dass die Gradienten auf null zurückgesetzt werden, nachdem wir mit unserer Schleife fertig sind.

Im obigen Code ist Ihnen wahrscheinlich auch der Funktionsaufruf `model.train()` aufgefallen. Sie erfahren gleich noch mehr darüber, wenn wir uns den Aufbau der Validierungsschleife ansehen.

So weit zur Kurzfassung der Trainingsschleife. Wir müssen jedoch noch ein paar Dinge genauer unter die Lupe nehmen, ehe wir unsere komplette Funktion formulieren können.

Validierung

Sobald wir die Parameter unseres Modells nach dem Training mit dem gesamten Datensatz für die aktuelle Epoche aktualisiert haben, sollten wir das Modell anhand des Validierungsdatensatzes, den wir zuvor erstellt haben, hinsichtlich seiner Leistung auf einem anderen Datensatz bewerten. Dadurch stellen wir sicher, dass sich das Modell nicht zu sehr an den Trainingsdatensatz anpasst. Unsere Validierungsschleife sollte Ihnen bereits recht vertraut erscheinen:

```
model.eval()
for batch in val_loader:
    inputs, targets = batch
    output = model(inputs)
    loss = loss_fn(output,targets)
```

Wir leiten den Datensatz erneut Batch für Batch durch das Modell, vergleichen die Vorhersagen mit den tatsächlichen Labels des Batches und berechnen darauf basierend den Verlust. Da die Parameter des Modells im Rahmen der Validierung nicht aktualisiert werden, benötigen wir weder die `backward()`-Methode noch eine Optimierungsroutine.

Doch was bewirkt der Aufruf der Methode `model.eval()`? Ein Modell kann sich in einem von zwei Modi befinden: dem *Trainingsmodus*, der durch den Aufruf von `model.train()` gesetzt wird, oder dem Evaluierungs- bzw. *Inferenzmodus*, der durch `model.eval()` aufgerufen wird. Wie Sie noch im Verlauf des Buchs sehen werden, können sich die Schichten eines Modells je nach Modus unterschiedlich verhalten. Wenn Sie also in einem anderen Zusammenhang als dem Modelltraining Vorhersagen treffen möchten, sollten Sie vorher *immer* `model.eval()` aufrufen.

Ein Modell auf der GPU zum Laufen bringen

Wie Sie vielleicht bereits bemerkt haben, läuft der Code nicht besonders schnell. Wie sähe es mit der leistungsstarken GPU aus, die in unserer Instanz in der Cloud verfügbar ist (oder dem sehr teuren Desktoprechner, den Sie sich zusammengestellt haben)? PyTorch führt standardmäßig CPU-basierte Berechnungen durch. Um die Vorteile der GPU zu nutzen, müssen wir unsere Eingabetensoren und das Modell selbst auf die GPU verschieben, indem wir explizit die Methode `to()` verwenden. Hier ein Beispiel, bei dem das `SimpleNet` auf die GPU kopiert wird:

```
import torch

if torch.cuda.is_available():
    device = torch.device("cuda")
else:
    device = torch.device("cpu")

simplenet.to(device)
# Allgemein: model.to(device)
```

Sofern PyTorch ausgibt, dass eine GPU verfügbar ist, wird das Modell auf diese kopiert. Ansonsten wird das Modell auf der CPU belassen. Durch diese Vorgehensweise können wir direkt am Anfang unseres Codes ermitteln, ob eine GPU verfügbar ist, und anschließend einfach `tensor|model.to(device)` für den Rest des Programms verwenden, da wir bereits sichergestellt haben, dass sich das Modell an der richtigen Stelle befindet.

In früheren Versionen von PyTorch würden Sie stattdessen die Methode `cuda()` verwenden, um die Daten auf die GPU zu kopieren. Wenn Sie in fremden Codes auf diese Methode stoßen, seien Sie sich einfach darüber bewusst, dass sie dasselbe tut wie die `to()`-Methode!

Damit sind nun alle für das Training erforderlichen Schritte abgeschlossen. Wir sind fast fertig!

Alles in einem

Sie haben in diesem Kapitel bereits eine Menge verschiedener Codestücke gesehen. Machen wir uns ans Werk und konsolidieren wir sie. Wir fügen alles zusammen, um eine generische Trainingsmethode zu erstellen, die ein Modell sowie die Trainings- und Validierungsdaten zusammen mit den Angaben zur Lernrate und zur Batchgröße annimmt und das Training mit diesem Modell durchführt. Den folgenden Code verwenden wir im gesamten restlichen Buch:

```
def train(model, optimizer, loss_fn, train_loader, val_loader,
          epochs=20, device="cpu"):
    for epoch in range(epochs):
        training_loss = 0.0
        valid_loss = 0.0
        model.train()
        for batch in train_loader:
            optimizer.zero_grad()
            inputs, targets = batch
            inputs = inputs.to(device)
            targets = targets.to(device)
            output = model(inputs)
            loss = loss_fn(output, targets)
            loss.backward()
            optimizer.step()
            training_loss += loss.data.item() * inputs.size(0)
        training_loss /= len(train_loader.dataset)

        model.eval()
        num_correct = 0
        num_examples = 0
        for batch in val_loader:
            inputs, targets = batch
            inputs = inputs.to(device)
            output = model(inputs)
            targets = targets.to(device)
            loss = loss_fn(output,targets)
            valid_loss += loss.data.item() * inputs.size(0)
            correct = torch.eq(torch.max(F.softmax(output, dim=1), dim=1)[1],
                               targets)
            num_correct += torch.sum(correct).item()
            num_examples += correct.shape[0]
        valid_loss /= len(val_loader.dataset)

        print('Epoch: {}, Training Loss: {:.2f}, Validation Loss: {:.2f}, '
              'accuracy = {:.2f}'.format(epoch+1, training_loss,
                                          valid_loss, num_correct/num_examples))
```

Es gibt auch ein paar neue Dinge, die im Code zu finden sind. Wir möchten den Trainingsverlust, den Validierungsverlust und die Modellgenauigkeit (`num_correct/num_examples`) jeweils für eine komplette Epoche berechnen. Für die Berechnung der Verluste geben wir nach jeder Epoche einen durchschnittlichen Verlust für die jeweilige Epoche aus. Dazu summieren wir einfach alle Verluste, die jeweils für ein

Batch berechnet wurden, und teilen diese Summe durch die Gesamtgröße des Trainings- bzw. Validierungsdatensatzes, sobald am Ende einer Epoche alle Batches das Modell durchlaufen haben.

Die Berechnung der Modellgenauigkeit (engl. Accuracy), auch Relevanz genannt, ist ein wenig komplizierter. Zur Ermittlung müssen wir feststellen, wie viele richtige Vorhersagen das Modell in Bezug auf den Validierungsdatensatz trifft, und diesen Wert durch die Gesamtanzahl der getätigten Vorhersagen teilen. Hierzu müssen wir einfach den Vorhersagetensor durchgehen und einen Wert nach dem anderen mit dem tatsächlichen Label vergleichen. Mit PyTorch lässt sich diese Überprüfung jedoch bequemerweise mit dem gesamten Batch auf einmal durchführen; die Formulierung erscheint nur etwas komplex:

```
correct = torch.eq(torch.max(F.softmax(output, dim=1), dim=1)[1],
                   targets)
```

Für eine einzelne umbrochene Zeile Code geht hier eine Menge vor sich! Gehen wir sie Schritt für Schritt durch. Wir haben zunächst unseren `output`-Tensor mit den Vorhersagen unseres Modells, den wir einer `softmax()`-Aktivierungsfunktion übergeben (denken Sie daran, dass wir die `softmax()`-Funktion zuvor aus unserer `forward()`-Methode wieder entfernt haben). Aber was bewirkt der erste Parameter `dim=1`? Erinnern Sie sich kurz zurück, wie die `softmax`-Aktivierungsfunktion arbeitet: Sie nimmt Eingaben entgegen und bildet diese Eingabewerte auf einen neuen Satz von Ausgabewerten ab, die sich zu 1 summieren. Zum `dim`-Parameter müssen wir uns folgende Frage stellen: »Hinsichtlich welcher Dimension sollen sich die Werte des Tensors zu 1 summieren?« Wir möchten gewährleisten, dass sich die Werte als Wahrscheinlichkeiten in Bezug auf unsere beiden Kategorien interpretieren lassen, die in der Summe 1 ergeben. Dementsprechend muss sich diese Dimension auf unsere vorhergesagten Kategorien beziehen, weshalb wir `dim=1` angeben. (Würden wir `dim=0` wählen, würden sich die Werte in Bezug auf die Dimension des Batches zu 1 aufsummieren, d. h. jeweils alle Werte für die Bilder eines Batches hinsichtlich einer Kategorie, was wir mit ziemlicher Sicherheit nicht wollen).

Dann verwenden wir die Funktion `torch.max()`, um jeweils die Maximalwerte des Tensors, den wir durch die Anwendung der `softmax`-Aktivierungsfunktion erhalten, zu ermitteln. Hierzu geben wir wiederum `dim=1` als zusätzlichen Parameter an, um das Maximum entlang der Dimension der vorhergesagten Kategorie zu erhalten. Die `torch.max()`-Funktion gibt ein Tupel zurück, wobei das erste Element ein Tensor mit den Maximalwerten und das zweite ein Tensor mit den Werten der Indizes ist, an denen jeweils der Maximalwert gefunden wurde. Wir benötigen das zweite Element, da der Index des Maximalwerts unserer vorhergesagten Kategorie entspricht. Folglich verwenden wir `[1]`, um den Tensor mit den Indizes zu erhalten. Anschließend vergleichen wir diese Vorhersagen mit den tatsächlichen Labels, indem wir die vorhergesagten Werte dem Tensor `targets`, der unsere tatsächlichen Labels enthält, mithilfe der Funktion `torch.eq()` gegenüberstellen und bei Übereinstimmung der Werte den Wert `True` (d. h., die Vorhersage ist korrekt) und anderenfalls den Wert False erhalten. Gegebenenfalls müssten Sie den Tensor an dieser Stelle zusätzlich noch unter Verwendung von view(-1) so umformen, dass Sie einen eindimensionalen Tensor erhalten. Mit der folgenden Codezeile berechnen wir die Quersumme dieses Tensors und bilden die Summe für alle Batches; der Wert False entspricht dem Wert 0 und True dem Wert 1, sodass wir dadurch die Anzahl der korrekten Vorhersagen erhalten:

```
num_correct += torch.sum(correct).item()
```

Nun haben wir unsere Trainingsfunktion definiert – wir können umgehend mit dem Training beginnen, indem wir sie mit den erforderlichen Parametern aufrufen:

```
train(simplenet, optimizer, nn.CrossEntropyLoss(),
      train_data_loader, val_data_loader,
      epochs=20, device=device)
```

Das Netzwerk wird für 20 Epochen trainiert. Dies können Sie verändern, indem Sie einen anderen Wert für epochs in der Funktion train() angeben (hier hätten wir ihn auch weglassen können), und Sie sollten am Ende einer jeden Epoche eine Ausgabe zur Genauigkeit des Modells auf dem Validierungsdatensatz erhalten.

Sie haben Ihr erstes neuronales Netzwerk trainiert – herzlichen Glückwunsch! Jetzt können Sie damit Vorhersagen erstellen. Werfen wir also einen Blick darauf, wie das funktioniert.

Vorhersagen treffen

Schon zu Beginn des Kapitels hatte ich angekündigt, dass wir ein neuronales Netz erstellen würden, das dazu in der Lage ist, zu unterscheiden, ob auf einem Bild eine Katze oder ein Fisch abgebildet ist. Genau zu diesem Zweck haben wir inzwischen unser Netzwerk trainiert. Aber wie nutzen wir es, um uns eine Vorhersage für ein einzelnes Bild ausgeben zu lassen? Hier ist ein kurzer Abschnitt Python-Code, mit dem wir ein Bild aus dem Dateisystem laden und uns ausgeben lassen, ob unser Netzwerk *Katze* oder *Fisch* vorhersagt:

```
labels = ['cat','fish']

img = Image.open(FILENAME)
img = img_transforms(img).to(device)
img = torch.unsqueeze(img, 0)

simplenet.eval()
prediction = F.softmax(simplenet(img), dim=1)
prediction = prediction.argmax()
print(labels[prediction])
```

Der Großteil dieses Codes ist einfach. Wir verwenden wieder die zuvor erstellte Transformationspipeline, um das Bild in die richtige Form für unser neuronales Netzwerk zu überführen. Da unser Netzwerk jedoch Batches verwendet, erwartet es eigentlich einen vierdimensionalen Tensor, wobei sich die erste Dimension auf die verschiedenen Bilder innerhalb eines Batches bezieht. Ein einzelnes Bild stellt zwar kein Batch dar, aber wir können mit diesem einzelnen Bild ein Batch der Länge 1 erzeugen, indem wir die Funktion `unsqueeze(img, 0)` verwenden, die eine neue Dimension an der ersten Stelle unseres Tensors hinzufügt. Wenn Sie Vorhersagen für mehrere Bilder erhalten möchten, können Sie die Klasse `torchvision.datasets.ImageFolder` einsetzen, um einen weiteren Datensatz zu erzeugen und den DataLoader, der die Batches liefert, ohne die `unsqueeze()`-Funktion nutzen zu können.

Nachdem wir das Modell in den Inferenzmodus gesetzt haben, gestaltet sich die Ermittlung von Vorhersagen ähnlich einfach. Wir müssen schlicht die Kategorie mit der höheren Wahrscheinlichkeit ermitteln. Im vorliegenden Fall könnten wir den Tensor einfach in eine Python-Liste umwandeln und die beiden Elemente vergleichen. Meistens gibt es jedoch mehr als nur zwei zu vergleichende Elemente. Dann erweist sich die PyTorch-Funktion `argmax()` als hilfreich, die den Index des höchsten Werts des Tensors zurückgibt. Diesen Index verwenden wir dann, um uns aus unserer Liste mit den Labels die entsprechende Vorhersage ausgeben zu lassen. Als Übung können Sie auf Basis der vorhergehenden Codeabschnitte die Vorhersagen für den kompletten Testdatensatz, den wir zu Beginn des Kapitels erstellt haben, ermitteln. Orientieren Sie sich insbesondere an der Validierungsschleife, um Vorhersagen für den Testdatensatz und das zugehörige `test_data_loader`-Objekt zu ermitteln, die wir zu Beginn des Kapitels erstellt haben. Auch hier brauchen Sie nicht die `unsqueeze()`-Funktion zu verwenden, da Sie vom `test_data_loader` bereits Batches in der korrekten Tensorform erhalten. Vielleicht hilft es Ihnen in diesem Zusammenhang, die Dimensionen der Tensoren mithilfe der Funktionen `shape` bzw. `size()` nachzuvollziehen.

Für den Moment ist das so ziemlich alles, was Sie über die Ermittlung von Vorhersagen wissen müssen; in Kapitel 8 kommen wir noch einmal darauf zurück, um das Ganze für den Produktiveinsatz aufzubereiten.

Zusätzlich zur Ermittlung der Vorhersagen würden wir wahrscheinlich gern in der Lage sein, das Modell zu jedem Zeitpunkt in der Zukunft mit unseren trainierten Parametern neu zu laden. Sehen wir uns an, wie das mit PyTorch realisiert wird.

Speichern von Modellen

Wenn Sie mit der Performance eines Modells zufrieden sind oder aus irgendeinem Grund eine Pause einlegen müssen, können Sie den aktuellen Zustand eines Modells im Python-Format *pickle* speichern, indem Sie die Methode `torch.save()` verwenden. Umgekehrt können Sie eine zuvor gespeicherte Iteration eines Modells laden, indem Sie die `torch.load()`-Methode verwenden.

Um unsere aktuellen Parameter und die Modellstruktur zu speichern, könnten wir also wie folgt vorgehen:

```
torch.save(simplenet, "/tmp/simplenet")
```

Und so können Sie sie erneut laden:

```
simplenet = torch.load("/tmp/simplenet")
```

Dabei werden sowohl die Parameter als auch die Struktur des Modells in einer Datei gespeichert. Wenn Sie die Struktur des Modells zu einem späteren Zeitpunkt ändern, kann das ein Problem darstellen. Aus diesem Grund ist es üblicher, stattdessen das `state_dict` eines Modells zu speichern. Dies ist ein gewöhnliches Python-Dictionary (`dict`), das die Parameter aller Schichten im Modell umfasst. Das Speichern des `state_dict` gestaltet sich folgendermaßen:

```
torch.save(model.state_dict(), PATH)
```

In unserem Fall:

```
torch.save(simplenet.state_dict(), "/tmp/simplenet.pth")
```

Um es wiederherzustellen, erstellen Sie zuerst eine Instanz des Modells und verwenden dann `load_state_dict`. Für `SimpleNet` sähe das wie folgt aus:

```
simplenet = SimpleNet()
simplenet_state_dict = torch.load("/tmp/simplenet.pth")
simplenet.load_state_dict(simplenet_state_dict)
```

Der Vorteil bei diesem Vorgehen liegt darin, dass Sie, wenn Sie das Modell in irgendeiner Weise erweitern, einen `strict=False`-Parameter an `load_state_dict` übergeben können, der den Schichten im Modell Parameter zuweist, die im `state_dict` vorhanden sind. Dabei tritt kein Fehler auf, wenn das geladene `state_dict` Schichten umfasst, die in der aktuellen Struktur des Modells fehlen oder hinzugefügt wurden. Da es sich um ein normales Python-Dictionary handelt, können Sie die Namen der Schlüssel so ändern, dass sie zu Ihrem Modell passen. Das kann vor allem dann nützlich sein, wenn Sie Parameter aus einem völlig anderen Modell einlesen möchten.

Modelle können während eines Trainingslaufs auf einer Festplatte gespeichert und an einer anderen Stelle wieder geladen werden, sodass das Training dort fortgesetzt werden kann, wo Sie aufgehört haben. Das ist besonders nützlich, wenn man etwas wie Google Colab verwendet, das einen kontinuierlichen Zugriff auf eine GPU für nur etwa zwölf Stunden ermöglicht. Wenn Sie die Zeit im Auge behalten, können Sie das Modell vor der Unterbrechung speichern und das Training in einer neuen Zwölf-Stunden-Sitzung fortsetzen.

Zusammenfassung

Sie haben im Schnelldurchlauf die Grundlagen neuronaler Netze kennengelernt und erfahren, wie Sie diese in PyTorch mit einem Datensatz trainieren, wie Sie Vorhersagen für andere Bilder vornehmen und wie Sie Modelle auf und von der Festplatte speichern bzw. wiederherstellen können.

Bevor Sie zum nächsten Kapitel übergehen, experimentieren Sie ruhig noch ein wenig mit der `SimpleNet`-Architektur, die wir entwickelt haben. Verändern Sie die Anzahl der Parameter in den `Linear`-Schichten und fügen Sie vielleicht noch eine oder zwei weitere Schichten hinzu. Schauen Sie sich die verschiedenen in PyTorch verfügbaren Aktivierungsfunktionen an und tauschen Sie `ReLU` gegen eine andere aus. Achten Sie darauf, was mit dem Training passiert, wenn Sie die Lernrate anpassen oder den Optimierer von Adam auf einen anderen umstellen (versuchen Sie es gern mit dem gewöhnlichen SGD). Ändern Sie gegebenenfalls die Batchgröße und die anfängliche Größe des Bilds, wenn es zu Beginn des Durchlaufs in einen eindimensionalen Tensor umgewandelt wird. Vieles im Deep Learning befindet sich noch in einer handwerklichen Konstruktionsphase; die Lernraten werden so lange von Hand ausgetüftelt, bis ein Netzwerk hinreichend trainiert ist. Es ist also durchaus ratsam, ein Verständnis vom Zusammenspiel aller adjustierbaren Elemente zu bekommen.

Sie mögen von der Genauigkeit der `SimpleNet`-Architektur vielleicht ein wenig enttäuscht sein – aber keine Sorge! In Kapitel 3 werden sich einige nennenswerte Verbesserungen einstellen, da wir anstelle des sehr einfachen Netzwerks, das wir bisher verwendet haben, ein neuronales Konvolutionsnetz einführen.

Weiterführende Literatur

- PyTorch-Dokumentation (*https://oreil.ly/x6pO7*)
- »Adam: A Method for Stochastic Optimization« (*https://arxiv.org/abs/1412.6980*) von Diederik P. Kingma und Jimmy Ba (2014)
- »An Overview of Gradient Descent Optimization Algorithms« (*https://arxiv.org/abs/1609.04747*) von Sebastian Ruder (2016)

KAPITEL 3

Neuronale Konvolutionsnetze (CNNs)

Nachdem Sie mit den vollständig verbundenen neuronalen Netzen in Kapitel 2 experimentiert haben, sind Ihnen wahrscheinlich einige Dinge aufgefallen. Wenn Sie versucht haben, weitere Schichten hinzuzufügen oder die Anzahl der Parameter erheblich zu erhöhen, ging Ihnen mit ziemlicher Sicherheit der Speicherplatz auf Ihrer GPU aus. Außerdem dauerte es eine ganze Weile, bis die Genauigkeit einigermaßen akzeptabel war. Vor allem in Anbetracht des Hypes um Deep Learning wird Sie das Ergebnis wohl kaum in Jubelschreie versetzt haben.

Es stimmt zwar, dass ein vollständig verbundenes bzw. ein *Feed-Forward*-Netz als universaler Approximator funktionieren kann, doch die Theorie sagt nicht, wie lange Sie brauchen werden, um es zu trainieren, damit es die Annäherung an die Funktion wird, die Sie wirklich anstreben. Wir können es allerdings vor allem im Hinblick auf die Verwendung von Bildern verbessern. In diesem Kapitel erfahren Sie etwas über *neuronale Konvolutionsnetze* (engl. *Convolutional Neural Networks* (CNNs)) und wie sie das Rückgrat der genauesten Bildklassifikatoren bilden, die es heute gibt (wir sehen uns einige von ihnen im Verlauf des Kapitels etwas genauer an). Wir erstellen für unsere Katze-oder-Fisch-Anwendung eine neue auf Faltungen basierende Architektur und zeigen, dass sie sich schneller trainieren lässt *und* genauer ist als das, was wir im vorigen Kapitel entwickelt haben. Legen wir los!

Unser erstes Konvolutionsnetz

Diesmal stelle ich zunächst die endgültige Modellarchitektur vor und erläutere anschließend alle Neuerungen. Wie ich bereits in Kapitel 2 erwähnt habe, ist die von uns erstellte Trainingsmethode unabhängig vom Modell, sodass Sie zuerst das Modell ausprobieren und dann zur Erklärung zurückkommen können!

```
import torch
import torch.nn as nn

class CNNNet(nn.Module):
```

```
    def __init__(self, num_classes=2):
        super(CNNNet, self).__init__()
        self.features = nn.Sequential(
            nn.Conv2d(3, 64, kernel_size=11, stride=4, padding=2),
            nn.ReLU(),
            nn.MaxPool2d(kernel_size=3, stride=2),
            nn.Conv2d(64, 192, kernel_size=5, padding=2),
            nn.ReLU(),
            nn.MaxPool2d(kernel_size=3, stride=2),
            nn.Conv2d(192, 384, kernel_size=3, padding=1),
            nn.ReLU(),
            nn.Conv2d(384, 256, kernel_size=3, padding=1),
            nn.ReLU(),
            nn.Conv2d(256, 256, kernel_size=3, padding=1),
            nn.ReLU(),
            nn.MaxPool2d(kernel_size=3, stride=2),
        )
        self.avgpool = nn.AdaptiveAvgPool2d((6, 6))
        self.classifier = nn.Sequential(
            nn.Dropout(),
            nn.Linear(256 * 6 * 6, 4096),
            nn.ReLU(),
            nn.Dropout(),
            nn.Linear(4096, 4096),
            nn.ReLU(),
            nn.Linear(4096, num_classes)
        )

    def forward(self, x):
      x = self.features(x)
      x = self.avgpool(x)
      x = torch.flatten(x, 1)
      x = self.classifier(x)
      return x
```

Als Erstes ist die Verwendung der Funktion `nn.Sequential()` anzumerken. Diese ermöglicht es uns, eine Verkettung bzw. Abfolge von Schichten zu definieren. Wenn wir eine dieser Verkettungen in der `forward()`-Funktion verwenden, geht die Eingabe nacheinander durch jedes Element des Arrays mit den Schichten. Dadurch können Sie Ihr Modell in sinnvolle Einheiten zerlegen. In diesem Netzwerk haben wir zwei Verkettungen: den `features`- und den `classifier`-Block. Werfen wir einen Blick auf die neuen Schichten, die wir einsetzen, beginnend mit der `Conv2d`-Schicht.

Konvolutionen

Die `Conv2d`-Schicht bewirkt eine *zweidimensionale Konvolution* bzw. Faltung. Wenn wir ein Graustufenbild haben, besteht es aus einem Array, der x Pixel breit und y Pixel hoch ist. Dabei hat jeder Eintrag einen Wert, der angibt, ob es schwarz, weiß oder irgendwo dazwischen ist (wir nehmen ein 8-Bit-Bild an, sodass jeder

Wert zwischen 0 und 255 variieren kann). In diesem Beispiel sehen wir uns ein kleines, quadratisches Bild an, das sowohl vier Pixel hoch als auch breit ist:

$$\begin{bmatrix} 10 & 11 & 9 & 3 \\ 2 & 123 & 4 & 0 \\ 45 & 237 & 23 & 99 \\ 20 & 67 & 22 & 255 \end{bmatrix}$$

Als Nächstes führen wir etwas ein, das als *Filter*, *Faltungsmatrix* oder *Filterkernel* (engl. Convolutional Kernel) bezeichnet wird. Dies ist eine weitere, wahrscheinlich kleinere Matrix, die wir über unser Bild schieben. Im vorliegenden Fall nutzen wir einen 2 × 2-Filter:

$$\begin{bmatrix} 1 & 0 \\ 1 & 0 \end{bmatrix}$$

Um unsere Ausgabe zu erzeugen, nehmen wir den kleineren Filter und führen ihn über die ursprüngliche Eingabe – so wie eine Lupe über ein Blatt Papier. Von links oben beginnend, sehen unsere ersten Berechnungen wie folgt aus:

$$\begin{bmatrix} 10 & 11 \\ 2 & 123 \end{bmatrix} \begin{bmatrix} 1 & 0 \\ 1 & 0 \end{bmatrix}$$

Wir multiplizieren einfach jedes Element in der Matrix mit dem entsprechenden Element in der anderen Matrix und summieren das Ergebnis: `(10 × 1) + (11 × 0) + (2 × 1) + (123 × 0) = 12`. Anschließend bewegen wir den Filter nach rechts und wiederholen den Vorgang. Doch um wie viel sollten wir den Filter verschieben? In diesem Fall verschieben wir den Filter um zwei Pixel, das heißt, unsere zweite Berechnung lautet:

$$\begin{bmatrix} 9 & 3 \\ 4 & 0 \end{bmatrix} \begin{bmatrix} 1 & 0 \\ 1 & 0 \end{bmatrix}$$

Dies ergibt eine Ausgabe von 13. Wir bewegen nun unseren Filter nach unten und zurück auf die linke Seite unserer Eingabematrix und wiederholen den Vorgang, wodurch wir folgendes Endergebnis (bzw. folgende *Feature Map*) erhalten:

$$\begin{bmatrix} 12 & 13 \\ 65 & 45 \end{bmatrix}$$

In Abbildung 3-1 können Sie nachvollziehen, wie das grafisch funktioniert, wobei ein 3 × 3-Filter über einen 4 × 4-Tensor gezogen wird und eine 2 × 2-Ausgabe erzeugt (obwohl jeder Bereich aus neun Elementen statt den vier in unserem ersten Beispiel besteht).

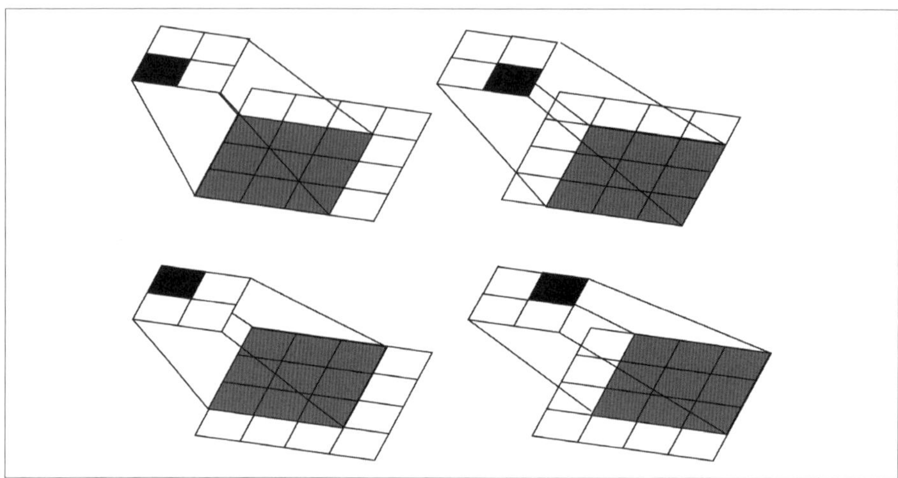

Abbildung 3-1: Wie ein 3 × 3-Filter auf einer 4 × 4-Eingabe funktioniert

Eine Konvolutionsschicht umfasst viele dieser Filter. Die Filterwerte werden durch das Training des Netzwerks ermittelt, und alle Filter in einer Schicht haben die gleichen Bias-Werte. Wir schauen uns noch einmal an, wie wir die `Conv2d`-Schicht zur Anwendung bringen, und begutachten die Optionen, die wir wählen können:

```
nn.Conv2d(in_channels, out_channels, kernel_size, stride, padding)
```

Der Parameter `in_channels` gibt die Anzahl der Eingabekanäle an, die in die Schicht eingespeist werden. Zu Beginn des Netzwerks führen wir ein RGB-Bild als Eingabe ein. Dementsprechend beträgt die Anzahl der Eingabekanäle drei. Der `out_channels`-Parameter steht, wenig überraschend, für die Anzahl der Ausgabekanäle, die der Anzahl der Filter in unserer Konvolutionsschicht entspricht. Als Nächstes folgt der Parameter `kernel_size`, der die Höhe und Breite unseres Filters definiert.[1] Dies kann ein einzelner Skalar sein, der ein Quadrat spezifiziert (z.B. nutzen wir in der ersten Konvolutionsschicht einen 11 × 11-Filter), Sie können aber auch ein Tupel verwenden (wie z.B. (3, 5) für einen 3 × 5-Filter).

Die nächsten beiden Parameter scheinen zwar harmlos zu sein, aber sie können erhebliche Auswirkungen auf die nachgeschalteten Schichten Ihres Netzwerks haben und sogar darauf, worauf sich diese Schicht am Ende fokussiert. Der Parameter `stride` (Schrittweite) gibt an, um wie viele Schritte sich der Filter über die Eingabe bewegt, wenn wir ihn auf eine neue Position setzen. In unserem Beispiel haben wir am Ende eine Schrittweite von 2 gewählt, was den Effekt hat, dass wir eine Feature Map erhalten, die halb so groß ist wie die Eingabe. Wir könnten aller-

1 Kernel und Filter werden in der Literatur in der Regel synonym verwendet. Wenn Sie Erfahrung in der Grafikverarbeitung haben, ist Ihnen Kernel wahrscheinlich vertrauter. Ich ziehe jedoch Filter vor.

dings auch eine Schrittweite von 1 wählen, was eine 4 × 4 Feature Map zur Folge hätte, also eine Ausgabe mit derselben Größe wie die Eingabe. Außerdem könnten wir ein Tupel *(a, b)* angeben, das es uns erlauben würde, den Filter bei jedem Schritt *a* Pixel quer und *b* Pixel nach unten zu bewegen. Sie fragen sich jetzt vielleicht, was passiert, wenn der Filter den Rand erreicht? Schauen wir uns die Situation genauer an. Wenn wir unseren Filter mit einer Schrittweite von 1 nach rechts bewegen, erreichen wir schließlich den besagten Punkt:

$$\begin{bmatrix} 3 & ? \\ 0 & ? \end{bmatrix}$$

Die Eingabe umfasst nicht genügend Elemente, um eine vollständige Faltung vornehmen zu können. Was nun? Hier kommt der Parameter `padding` (Auffüllen) ins Spiel. Wenn wir einen `padding`-Wert von 1 wählen, sieht unsere Eingabe so aus:

$$\begin{bmatrix} 0 & 0 & 0 & 0 & 0 & 0 \\ 0 & 10 & 11 & 9 & 3 & 0 \\ 0 & 2 & 123 & 4 & 0 & 0 \\ 0 & 45 & 237 & 23 & 99 & 0 \\ 0 & 20 & 67 & 22 & 255 & 0 \\ 0 & 0 & 0 & 0 & 0 & 0 \end{bmatrix}$$

Stoßen wir nun an den Rand, sehen die vom Filter abgedeckten Werte wie folgt aus:

$$\begin{bmatrix} 3 & 0 \\ 0 & 0 \end{bmatrix}$$

Wenn Sie keinen Wert für `padding` festlegen, werden alle Randbereiche, auf die PyTorch in den letzten Spalten der Eingabe stößt, einfach vernachlässigt. Es liegt bei Ihnen, den Wert entsprechend zu wählen. Genau wie bei `stride` und `kernel_size` können Sie auch ein Tupel angeben. Während bei der Angabe einer einzelnen Zahl die Werte in beiden Richtungen gleich aufgefüllt werden, lässt sich hingegen durch die Angabe eines Tupels ein Padding mit unterschiedlichen Werten hinsichtlich Höhe und Breite bewerkstelligen.

Wir haben nun gesehen, was die Nutzung von `Conv2d`-Schichten in unserem Modell bewirkt. Wie sieht es mit den `MaxPool2d`-Schichten aus?

Pooling

Im Zusammenhang mit Konvolutionsschichten werden Sie oft *Pooling*-Schichten begegnen. Diese Schichten verringern im Netzwerk die Auflösung gegenüber der vorherigen Eingabeschicht, wodurch wir weniger Parameter in den nachfolgenden

Schichten erhalten. Diese Komprimierung führt zunächst zu einer schnelleren Berechnung und beugt darüber hinaus einer Überanpassung im Netzwerk vor.

In unserem Modell verwenden wir `MaxPool2d`-Schichten mit einer Filtergröße von 3 und einer Schrittweite von 2. Schauen wir uns anhand eines Beispiels, hier mit einer 5 × 3-Eingabe, an, wie das funktioniert:

$$\begin{bmatrix} 1 & 2 & 1 & 4 & 1 \\ 5 & 6 & 1 & 2 & 5 \\ 5 & 0 & 0 & 9 & 6 \end{bmatrix}$$

Bei Verwendung einer Filtergröße von 3 × 3 und einer Schrittweite von 2 erhalten wir infolge des Poolings zwei 3 × 3-Tensoren:

$$\begin{bmatrix} 1 & 2 & 1 \\ 5 & 6 & 1 \\ 5 & 0 & 0 \end{bmatrix}$$

$$\begin{bmatrix} 1 & 4 & 1 \\ 1 & 2 & 5 \\ 0 & 9 & 6 \end{bmatrix}$$

In `MaxPool` nehmen wir den Maximalwert von jedem dieser Tensoren, was uns einen Ausgabetensor von [6,9] liefert. Genau wie in den Konvolutionsschichten gibt es auch hier eine `padding`-Option, die eine Umrandung des Tensors mit Nullwerten herbeiführt, falls die Schrittweite über die Ränder des Tensors hinausgeht.

Wie Sie sich vorstellen können, sind zusätzlich zur Entnahme des Maximalwerts aus einem Filterkernel auch andere Funktionen im Pooling verfügbar. Eine beliebte Alternative ist der Mittelwert der Tensorwerte, wodurch alle Tensorelemente zum Pooling beitragen können statt nur eines Werts wie im Fall für `max` (wenn Sie über ein Bild nachdenken, können Sie sich vorstellen, dass Sie wahrscheinlich auch die nächsten Nachbarn eines Pixels in Betracht ziehen möchten). Außerdem bietet PyTorch `AdaptiveMaxPool`- und `AdaptiveAvgPool`-Schichten, die unabhängig von den Dimensionen des eingehenden Tensors funktionieren und somit noch flexiblere Einsatzmöglichkeiten als die `MaxPool`- oder `AvgPool`-Schichten bieten (in unserem Modell haben wir beispielsweise eine `AdaptiveAvgPool`-Schicht verwendet). Ich kann Ihnen den Einsatz dieser Schichttypen nur anraten, da Sie mit ihnen Architekturen erstellen können, die mit verschiedenen Eingabedimensionen zurechtkommen. Das ist besonders praktisch, wenn Sie mit unterschiedlichen Datensätzen arbeiten.

Es gibt noch eine neue Komponente, der wir uns widmen. Diese ist zwar denkbar einfach, aber dennoch ungemein wichtig für das Training.

Die Dropout-Schicht

Ein immer wiederkehrendes Problem bei neuronalen Netzwerken ist ihre Tendenz, sich zu sehr an die Trainingsdaten anzupassen. Im Bereich des Deep Learning wird ein großer Aufwand betrieben, Ansätze zu erforschen, die es Netzwerken ermöglichen, zu lernen und auf nicht dem Trainingsdatensatz zugehörige Daten zu verallgemeinern – ohne dabei einfach nur zu lernen, wie es bestmöglich auf die Trainingseingaben reagiert. Die `Dropout`-Schicht bietet eine unfassbar einfache Methode, die den Vorteil hat, dass sie leicht verständlich und effektiv ist: Was ist, wenn wir während eines Trainingszyklus einfach nur eine begrenzte Anzahl der Neuronen innerhalb des Netzwerks trainieren und die übrigen nicht? Da die Gewichte der übrigen Neuronen nicht aktualisiert werden, haben sie keine Möglichkeit, sich an die Eingabedaten anzupassen. Zudem werden sie zufällig gewählt, und dadurch wird bei jedem Trainingszyklus eine andere Auswahl der Eingaben ignoriert, was die Verallgemeinerung noch stärker verbessern dürfte.

Durch die Voreinstellung werden die `Dropout`-Schichten in unserem exemplarischen CNN-Netzwerk mit `0.5` initialisiert. Das bedeutet, dass 50% der Gewichtungswerte des Eingabetensors zufällig auf null gesetzt werden. Wenn Sie den Wert auf 20% ändern möchten, fügen Sie den Parameter `p` dem Initialisierungsaufruf hinzu: `Dropout(p=0.2)`.

`Dropout` sollte nur während des Trainings erfolgen. Würde diese Methode zum Zeitpunkt der Vorhersage (Inferenz) angewandt werden, würden Sie einen Teil der Argumentationskraft Ihres Netzwerks verlieren, was wir natürlich nicht wollen! Glücklicherweise erkennt die PyTorch-Implementierung von `Dropout`, in welchem Modus Sie sich gerade befinden, und leitet im Inferenzmodus alle Daten ungehindert durch die `Dropout`-Schicht hindurch. Dies gilt auch für die Implementierung der Batch-Normalisierungsschicht, auf die wir im Laufe des Kapitels noch zu sprechen kommen.

Nachdem wir uns unser kleines CNN-Modell angesehen und die Schichttypen eingehend untersucht haben, werfen wir nun einen Blick auf weitere Modelle, die in den letzten zehn Jahren entwickelt wurden.

Die Geschichte der CNN-Architekturen

Obwohl es CNN-Modelle bereits seit Jahrzehnten gibt (LeNet-5 wurde z.B. Ende der 1990er-Jahre für die Erkennung von Ziffern im Rahmen der Überprüfung verwendet), wurden tiefe CNN-Netzwerke erst durch die Entwicklung der GPUs allgemein verfügbar. Dennoch ist es erst sieben Jahre her, dass Deep-Learning-Netzwerke alle anderen existierenden Ansätze im Bereich der Bildklassifizierung zu überflügeln begannen. In diesem Abschnitt machen wir eine kleine Zeitreise zurück durch die letzten Jahre, um uns einigen Meilensteinen des CNN-basierten Lernens zu widmen und diverse neue Methoden zu untersuchen.

AlexNet

AlexNet war in vielerlei Hinsicht die Architektur, die alles verändert hat. Sie wurde im Jahr 2012 veröffentlicht und hat alle übrigen Beiträge des damaligen ImageNet-Wettbewerbs mit einer Top-5-Fehlerquote von 15,3 % übertrumpft (der zweitplatzierte Beitrag hatte einen Top-5-Fehler von 26,2 % – nur um Ihnen eine Vorstellung davon zu geben, wie viel besser sie war als andere hochmoderne Systeme). AlexNet war eine der ersten Architekturen, die die Konzepte `MaxPool` und `Dropout` einführte und sogar die damals weniger bekannte `ReLU`-Aktivierungsfunktion populär machte. Sie war ebenfalls eine der ersten Architekturen, die zutage brachte, dass es möglich und auch effizient war, viele Schichten auf einer GPU zu trainieren. Obwohl sie nicht mehr auf dem neuesten Stand der Wissenschaft ist, bleibt sie ein wichtiger Meilenstein in der Geschichte des Deep Learning.

Wie sieht die Architektur von AlexNet konkret aus? So, nun ist es an der Zeit, Sie in ein kleines Geheimnis einzuweihen: Das Netzwerk, das wir bisher in diesem Kapitel eingesetzt haben – ist das AlexNet. Überraschung! Deshalb haben wir die standardmäßige `MaxPool2d`- anstelle der `AdaptiveMaxPool2d`-Schicht verwendet, um der ursprünglichen Definition von AlexNet zu entsprechen.

Inception/GoogLeNet

Kommen wir nun zum Gewinner des ImageNet-Wettbewerbs aus dem Jahr 2014. Die GoogLeNet-Architektur führte das *Inception*-Modul ein, das einige der Mängel von AlexNet behebt. In diesem Netzwerk sind die Filter der Konvolutionsschichten auf eine bestimmte Auflösung festgelegt. Es ist durchaus üblich, dass ein Bild Details aufweist, die sowohl im Makro- als auch im Mikrobereich wichtig sind. Es mag mit einem großen Filter einfacher sein, zu bestimmen, ob ein Objekt ein Auto ist, aber um zu bestimmen, ob es sich um einen Geländewagen oder eine Schräghecklimousine handelt, ist möglicherweise ein kleinerer Filter erforderlich. Um das genaue Modell zu bestimmen, benötigen wir vielleicht einen noch kleineren Filter, um Details wie Logos und Insignien zu erkennen.

Das Inception-Netzwerk führt stattdessen eine Reihe von Faltungen unterschiedlicher Größe auf ein und dieselbe Eingabe aus, verkettet (engl. concatenate) alle Filter miteinander und leitet das Ergebnis an die nächste Schicht weiter. Noch vor diesen Faltungen wird eine 1 × 1-Faltung durchgeführt, die sozusagen als *Flaschenhals* fungiert und so den Eingabetensor komprimiert. Das bedeutet, dass die 3 × 3- und 5 × 5-Filter – verglichen mit dem Modell ohne Vorhandensein einer 1 × 1-Faltung – auf einer geringeren Anzahl von Filtern arbeiten. In Abbildung 3-2 können Sie den Aufbau eines Inception-Moduls nachvollziehen.

Die ursprüngliche GoogLeNet-Architektur verwendet neun dieser Module, die hintereinandergeschaltet sind und ein tiefes Netzwerk bilden. Trotz seiner Tiefe verwendet es insgesamt weniger Parameter als AlexNet und liefert gleichzeitig eine menschenähnliche Leistung mit einer 6,67%igen Top-5-Fehlerrate.

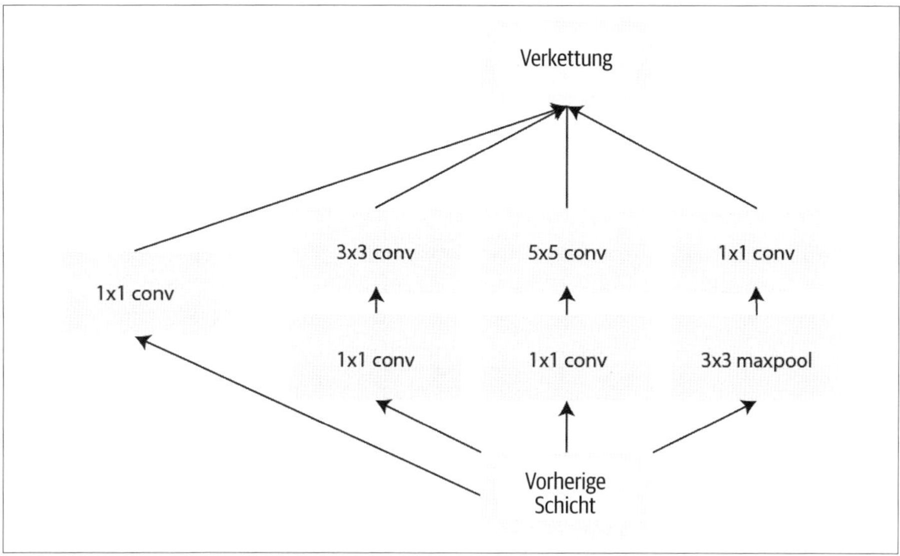

Abbildung 3-2: Ein Inception-Modul

VGG

Der Zweitplatzierte des ImageNet-Wettbewerbs 2014 gehörte dem Netzwerk der *Visual Geometry Group* (VGG) der University of Oxford an. Im Gegensatz zu GoogLeNet zeichnet sich VGG durch einen simpleren Verbund von Konvolutionsschichten aus. Die Architektur gibt es in verschiedenen Varianten in Form längerer Hintereinanderschaltungen von Filterkerneln, die mit zwei großen verborgenen und vollständig verbundenen Schichten vor der finalen Klassifizierungsschicht kombiniert sind; das demonstriert die Leistungsfähigkeit einfacher, tiefer Architekturen (mit einem 8,8%igen Top-5-Fehler in der VGG-16-Variante). Abbildung 3-3 bietet eine Gesamtübersicht der Schichten der VGG-16-Variante.

Der Nachteil des VGG-Ansatzes besteht darin, dass die letzten vollständig verbundenen Schichten das Netzwerk zu einem sehr großen Netzwerk aufblähen, das 138 Millionen Parameter im Vergleich zu den 7 Millionen von GoogLeNet umfasst. Trotz seiner enormen Größe ist das VGG-Netzwerk in der Welt des Deep Learning immer noch recht beliebt, da es aufgrund seines recht einfachen Aufbaus leicht zu verstehen ist und bereits früh vortrainierte Gewichte verfügbar waren. Sie werden die Architektur oft im Bereich von Stilübertragungen antreffen (z.B. wenn ein Foto in ein Bild im Stil eines Gemäldes von van Gogh umgewandelt werden soll), da ihre Kombination von Filterkerneln diese Art von Informationen auf eine geeignetere Weise zu erfassen scheint als andere komplexere Netzwerke.

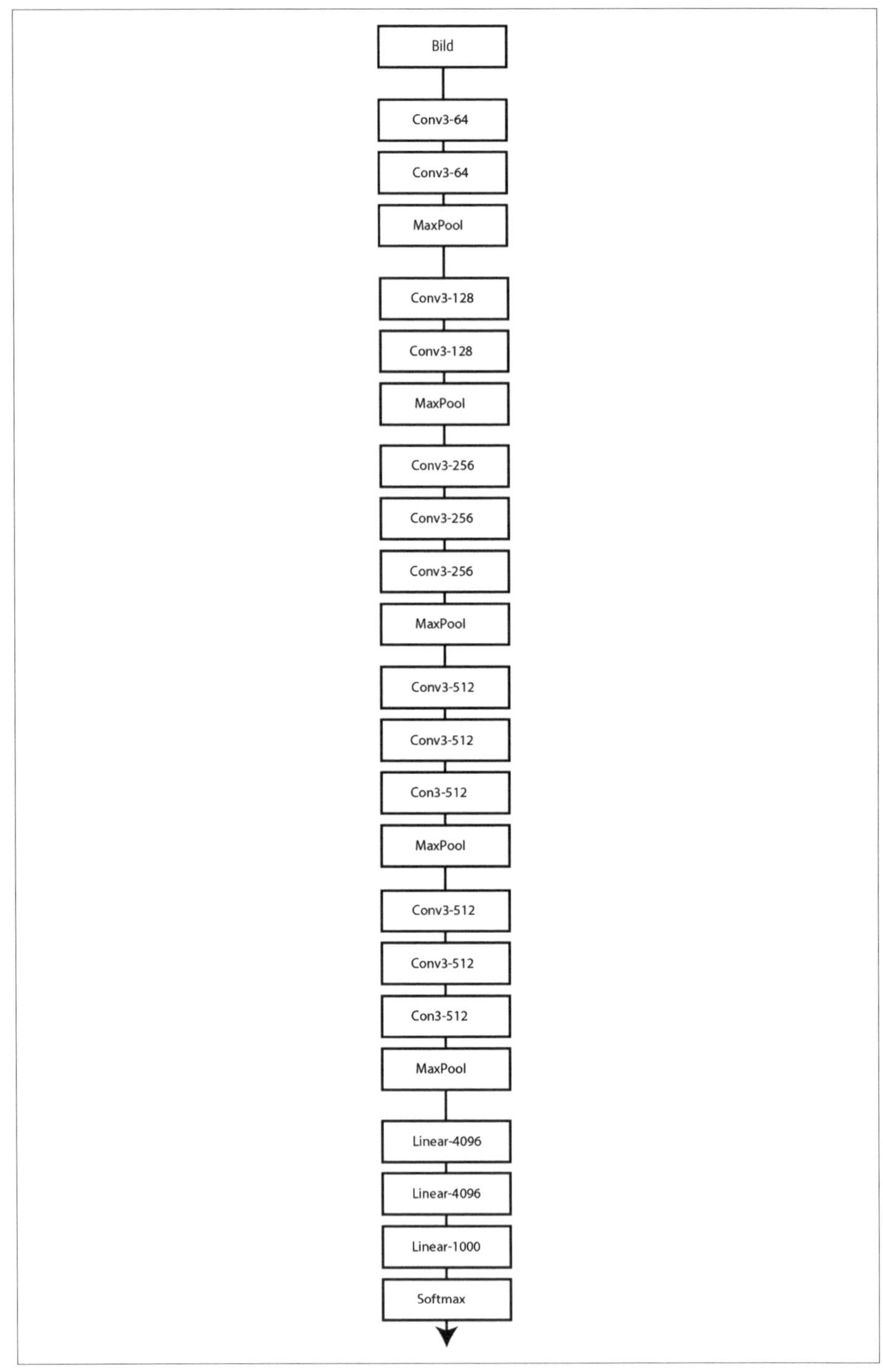

Abbildung 3-3: VGG-16

ResNet

Ein Jahr später gewann Microsofts ResNet-Architektur den ImageNet-Wettbewerb mit einer Top-5-Bewertung von 4,49% der ResNet-152-Variante und von 3,57% mit einem Ensemble-Modell (nun also prinzipiell jenseits der menschlichen Fähigkeiten). Die Neuerung, die ResNet mit sich brachte, war eine Verbesserung gegenüber dem Ansatz der Hintereinanderschaltung der Schichten im Inception-Stil, bei dem jeder Block die üblichen Konvolutionsoperationen durchführt, aber auch die eingehende Eingabe zur Ausgabe des Blocks hinzufügte, wie in Abbildung 3-4 zu sehen.

Der Vorteil dieses Ansatzes besteht darin, dass die ursprüngliche Eingabe in jedem Block in die nächste Schicht geleitet wird, sodass das »Signal« der Trainingsdaten durch ein tieferes Netzwerk gehen kann, als dies entweder bei VGG oder bei Inception möglich ist. (Diese Abwesenheit von Gewichtsveränderungen in tiefen Netzwerken wird als *schwindender Gradient* bezeichnet, da die Gradientenänderungen im Rahmen der Backpropagation – also bei der Rückführung der Fehler während des Trainingsvorgangs – gegen null tendieren).

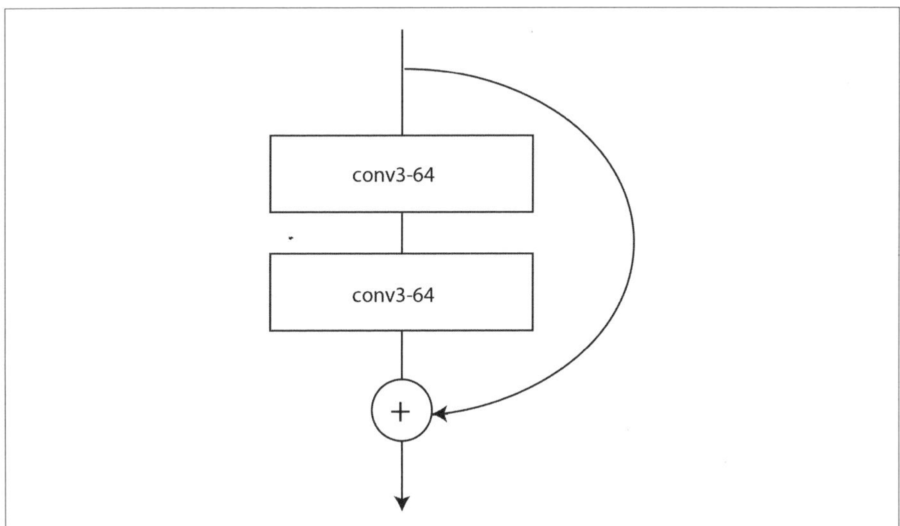

Abbildung 3-4: Ein ResNet-Block

Weitere Architekturen

Seit etwa dem Jahr 2015 haben viele andere Architekturen die Genauigkeit von ImageNet kontinuierlich verbessert, wie z.B. DenseNet (eine Erweiterung der ResNet-Idee, die die Entwicklung von Architekturen mit über 1.000 Schichten ermöglicht). Es wurde ebenfalls reichlich Energie in die Entwicklung von Architekturen wie SqueezeNet und MobileNet gesteckt, die eine durchaus akzeptable Genauigkeit bieten, aber im Vergleich zu Architekturen wie VGG, ResNet oder Inception winzig sind.

Ein weiteres bedeutendes Forschungsfeld konzentriert sich darauf, neuronale Netze dazu zu bringen, selbst mit dem Entwurf neuronaler Netze zu beginnen. Der bisher erfolgreichste Versuch kommt – wenig verwunderlich – von Google, dessen AutoML-System eine Architektur namens *NASNet* erzeugt hat, die eine Top-5-Fehlerrate von 3,8 % auf dem ImageNet-Datensatz aufweist, was zu Beginn des Jahres 2019 – dem Zeitpunkt, an dem ich dies zu Papier bringe – dem aktuellen Stand der Forschung und Technik entspricht (zusammen mit einer anderen autogenerierten Architektur von Google namens *PNAS*). Allerdings haben die Organisatoren des ImageNet-Wettbewerbs beschlossen, auf weitere Wettbewerbe in diesem Bereich zu verzichten, da die Architekturen das menschliche Leistungsvermögen bereits übertroffen haben.

Wir haben nun den Stand der Technik zum Zeitpunkt der Drucklegung dieses Buchs erreicht. Werfen wir einen Blick darauf, wie wir mit diesen Modellen anstelle von eigenen, selbst definierten Modellen verfahren können.

Vortrainierte Modelle in PyTorch nutzen

Natürlich wäre es eine lästige Angelegenheit, jedes Mal, wenn Sie ein Modell verwenden möchten, dieses komplett definieren zu müssen – insbesondere dann, wenn Sie sich von der AlexNet-Architektur entfernen. Deshalb stellt PyTorch viele der beliebtesten Modelle bereits standardmäßig im `torchvision`-Paket zur Verfügung. Für AlexNet müssen Sie nur dies angeben:

```
import torchvision.models as models
alexnet = models.alexnet(num_classes=2)
```

Weitere Spezifikationen für die Architekturen VGG, ResNet, Inception, DenseNet und SqueezeNet sind ebenfalls verfügbar. Diese liefern Ihnen die Modelldefinitionen. Sie können auch noch einen Schritt weitergehen und die Methode `models.alexnet(pretrained=True)` aufrufen, um einen vortrainierten Satz von Gewichten für AlexNet herunterzuladen, sodass Sie ihn sofort und ohne weiteres Training für die Klassifizierung verwenden können. (Wie Sie jedoch im nächsten Kapitel sehen werden, möchten Sie die Modelle womöglich zusätzlich auch selbst weiter trainieren, um die Genauigkeit auf Ihrem speziellen Datensatz zu verbessern.)

Dennoch spricht einiges dafür, die Modelle wenigstens einmal selbst zu erstellen, um ein Gefühl dafür zu bekommen, wie sie sich gleichen. Es bietet Ihnen eine gute Möglichkeit, sich mit dem Bau von Modellarchitekturen in PyTorch vertraut zu machen, und selbstverständlich können Sie Ihres mit den bereitgestellten Modellen vergleichen, um sicherzugehen, dass Ihr Modell der tatsächlichen Definition entspricht. Doch wie finden Sie heraus, wie diese Struktur aussieht?

Die Struktur eines Modells untersuchen

Wenn Sie neugierig sind, wie eines dieser Modelle aussieht, bietet Ihnen PyTorch eine einfache Hilfestellung. Als Beispiel sehen wir uns nun die gesamte ResNet-18-Architektur an, die wir durch den folgenden Aufruf erhalten:

```
resnet18 = models.resnet18(num_classes=1000)
print(resnet18)

ResNet(
  (conv1): Conv2d(3, 64, kernel_size=(7, 7), stride=(2, 2), padding=(3, 3),
  bias=False)
  (bn1): BatchNorm2d(64, eps=1e-05, momentum=0.1, affine=True,
   track_running_stats=True)
  (relu): ReLU(inplace)
  (maxpool): MaxPool2d(kernel_size=3, stride=2, padding=1,
  dilation=1, ceil_mode=False)
  (layer1): Sequential(
    (0): BasicBlock(
      (conv1): Conv2d(64, 64, kernel_size=(3, 3), stride=(1, 1),
      padding=(1, 1), bias=False)
      (bn1): BatchNorm2d(64, eps=1e-05, momentum=0.1, affine=True,
       track_running_stats=True)
      (relu): ReLU(inplace)
      (conv2): Conv2d(64, 64, kernel_size=(3, 3), stride=(1, 1),
      padding=(1, 1), bias=False)
      (bn2): BatchNorm2d(64, eps=1e-05, momentum=0.1, affine=True,
       track_running_stats=True)
    )
    (1): BasicBlock(
      (conv1): Conv2d(64, 64, kernel_size=(3, 3), stride=(1, 1),
       padding=(1, 1), bias=False)
      (bn1): BatchNorm2d(64, eps=1e-05, momentum=0.1, affine=True,
       track_running_stats=True)
      (relu): ReLU(inplace)
      (conv2): Conv2d(64, 64, kernel_size=(3, 3), stride=(1, 1),
      padding=(1, 1), bias=False)
      (bn2): BatchNorm2d(64, eps=1e-05, momentum=0.1, affine=True,
       track_running_stats=True)
    )
  )
  (layer2): Sequential(
    (0): BasicBlock(
      (conv1): Conv2d(64, 128, kernel_size=(3, 3), stride=(2, 2),
       padding=(1, 1), bias=False)
      (bn1): BatchNorm2d(128, eps=1e-05, momentum=0.1, affine=True,
       track_running_stats=True)
      (relu): ReLU(inplace)
      (conv2): Conv2d(128, 128, kernel_size=(3, 3), stride=(1, 1),
       padding=(1, 1), bias=False)
      (bn2): BatchNorm2d(128, eps=1e-05, momentum=0.1, affine=True,
       track_running_stats=True)
      (downsample): Sequential(
        (0): Conv2d(64, 128, kernel_size=(1, 1), stride=(2, 2),
```

```
        bias=False)
       (1): BatchNorm2d(128, eps=1e-05, momentum=0.1, affine=True,
        track_running_stats=True)
    )
  )
  (1): BasicBlock(
    (conv1): Conv2d(128, 128, kernel_size=(3, 3), stride=(1, 1),
     padding=(1, 1), bias=False)
    (bn1): BatchNorm2d(128, eps=1e-05, momentum=0.1, affine=True,
     track_running_stats=True)
    (relu): ReLU(inplace)
    (conv2): Conv2d(128, 128, kernel_size=(3, 3), stride=(1, 1),
     padding=(1, 1), bias=False)
    (bn2): BatchNorm2d(128, eps=1e-05, momentum=0.1, affine=True,
    track_running_stats=True)
  )
)
(layer3): Sequential(
  (0): BasicBlock(
    (conv1): Conv2d(128, 256, kernel_size=(3, 3), stride=(2, 2),
     padding=(1, 1), bias=False)
    (bn1): BatchNorm2d(256, eps=1e-05, momentum=0.1, affine=True,
    track_running_stats=True)
    (relu): ReLU(inplace)
    (conv2): Conv2d(256, 256, kernel_size=(3, 3), stride=(1, 1),
    padding=(1, 1), bias=False)
    (bn2): BatchNorm2d(256, eps=1e-05, momentum=0.1, affine=True,
    track_running_stats=True)
    (downsample): Sequential(
      (0): Conv2d(128, 256, kernel_size=(1, 1), stride=(2, 2),
      bias=False)
      (1): BatchNorm2d(256, eps=1e-05, momentum=0.1, affine=True,
      track_running_stats=True)
    )
  )
  (1): BasicBlock(
    (conv1): Conv2d(256, 256, kernel_size=(3, 3), stride=(1, 1),
    padding=(1, 1), bias=False)
    (bn1): BatchNorm2d(256, eps=1e-05, momentum=0.1, affine=True,
    track_running_stats=True)
    (relu): ReLU(inplace)
    (conv2): Conv2d(256, 256, kernel_size=(3, 3), stride=(1, 1),
    padding=(1, 1), bias=False)
    (bn2): BatchNorm2d(256, eps=1e-05, momentum=0.1, affine=True,
    track_running_stats=True)
  )
)
(layer4): Sequential(
  (0): BasicBlock(
    (conv1): Conv2d(256, 512, kernel_size=(3, 3), stride=(2, 2),
    padding=(1, 1), bias=False)
    (bn1): BatchNorm2d(512, eps=1e-05, momentum=0.1, affine=True,
    track_running_stats=True)
    (relu): ReLU(inplace)
```

```
        (conv2): Conv2d(512, 512, kernel_size=(3, 3), stride=(1, 1),
        padding=(1, 1), bias=False)
        (bn2): BatchNorm2d(512, eps=1e-05, momentum=0.1, affine=True,
        track_running_stats=True)
        (downsample): Sequential(
          (0): Conv2d(256, 512, kernel_size=(1, 1), stride=(2, 2),
          bias=False)
          (1): BatchNorm2d(512, eps=1e-05, momentum=0.1, affine=True,
          track_running_stats=True)
        )
      )
      (1): BasicBlock(
        (conv1): Conv2d(512, 512, kernel_size=(3, 3), stride=(1, 1),
        padding=(1, 1), bias=False)
        (bn1): BatchNorm2d(512, eps=1e-05, momentum=0.1, affine=True,
         track_running_stats=True)
        (relu): ReLU(inplace)
        (conv2): Conv2d(512, 512, kernel_size=(3, 3), stride=(1, 1),
        padding=(1, 1), bias=False)
        (bn2): BatchNorm2d(512, eps=1e-05, momentum=0.1, affine=True,
        track_running_stats=True)
      )
    )
    (avgpool): AdaptiveAvgPool2d(output_size=(1, 1))
    (fc): Linear(in_features=512, out_features=1000, bias=True)
  )
```

Mit Ausnahme der `BatchNorm2d`-Operation gibt es hier fast nichts, was Sie nicht bereits zuvor in diesem Kapitel gesehen haben. Schauen wir uns an, was sie in einer dieser Schichten bewirkt.

Die Batch-Normalisierungs-Schicht

Die *BatchNorm*-Schicht, kurz für *Batch-Normalisierungs*-Schicht, ist eine einfache Schicht, die eine einzige Aufgabe besitzt: Sie soll mithilfe von zwei trainierbaren Parametern (d.h., sie wird zusammen mit dem Rest des Netzwerks trainiert) gewährleisten, dass jedes Minibatch, das das Netzwerk durchläuft, einen Mittelwert von 0 mit einer Varianz von 1 aufweist. Man könnte sich fragen, warum wir dies noch tun müssen, wenn wir unsere Eingabe bereits durch die Verwendung der Transformierungsoperationen in Kapitel 2 normalisiert haben. Bei kleineren Netzwerken ist die `BatchNorm`-Schicht in der Tat weniger nützlich. Bei größeren Netzwerken kann der Effekt jeder Schicht auf eine andere – sagen wir 20 Schichten tiefer – aufgrund wiederholter Multiplikationen enorm sein. Man läuft nämlich Gefahr, entweder mit verschwindenden oder mit explodierenden Gradienten konfrontiert zu werden, die beide verheerend für den Trainingsprozess sind. Die `BatchNorm`-Schichten stellen sicher, dass selbst bei einem Modell wie ResNet-152 die Multiplikationen innerhalb des Netzwerks nicht aus dem Ruder laufen.

Sie fragen sich vielleicht: Wenn wir die `BatchNorm`-Schicht in unserem Netzwerk nutzen, warum normalisieren wir dann überhaupt die Eingabe im Transformierungsschritt der Trainingsschleife? Sollte nicht ausschließlich die `BatchNorm`-Schicht diese Aufgabe verrichten? Und die Antwort lautet hier: Ja, das könnten Sie tun! Aber das Netzwerk würde länger brauchen, um zu lernen, wie es die Eingaben unter Kontrolle bringen kann, da es die anfängliche Transformation in diesem Fall erst selbst ermitteln muss, wodurch das Training länger dauert.

Ich empfehle Ihnen, alle Architekturen, über die wir bisher gesprochen haben, zu instanziieren und den Befehl `print(model)` zu nutzen, um zu sehen, welche Schichten sie nutzen und in welcher Reihenfolge die entsprechenden Operationen stattfinden. Und daran knüpft noch eine weitere Schlüsselfrage an: *Welche dieser Architekturen soll ich überhaupt verwenden?*

Welches Modell sollten Sie verwenden?

Die wenig hilfreiche Antwort lautet: natürlich die, die auch am besten für Sie funktioniert! Gehen wir der Sache ein wenig nach. Zunächst könnten Sie die NASNet- und PNAS-Architekturen ausprobieren, aber ich würde sie trotz ihrer beeindruckenden Ergebnisse auf den ImageNet-Datensatz nicht unbedingt empfehlen. Beide können im Einsatz überraschend speicherintensiv sein, und sie sind trotz des *Transfer-Learning*-Ansatzes, den Sie in Kapitel 4 kennenlernen werden, nicht ganz so leistungsfähig wie die von Menschen entwickelten Architekturen, einschließlich ResNet.

Ich schlage vor, dass Sie sich die auf Bilddaten basierenden Wettbewerbe auf Kaggle (*https://www.kaggle.com*), einer Webseite, die Hunderte von datenwissenschaftlichen Wettbewerben durchführt, ansehen und herausfinden, womit jeweils die erfolgreichsten Teilnehmer aufwarteten. Es ist sehr wahrscheinlich, dass Sie am Ende einer Reihe von ResNet-basierten Ensembles begegnen. Ich persönlich mag und benutze die ResNet-Architekturen öfter als alle anderen der hier aufgeführten. Sie bieten zum einen eine gute Genauigkeit, und zum anderen ist es einfach, im Rahmen einer schnellen Iteration mit einem ResNet-34-Modell zu experimentieren und dann zu größeren ResNet-Architekturen zu wechseln (und realistischerweise zu einem Ensemble verschiedener ResNet-Architekturen, wie sie Microsoft beim Gewinn des ImageNet-Wettbewerbs im Jahr 2015 verwendet hat), sobald ich das Gefühl habe, dass ich etwas Vielversprechendes entwickelt habe.

Bevor wir zum Ende des Kapitels kommen, möchte ich noch einige neue Informationen bezüglich des Herunterladens vortrainierter Modelle zum Besten geben.

One-Stop-Shopping für Modelle: PyTorch Hub

Eine neuerliche Ankündigung aus der PyTorch-Welt bietet einen zusätzlichen Weg, um an Modelle zu gelangen: den *PyTorch Hub*. Dieser soll in Zukunft als zentrale Anlaufstelle fungieren, um alle veröffentlichten Modelle bereitzustellen, sei es für die Arbeit mit Bildern, Text, Audio, Video oder anderen Datentypen. Um auf diesem Weg ein Modell zu laden, verwenden Sie das `torch.hub`-Modul:

```
model = torch.hub.load('pytorch/vision', 'resnet50', pretrained=True)
```

Der erste Parameter verweist auf das GitHub-Repository und dessen Eigentümer (zusätzlich auch mit einem optionalen *Tag/Branch*-Identifikator in der Zeichenkette möglich), der zweite bezieht sich auf das gewünschte Modell (in diesem Fall `resnet50`). Der dritte Parameter gibt schließlich an, ob vortrainierte Gewichte heruntergeladen werden sollen oder nicht. Sie können auch den Befehl `torch.hub.list('pytorch/vision')` verwenden, um alle Modelle innerhalb dieses Repositorys aufgelistet zu bekommen, die zum Herunterladen zur Verfügung stehen.

PyTorch Hub ist seit Mitte des Jahres 2019 brandneu, sodass es bisher noch keine große Anzahl an verfügbaren Modellen gibt. Ich erwarte allerdings, dass er sich bis zum Ende des Jahres als eine beliebte Methode zum Verteilen und Herunterladen von Modellen etablieren wird. Alle Modelle in diesem Kapitel können über das `Pytorch/Vision`-Repository in Pytorch Hub geladen werden. Scheuen Sie sich also nicht davor, diese Möglichkeit anstelle von `torchvision.models` zu nutzen.

Zusammenfassung

In diesem Kapitel haben Sie einen kurzen Überblick über die Funktionsweise von CNN-basierten neuronalen Netzwerken gewonnen, einschließlich Funktionalitäten wie `Dropout`, `MaxPool` und `BatchNorm`. Sie haben auch die beliebtesten Architekturen kennengelernt, die heutzutage in der Industrie verwendet werden. Experimentieren Sie gern mit den inzwischen bekannten Architekturen, bevor Sie zum nächsten Kapitel übergehen, und sehen Sie sich die jeweiligen Unterschiede an. (Vergessen Sie nicht, dass Sie sie nicht trainieren müssen! Laden Sie einfach die Gewichte herunter und probieren Sie das Modell aus).

Mit diesen vortrainierten Modellen werden wir das Thema Bildverarbeitung noch weiter vertiefen, indem wir diese als Ausgangspunkt für eine individuelle Lösung zur Bewältigung unserer Katze-oder-Fisch-Fragestellung verwenden, die auf *Transfer Learning* fußt.

Weiterführende Literatur

- AlexNet: »ImageNet Classification with Deep Convolutional Neural Networks« (*https://oreil.ly/CsoFv*) von Alex Krizhevsky et al. (2012)
- VGG: »Very Deep Convolutional Networks for Large-Scale Image Recognition« (*https://arxiv.org/abs/1409.1556*) von Karen Simonyan und Andrew Zisserman (2014)
- Inception: »Going Deeper with Convolutions« (*https://arxiv.org/abs/1409.4842*) von Christian Szegedy et al. (2014)

- ResNet: »Deep Residual Learning for Image Recognition« (*https://arxiv.org/abs/1512.03385*) von Kaiming He et al. (2015)
- NASNet: »Learning Transferable Architectures for Scalable Image Recognition« (*https://arxiv.org/abs/1707.07012*) von Barret Zoph et al. (2017)

KAPITEL 4

Transfer Learning und andere Kniffe

Nachdem Sie sich die Architekturen im vorherigen Kapitel angesehen haben, fragen Sie sich vielleicht, ob Sie ein bereits trainiertes Modell herunterladen und noch weiter trainieren können. Die Antwort lautet: Ja! Dies stellt eine unglaublich effektive Technik im Deep Learning dar und wird als *Transfer Learning* bezeichnet. Dabei wird ein für eine Aufgabe (vor-)trainiertes Netzwerk (z.B. ImageNet) auf eine andere übertragen und in Anwendung gebracht (Fisch versus Katze).

Warum sollten Sie diesen Ansatz wählen? Wie sich zeigt, weiß eine auf ImageNet trainierte Architektur bereits sehr viel über Bilder, insbesondere auch ziemlich viel darüber, ob etwas einer Katze oder einem Fisch (oder einem Hund oder einem Wal) gleicht. Da Sie nicht mehr von einem im Wesentlichen blanken neuronalen Netzwerk ausgehen, werden Sie mit dem Ansatz des Transfer Learning wahrscheinlich bedeutend weniger Zeit in den Trainingsprozess investieren müssen, und darüber hinaus können Sie mit einem bedeutend kleineren Trainingsdatensatz auskommen. Herkömmliche Deep-Learning-Ansätze benötigen riesige Datenmengen, um gute Ergebnisse zu erzielen. Beim Transfer Learning können Sie Klassifikatoren auf Basis von ein paar Hundert Bildern erstellen, deren Leistungsvermögen dem eines Menschen gleicht.

Transfer Learning mit ResNet

Es liegt nahe, ein ResNet-Modell wie das in Kapitel 3 zu erstellen und es einfach in unsere bestehende Trainingsschleife einzufügen. Genau das können Sie nun machen! Es gibt nichts Magisches an dem ResNet-Modell; es besteht aus den gleichen Bausteinen, die Sie bereits gesehen haben. Allerdings ist das Modell recht groß. Obwohl Sie mit Ihren Daten eine spürbare Verbesserung gegenüber einem ResNet-Basismodell feststellen werden, benötigen Sie eine gewisse Menge an Daten, um zu gewährleisten, dass das *Trainingssignal* alle Teile der Architektur erreicht und sie maßgeblich auf Ihre neue Klassifizierungsaufgabe hin trainiert. Bei diesem Ansatz versuchen wir, zu vermeiden, auf eine große Datenmenge zurückgreifen zu müssen.

Aber die Sache ist die: Wir haben es hier nicht mit einer Architektur zu tun, die mit zufälligen Parametern initialisiert wurde, wie wir es zuvor getan haben. Unser vortrainiertes ResNet-Modell enthält bereits eine Menge an Informationen, die für die Bilderkennungs- und Klassifizierungsbedürfnisse codiert sind, also warum sich die Mühe machen, es umzutrainieren? Stattdessen unterziehen wir das Netzwerk einem *Finetuning* bzw. einer *Feinabstimmung*. Wir ändern die Architektur leicht, um am Ende einen neuen Netzwerkblock einzufügen, der die `Linear`-Schichten der 1.000 Kategorien ersetzt, die normalerweise für die ImageNet-Klassifizierung zuständig sind. Wir *frieren* alle vorhandenen ResNet-Schichten ein und aktualisieren beim Training nur die Parameter in den neuen Schichten, nehmen aber weiterhin die Aktivierungen aus unseren eingefrorenen Schichten. Dadurch lassen sich unsere neuen Schichten schnell trainieren, während die Informationen, die die vortrainierten Schichten bereits enthalten, erhalten bleiben.

Zuerst laden wir ein vortrainiertes ResNet-50-Modell:

```
from torchvision import models
transfer_model = models.resnet50(pretrained=True)
```

Als Nächstes müssen wir die Schichten einfrieren. Dies erreichen wir auf einfache Art und Weise: Wir verhindern, dass sich die Gradienten kumulieren, indem wir die Funktion `requires_grad()` verwenden. Diese müssten wir für jeden Parameter im Netzwerk aufrufen. Hier bietet PyTorch eine `parameters()`-Methode, mit der wir das recht komfortabel handhaben können:

```
for name, param in transfer_model.named_parameters():
    param.requires_grad = False
```

Sie sollten die `BatchNorm`-Schichten in einem Modell nicht einfrieren, da sie darauf trainiert wurden, den Mittelwert und die Standardabweichung des Datensatzes, auf dem das Modell ursprünglich trainiert wurde, zu approximieren und nicht des Datensatzes, mit dem Sie die Feinabstimmung vornehmen möchten. Ein Teil des *Signals* Ihrer Daten kann am Ende verloren gehen, da die `BatchNorm`-Schicht Ihre Eingabe *korrigiert*. Sie können sich die Modellstruktur ansehen und nur die Schichten einfrieren, die keine `BatchNorm`-Schichten sind, wie es hier der Fall ist:

```
for name, param in transfer_model.named_parameters():
    if("bn" not in name):
        param.requires_grad = False
```

Dann müssen wir den letzten Klassifizierungsblock durch einen neuen ersetzen, den wir für die Bestimmung von Katzen oder Fischen trainieren werden. In diesem Beispiel ersetzen wir ihn durch ein paar `Linear`-Schichten, eine `ReLU`- und eine `Dropout`-Schicht. Sie könnten hier jedoch auch zusätzliche Konvolutionsschichten einfügen. Glücklicherweise speichert die PyTorch-Implementierung von ResNet den letzten Klassifizierungsblock als Instanzvariable `fc`, sodass wir diese nur durch unsere neue Struktur ersetzen müssen (andere in PyTorch enthaltene Modelle verwenden entweder `fc` oder `classifier`. Sie sollten die Definition im Quelltext überprüfen, wenn Sie dies mit einem anderen Modelltyp versuchen):

```
import torch.nn as nn
transfer_model.fc = nn.Sequential(nn.Linear(transfer_model.fc.in_features,500),
                                  nn.ReLU(), nn.Dropout(), nn.Linear(500,2))
```

Im vorhergehenden Code nutzen wir die Variable `in_features`, die uns erlaubt, die Anzahl der Aktivierungen zu erfassen, die in eine Schicht eingehen (2.048 in diesem Fall). Sie können auch `out_features` verwenden, um die Anzahl ausgehender Aktivierungen zu ermitteln. Dies sind praktische Funktionen, wenn Sie Netzwerke wie Bausteine zusammenfügen; stimmen die eingehenden Merkmale einer Schicht nicht mit den ausgehenden Merkmalen der vorherigen Schicht überein, erhalten Sie bei der Ausführung einen Fehler.

Schließlich kehren wir zu unserer Trainingsschleife zurück und trainieren das Modell wie gewohnt. Sie sollten bereits nach wenigen Epochen eine bedeutsame Verbesserung in der Genauigkeit sehen können.

Das Transfer Learning ist eine bemerkenswerte Technik zur Verbesserung der Genauigkeit Ihrer Deep-Learning-Anwendung. Wir können aber noch eine Reihe weiterer Tricks anwenden, um die Leistung unseres Modells zu steigern. Schauen wir uns einige davon an.

Die optimale Lernrate finden

Sie erinnern sich vielleicht noch an meine Aussage aus Kapitel 2, als ich im Rahmen des Trainings neuronaler Netze bei der Einführung des Konzepts der *Lernrate* darauf verwiesen habe, dass dies einer der wichtigsten Hyperparameter ist, den man ändern kann. Dabei kam ich auch darauf zu sprechen, was für ein Wert dafür genutzt werden sollte, wobei ich einen tendenziell kleinen Wert vorschlug und Ihnen nahelegte, mit verschiedenen Werten zu experimentieren. Nun ... die schlechte Nachricht ist, dass viele Leute auf ähnliche Weise die optimale Lernrate für ihre Architektur, normalerweise mit einer Methode namens *Gittersuche* (engl. Grid Search), entdecken. Dabei suchen sie mühsam in einer Untermenge von möglichen Lernratenwerten und vergleichen die Ergebnisse anhand eines Validierungsdatensatzes. Dieses Vorgehen ist unglaublich zeitaufwendig, und obwohl viele das so praktizieren, gibt es wiederum andere, die sich auf praktische Erfahrungswerte verlassen. Zum Beispiel liegt beim Adam-Optimierer ein empirisch häufig zu beobachtender Wert der Lernrate bei 3e-4. Dieser Wert ist bekannt als Karpathys Konstante, nachdem Andrej Karpathy (derzeit Direktor für KI bei Tesla) im Jahr 2016 darüber getwittert hat (*https://oreil.ly/WLw3q*). Leider lesen die wenigsten seinen nächsten Tweet: »Ich wollte nur sichergehen, dass die Leute verstehen, dass dies ein Witz ist.« Das Komische ist, dass 3e-4 ein Wert ist, der tatsächlich oft gute Ergebnisse liefert. Es ist also ein Witz, der dennoch ein Fünkchen Wahrheit beinhaltet.

Zum einen haben wir eine langsame und umständliche Suche und zum anderen lediglich ein *Gefühl* dafür, was eine gute Lernrate ist, das auf unklaren und undurchsichtigen Kenntnissen fußt, die man aus der Arbeit an unzähligen Architekturen gewonnen hat. Gibt es einen besseren Weg als diese beiden Extreme?

Zum Glück lautet die Antwort Ja – obwohl Sie überrascht sein werden, wie viele Leute diese bessere Methode nicht anwenden. Ein etwas nebulöser Artikel von Leslie Smith, einer Wissenschaftlerin am US Naval Research Laboratory, enthielt einen Ansatz zur Ermittlung einer geeigneten Lernrate.[1] Doch erst Jeremy Howard brachte die Technik in seinem fast.ai-Kurs in den Fokus, sodass sie sich in der Deep-Learning-Gemeinschaft allmählich durchzusetzen begann. Die Idee ist ganz einfach: Im Laufe einer Epoche beginnt man mit einer kleinen Lernrate und erhöht sie mit jedem Minibatch, was zum Schluss der Epoche zu einer relativ hohen Rate führt. Berechnen Sie den Verlust für jede Lernrate und wählen Sie dann anhand eines Diagramms die aus, die den größten Rückgang bewirkt. Sehen Sie sich beispielsweise die Grafik in Abbildung 4-1 an.

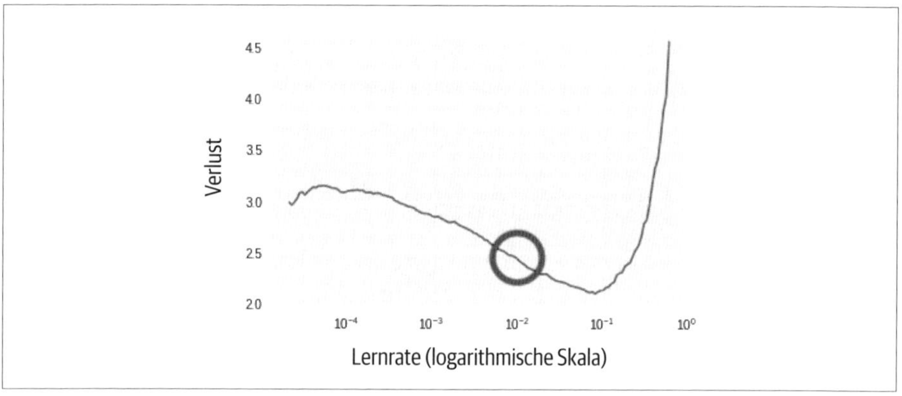

Abbildung 4-1: Der Zusammenhang zwischen Lernrate und Verlust

In diesem Fall sollten wir eine Lernrate von etwa 1e-2 (siehe Markierung) verwenden, da dies ungefähr der Punkt ist, an dem die Steigung des Abstiegs am steilsten ist.

Beachten Sie, dass Sie nicht nach dem niedrigsten Punkt der Kurve suchen, der vielleicht intuitiver erscheinen mag, sondern nach dem Punkt, an dem man am schnellsten zum unteren Ende der Kurve gelangt.

Hier ist eine vereinfachte Version dessen, was die fast.ai-Bibliothek im Hintergrund berechnet:

1 Siehe »Cyclical Learning Rates for Training Neural Networks« (*https://arxiv.org/abs/1506.01186*) von Leslie Smith (2015).

```
import math

def find_lr(model, loss_fn, optimizer, train_loader,
            init_value=1e-8, final_value=10.0, device="cpu"):
    number_in_epoch = len(train_loader) - 1
    update_step = (final_value / init_value) ** (1 / number_in_epoch)
    lr = init_value
    optimizer.param_groups[0]["lr"] = lr
    best_loss = 0.0
    batch_num = 0
    losses = []
    log_lrs = []
    for data in train_loader:
        batch_num += 1
        inputs, targets = data
        inputs = inputs.to(device)
        targets = targets.to(device)
        optimizer.zero_grad()
        outputs = model(inputs)
        loss = loss_fn(outputs, targets)

        # Abbruch bei explodierendem Verlust

        if batch_num > 1 and loss > 4 * best_loss:
            if(len(log_lrs) > 20):
                return log_lrs[10:-5], losses[10:-5]
            else:
                return log_lrs, losses

        # Speichern des kleinsten Verlustes

        if loss < best_loss or batch_num == 1:
            best_loss = loss

        # Speichern der Werte
        losses.append(loss.item())
        log_lrs.append((lr))

        # Rückwärtsdurchlauf/Fehlerrückführung und Optimierung

        loss.backward()
        optimizer.step()

        # Aktualisierung der Variablen lr für den nächsten Schritt
        # und speichern

        lr *= update_step
        optimizer.param_groups[0]["lr"] = lr
    if(len(log_lrs) > 20):
        return log_lrs[10:-5], losses[10:-5]
    else:
        return log_lrs, losses


(lrs, losses) = find_lr(transfer_model, torch.nn.CrossEntropyLoss(),
                        optimizer, train_data_loader, device=device)
```

Wir iterieren über die Batches und trainieren das Netzwerk fast wie gewohnt; wir leiten unsere Eingaben durch das Modell und bekommen dann den resultierenden Verlust des jeweiligen Batches. Wir speichern den niedrigsten Verlust als `best_loss` ab und vergleichen diesen jeweils mit dem neuen Verlust. Wenn unser neuer Verlust mehr als das Vierfache des `best_loss` beträgt, brechen wir die Funktion ab und geben das zurück, was wir bis zu diesem Zeitpunkt als niedrigsten Verlust ermittelt haben (da der Verlust wahrscheinlich gegen unendlich strebt). Andernfalls fahren wir damit fort, den Verlust und den Wert der aktuellen Lernrate in die Liste aufzunehmen, und aktualisieren bzw. erhöhen die Lernrate schrittweise auf dem Weg zur maximalen Rate am Ende der Schleife.

Zuvor benötigen wir noch unsere zuvor definierten Objekte, die hier bequemerweise noch einmal aufgeführt sind:

```
import torch
import torch.optim as optim
import torchvision
from PIL import Image
from torch.utils.data import DataLoader
from torchvision import transforms
from torchvision.datasets import ImageFolder

def check_image(path):
    try:
        im = Image.open(path)
        return True
    except:
        return False

img_transforms = transforms.Compose([
    transforms.Resize((64,64)),
    transforms.ToTensor(),
    transforms.Normalize(mean=[0.485, 0.456, 0.406],
                         std=[0.229, 0.224, 0.225])
    ])

train_data_path = "./chapter2/train"
train_data = ImageFolder(root=train_data_path,
                         transform=img_transforms,
                         is_valid_file=check_image)
val_data_path = "./chapter2/val/"
val_data = ImageFolder(root=val_data_path,
                       transform=img_transforms,
                       is_valid_file=check_image)

batch_size = 64
train_data_loader = DataLoader(train_data,
                               batch_size=batch_size,
                               shuffle=True)
val_data_loader  = DataLoader(val_data,
                              batch_size=batch_size,
                              shuffle=True)

if torch.cuda.is_available():
```

```
    device = torch.device("cuda")
else:
    device = torch.device("cpu")

transfer_model.to(device)
optimizer = optim.Adam(transfer_model.parameters(), lr=0.001)

(lrs, losses) = find_lr(transfer_model, torch.nn.CrossEntropyLoss(),
                        optimizer, train_data_loader, device=device)
```

Der Verlust kann dann in Abhängigkeit von der logarithmierten Lernrate mit der matplotlib-Funktion plt veranschaulicht werden:

```
import matplotlib.pyplot as plt

plt.plot(lrs, losses)
plt.xscale("log")
plt.xlabel("log. Lernrate")
plt.ylabel("Verlust")
plt.show()
```

Beachten Sie, dass wir nur Teilausschnitte der Lernraten (lr) und Verluste zurückgeben, da uns die ersten und letzten Epochen des Trainingsvorgangs (besonders wenn man die Lernrate recht schnell erhöht) keine nennenswerten Informationen bieten.

Die Implementierung in der Bibliothek von fast.ai beinhaltet zusätzlich eine gewichtete Glättung, sodass Sie geglättete Linien in Ihrer Grafik erhalten, wohingegen dieser Codeausschnitt eine spitz verlaufende Ausgabe erzeugt. Denken Sie unbedingt daran, dass Sie Ihr Modell vorher speichern und neu laden sollten, um wieder in den Zustand gelangen zu können, in dem es sich vor dem Aufruf der Funktion find_lr() befand, da diese das Modell in der Tat trainiert und die Einstellungen der Lernrate des Optimierers verändert. Zudem sollten Sie den von Ihnen gewählten Optimierer reinitialisieren. Dies können Sie gleich vornehmen, indem Sie die Lernrate, die Sie beim Betrachten des Schaubilds ermittelt haben, einfach übernehmen!

Das beschert uns einen guten Wert für unsere Lernrate, aber mit *differenziellen Lernraten* können wir noch mehr rausholen.

Differenzielle Lernraten

Im bisherigen Trainingsprozess haben wir stets eine Lernrate auf das gesamte Modell angewandt. Wenn wir ein Modell von Grund auf neu trainieren, ergibt das wahrscheinlich Sinn, doch im Bereich des Transfer Learning können wir gewöhnlich eine leicht bessere Genauigkeit erzielen, wenn wir etwas anderes ausprobieren: Wir trainieren verschiedene Gruppen von Schichten mit unterschiedlichen Lernraten. Zu Beginn des Kapitels haben wir alle vortrainierten Schichten in unserem Modell eingefroren und nur unseren neuen Klassifikator trainiert. Doch vielleicht möchten wir einige der Schichten, z.B. des von uns verwendeten ResNet-Modells, feiner abstimmen und unser Modell durch das Training der Schichten, die unserem Klassifikator direkt vorausgehen, ein wenig akkurater werden lassen. Vielleicht benötigen sie im Vergleich zu unseren neuen Schichten nur wenig Training, da diese vorhergehenden Schichten bereits auf dem ImageNet-Datensatz trainiert wurden? PyTorch bietet eine einfache Umsetzungsmöglichkeit. Modifizieren wir zunächst unseren Optimierer für das ResNet-50-Modell:

```
import torch.optim as optim

found_lr = 1e-2
optimizer = optim.Adam([
    { 'params': transfer_model.layer4.parameters(), 'lr': found_lr /3},
    { 'params': transfer_model.layer3.parameters(), 'lr': found_lr /9},
    ], lr=found_lr)
```

Das setzt die Lernrate für layer4 (kurz vor unserem Klassifikator) auf ein Drittel der *ermittelten* Lernrate und auf ein Neuntel für layer3. Auch wenn diese Kombination in meinem Ansatz recht gut funktioniert hat, können Sie natürlich gern experimentieren. Es gibt allerdings noch eine weitere Sache. Erinnern Sie sich vielleicht an den Beginn dieses Kapitels? Wir haben alle diese vortrainierten Schichten *eingefroren*. Es ist gut und schön, ihnen eine unterschiedliche Lernrate zu geben, doch ab diesem Moment werden die Schichten in keiner Weise mehr durch den Trainingsvorgang beeinflusst, da keine Gradienten kumuliert werden. Das möchten wir ändern:

```
unfreeze_layers = [transfer_model.layer3, transfer_model.layer4]
for layer in unfreeze_layers:
    for param in layer.parameters():
        param.requires_grad = True
```

Da die Parameter in diesen Schichten nun wieder Gradienten aufweisen, werden bei der Feinabstimmung des Modells die differenziellen Lernraten angewandt. Beachten Sie, dass Sie Teile des Modells nach Belieben einfrieren und auch wieder trainierbar machen und – sofern gewünscht – die weitere Feinabstimmung für jede Schicht separat vornehmen können!

Nachdem wir uns nun die Lernraten angesehen haben, untersuchen wir einen anderen Aspekt des Trainings unserer Modelle: die Daten, die wir in die Modelle einspeisen. Doch zuvor empfehle ich Ihnen noch, das Modell in gewohnter Manier mit torch.save(model.state_dict(), catfishweights.pth) zu speichern, da wir in Kapitel 8 darauf zurückkommen möchten und die Modellparameterdatei für einen Webdienst benötigen.

Datenaugmentation

Eine der gefürchtetsten Aussagen in der Datenwissenschaft lautet: »Oh nein, mein Modell hat sich zu sehr an die Daten angepasst!« Wie ich in Kapitel 2 erwähnt habe, liegt eine *Überanpassung* dann vor, wenn das Modell dazu tendiert, die im Trainingsdatensatz dargestellten Daten einfach widerzuspiegeln, anstatt eine verallgemeinernde Lösung zu bieten. Häufig wird darüber geredet, wie ein bestimmtes Modell den Datensatz lediglich *auswendig gelernt* hat, was bedeutet, dass das Modell die entsprechenden Antworten memoriert hat, aber auf Daten im Produktiveinsatz nur eine unzureichende Leistung erzielt.

Die klassische Möglichkeit, dies zu vermeiden, besteht darin, große Datenmengen anzuhäufen. Durch die Betrachtung von mehr Daten erhält das Modell eine allgemeinere Vorstellung von der Aufgabe, die es zu lösen versucht. Betrachten wir die Situation als Komprimierungsproblem: Wenn Sie verhindern, dass das Modell einfach alle Antworten speichern kann (indem es seine Speicherkapazität mit so vielen Daten schlicht überfordert), ist es gezwungen, die Eingabe zu *komprimieren* und somit eine Lösung zu finden, bei der die Antworten nicht einfach innerhalb des Netzwerks abgespeichert werden können. Das ist durchaus sinnvoll und funktioniert auch gut. Was können wir jedoch tun, wenn wir nur 1.000 Bilder vorliegen haben und Transfer Learning anwenden möchten?

Ein Ansatz ist die sogenannte *Datenaugmentation* (engl. Data Augmentation). An einem Bild können wir eine Reihe von Maßnahmen anwenden, die eine Überanpassung verhindern und das Modell allgemeiner machen sollen. Betrachten Sie die Bilder von der Katze Helvetica in den Abbildungen 4-2 and 4-3.

Abbildung 4-2: Unser Ausgangsbild

Abbildung 4-3: Die umgedrehte Katze Helvetica

Für uns ist es offensichtlich, dass beide Bilder das Gleiche abbilden. Das zweite ist nur eine gespiegelte Kopie des ersten. Die Tensordarstellung wird anders sein, da die RGB-Werte nun an anderen Stellen des dreidimensionalen Bilds liegen. Aber es handelt sich immer noch um eine Katze, sodass das auf diesem Bild trainierte Modell hoffentlich lernen wird, eine Katzenform auf der linken oder rechten Seite des Bilds zu erkennen, anstatt einfach das gesamte Bild mit einer *Katze* zu assoziieren. Dies lässt sich in PyTorch einfach bewerkstelligen. Führen Sie sich noch einmal den Codeausschnitt aus Kapitel 2 (und diesem Kapitel) vor Augen:

```
img_transforms = transforms.Compose([
    transforms.Resize((64,64)),
    transforms.ToTensor(),
    transforms.Normalize(mean=[0.485, 0.456, 0.406],
                         std=[0.229, 0.224, 0.225])
])
```

Dies ist unsere Transformationspipeline, die alle Bilder durchlaufen, bevor sie für das Training in das Modell gespeist werden. Die Bibliothek `torchivision.transforms` enthält jedoch noch viele andere Transformationsfunktionen, die zur Augmentation von Trainingsdaten verwendet werden können. Sehen wir uns einige der nützlicheren Funktionen an und vollziehen wir nach, wie sich einige der weniger offensichtlichen Transformationen auf Helvetica auswirken.

Transformationen in Torchvision

Das `torchvision`-Paket bietet eine große Auswahl potenzieller Transformationen, die zur Datenaugmentation verwendet werden können, sowie zwei Möglichkeiten, Transformationen selbst zu konzipieren. In diesem Abschnitt sehen wir uns die nützlichsten integrierten Transformationen sowie einige benutzerdefinierte Transformationen an, die Sie in Ihren eigenen Anwendungen nutzen können.

```
transforms.ColorJitter(brightness=0, contrast=0, saturation=0, hue=0)
```

Die Funktion `ColorJitter` (Farbschwankung) ändert zufällig die Helligkeit, den Kontrast, die Sättigung und den Farbton eines Bilds. Für Helligkeit, Kontrast und Sättigung können Sie entweder eine Gleitkommazahl oder ein Tupel aus Gleitkommazahlen angeben, die nicht negativ sind und innerhalb des Bereichs zwischen 0 und 1 liegen. Die Zufälligkeit wird entweder zwischen 0 und der angegebenen Gleitkommazahl liegen, oder das Tupel wird verwendet, um einen Zufallseffekt innerhalb des angegebenen Gleitkommazahlenpaars zu erzeugen. Für den Farbton ist eine Gleitkommazahl oder ein Tupel mit Gleitkommazahlen zwischen –0,5 und 0,5 anzugeben, und es werden zufällige Farbtonanpassungen innerhalb des Bereichs [*-hue*, *hue*] bzw. [*min*, *max*] erzeugt (siehe Abbildung 4-4 als Beispiel).

Um Ihr Bild zu spiegeln, können Sie mit diesen beiden Transformationen ein Bild zufällig entlang der horizontalen bzw. vertikalen Achse spiegeln:

```
transforms.RandomHorizontalFlip(p=0.5)
transforms.RandomVerticalFlip(p=0.5)
```

Abbildung 4-4: Anwendung der ColorJitter-Transformation mit 0,5 als Wert für alle Parameter

Geben Sie für die Eintrittswahrscheinlichkeit der Spiegelung entweder eine Gleitkommazahl zwischen 0 und 1 an oder belassen Sie den voreingestellten Standardwert mit einer 50%igen Spiegelungswahrscheinlichkeit. In Abbildung 4-5 können Sie die Katze vertikal gespiegelt sehen.

Abbildung 4-5: Vertikale Spiegelung

Die `RandomGrayscale`-Funktion bietet eine ähnliche Transformation, nur dass sie hier die Graustufen des Bilds in Abhängigkeit vom Parameter *p* zufällig verändert (die Voreinstellung liegt bei 10 %):

```
transforms.RandomGrayscale(p=0.1)
```

Mit `RandomCrop` und `RandomResizeCrop` schneiden Sie zufällig `size` große Ausschnitte des Bilds aus, wobei als `size` entweder eine Ganzzahl für Höhe und Breite oder ein Tupel für eine unterschiedliche Höhe und Breite angegeben werden kann. Abbildung 4-6 zeigt ein Beispiel mit der `RandomCrop`-Funktion in Aktion.

```
transforms.RandomCrop(size,
                      padding=None, pad_if_needed=False,
                      fill=0, padding_mode='constant')
transforms.RandomResizedCrop(size,
                             scale=(0.08, 1.0),
```

```
ratio=(0.75, 1.3333333333333333),
interpolation=2)
```

An dieser Stelle müssen Sie ein wenig aufpassen. Wenn Ihr Ausschnitt zu klein ist, laufen Sie Gefahr, nur unwichtige Teile des Bilds herauszuschneiden und das Modell infolgedessen mit den falschen Informationen zu trainieren. Angenommen, Sie hätten ein Bild, auf dem eine Katze auf einem Tisch spielt. Wenn Sie durch den Ausschnitt vor allem den Tisch (aber nicht die Katze) ausschneiden und dieser dann als *Katze* klassifiziert werden soll, hat das ungewollte Konsequenzen, da das Netzwerk ein falsches Verständnis davon bekommt, wie eine Katze aussieht (und auch ein Tisch). Während die `RandomResizedCrop`-Funktion die Größe des Ausschnitts so anpasst, dass er die vorgegebene Größe ausfüllt, kann `RandomCrop` einen Ausschnitt nahe am Rand und auch über das Bild hinaus auswählen.

Die Funktion `RandomResizedCrop` verwendet die bilineare Interpolation, aber Sie können auch den nächsten Nachbarn oder die bikubische Interpolation wählen, indem Sie den Parameter `interpolation` anpassen. Weitere Einzelheiten finden Sie in der PIL-Dokumentation (*https://oreil.ly/rNOtN*).

Wie Sie in Kapitel 3 gesehen haben, können wir das Bild auffüllen, um die gewünschte Größe des Bilds beizubehalten. Standardmäßig ist die Funktion auf `constant`-Padding eingestellt, das die ansonsten leeren Pixel außerhalb des Bilds mit dem für `fill` angegebenen Wert ausfüllt. Ich empfehle Ihnen jedoch, stattdessen das `reflect`-Padding zu verwenden, da es empirisch gesehen etwas besser zu funktionieren scheint, als einfach nur einen leeren, gleichmäßigen Bereich einzufügen.

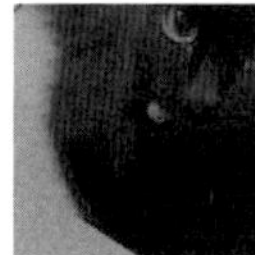

Abbildung 4-6: Die RandomCrop-Transformation mit size = 100

Wenn Sie ein Bild nach dem Zufallsprinzip drehen möchten, variiert die Drehung beim Einsatz der `RandomRotation`-Funktion zwischen `[-degrees, degrees]`, sofern `degrees` eine einzelne Gleitkomma- oder Ganzzahl ist, oder zwischen `(min,max)`, wenn es sich um ein Tupel handelt:

```
transforms.RandomRotation(degrees, resample=False, expand=False, center=None)
```

Wenn `expand` auf `True` gesetzt ist, wird die Funktion das Ausgabebild so erweitern, dass es die komplette Rotation beinhaltet. Ansonsten ist sie standardmäßig so eingestellt, dass sie die Eingabe nur unter Ausnutzung ihrer Dimensionen beschneidet. Sie können einen PIL-Resampling-Filter angeben und optional ein `(x,y)`-Tupel für das Rotationszentrum bereitstellen. Andernfalls wird die Transformation um die Mitte des Bilds erfolgen. Abbildung 4-7 zeigt eine `RandomRotation`-Transformation, bei der `degrees` auf 45 Grad gesetzt ist.

Abbildung 4-7: Die RandomRotation-Transformation mit degrees = 45

Die Funktion Pad bietet eine vielseitige Transformationsmöglichkeit für das Padding, mit der die Ränder eines Bilds aufgefüllt werden können (zusätzliche Höhe und Breite):

```
transforms.Pad(padding, fill=0, padding_mode=constant)
```

Durch die Angabe eines einzelnen Werts in padding wird die Auffüllung hinsichtlich dieser Länge in alle Richtungen vorgenommen. Ein Zweier-Tupel für padding bewirkt eine Auffüllung hinsichtlich der Länge von (links/rechts, oben/unten), und ein padding-Wert mit einem Vierer-Tupel erzeugt eine Auffüllung nach dem Schema (links, oben, rechts, unten). In der Voreinstellung ist das Padding auf den Modus constant eingestellt. Dadurch wird der Wert von fill in die entsprechenden aufzufüllenden Felder kopiert. Andere Optionen sind edge, das die letzten Werte am Bildrand in die vorgegebene Auffüllungsfläche übernimmt, reflect, das die Werte des Bilds (mit Ausnahme des Rands) in den Padding-Bereich spiegelt, und symmetric, das ähnlich wie reflect wirkt, aber den letzten Wert des Bilds am Rand einschließt. Abbildung 4-8 zeigt die Auswirkungen, wenn wir padding auf 25 und padding_mode auf reflect setzen. Man kann gut erkennen, dass sich der Karton an den Rändern wiederholt.

Abbildung 4-8: Die Pad-Transformation mit padding = 25 und padding_mode = reflect

`RandomAffine` erlaubt Ihnen, zufällige affine Transformationen des Bilds zu spezifizieren – Skalierung, Rotationen, Verschiebungen (engl. Translations) und/oder Scherung (engl. Shearing) oder eine beliebige Kombination. Abbildung 4-9 zeigt ein Beispiel für eine affine Transformation.

```
transforms.RandomAffine(degrees,
                        translate=None, scale=None,
                        shear=None, resample=False, fillcolor=0)
```

Abbildung 4-9: Die RandomAffine-Transformation mit degrees = 10 und shear = 50

Der `degrees`-Parameter ist entweder eine einzelne Gleitkomma- oder Ganzzahl oder ein Tupel. Wenn Sie nur eine einzelne Zahl angeben, wird eine zufällige Drehung zwischen (*-degrees*, *degrees*) erzeugt, mit einem Tupel eine zufällige Drehung zwischen (*-min*, *max*). Der `degrees`-Parameter muss explizit gesetzt werden, um Rotationen zu verhindern – es gibt keine Standardeinstellung. Der Parameter `translate` ist ein Tupel bestehend aus zwei Multiplikatoren, einem horizontalen und einem vertikalen Multiplikator (*horizontal_multipler*, *vertical_multiplier*). Zum Zeitpunkt der Transformation wird eine horizontale Verschiebung, `dx`, aus dem Bereich *–image_width × horizontal_multiplier < dx < img_width × horizontal_width* (auf Deutsch *–Bildbreite × horizontaler Multiplikator < dx < Bildbreite × horizontale Breite*) gesampelt, und eine vertikale Verschiebung wird auf die gleiche Weise in Bezug auf die Bildhöhe und den vertikalen Multiplikator stichprobenartig gezogen.

Die Skalierung (`scale`) wird durch ein weiteres Tupel angegeben (*min*, *max*), aus dem ein einheitlicher Skalierungsfaktor nach dem Zufallsprinzip ausgewählt wird. Die Scherung (`shear`) kann entweder eine einzelne Gleitkomma-/Ganzzahl oder ein Tupel sein, und die Zufallsstichproben werden auf die gleiche Weise wie beim `degrees`-Parameter gezogen. Der `resample`-Parameter ermöglicht die optionale Bereitstellung eines PIL-Resampling-Filters. Zu guter Letzt gibt `fillcolor` ebenfalls optional in Form einer Ganzzahl die Füllfarbe für Bereiche innerhalb des resultierenden Bilds an, die außerhalb der endgültigen Transformation liegen.

Was die Transformationen betrifft, die Sie in einer Datenaugmentationspipeline verwenden sollten, empfehle ich zu Beginn auf jeden Fall, die verschiedenen zufälligen Spiegelungen, Farbschwankungen, Rotationen und Ausschnitte zu verwenden.

Sie können noch weitere Transformationen im `torchvision`-Paket finden; nähere Einzelheiten hierzu finden Sie in der Dokumentation (*https://oreil.ly/b0Q0A*). Natürlich kann es auch vorkommen, dass Sie selbst eine Transformation für Ihre spezielle Datendomäne erstellen möchten, die nicht standardmäßig enthalten ist. Wie Sie noch im weiteren Verlauf des Kapitels sehen werden, bietet PyTorch verschiedene Möglichkeiten, benutzerdefinierte Transformationen zu implementieren.

Farbräume und Lambda-Transformationen

Es mag vielleicht etwas trivial erscheinen, dies überhaupt zur Sprache zu bringen, aber bisher haben wir unsere gesamte Bildbearbeitung im eher standardmäßigen 24-Bit-RGB-Farbraum durchgeführt, in dem jedes Pixel einen Rot-, einen Grün- und einen Blauwert hat (8 Bit pro Kanal), die die Farbe dieses Pixels codieren. Es sind jedoch auch andere Farbräume verfügbar!

Eine beliebte Alternative ist der HSV-Farbraum, bei dem drei 8-Bit-Werte für den *Farbton*, die *Sättigung* und den *Wert* vorhanden sind. Es gibt die Meinung, dass dieses System das menschliche Sehvermögen besser nachbildet als der traditionelle RGB-Farbraum. Aber warum ist das wichtig? Ein Gebirge im RGB-Farbraum ist doch auch ein Gebirge im HSV-Farbraum, oder?

Nun, die neuere Deep-Learning-Forschung zu diesem Thema zeigt einige Belege dafür, dass andere Farbräume eine etwas höhere Genauigkeit als der RGB-Farbraum erzeugen können. Ein Berg mag ein Berg sein, aber der Tensor, der sich in der Darstellung jedes Farbraums ergibt, wird unterschiedlich sein. So kann ein Farbraum manche Dinge in Ihren Daten besser erfassen als ein anderer.

In Kombination mit Ensembles könnten Sie leicht eine Reihe von Modellen erstellen, die die Ergebnisse des Trainings in den RGB-, HSV-, YUV- und LAB-Farbräumen kombinieren, um Ihrer Vorhersagepipeline ein paar Prozentpunkte mehr Genauigkeit abzugewinnen.

Ein gewisses Problem besteht darin, dass PyTorch keine Transformation bietet, die das bewerkstelligen könnte. Aber es offeriert eine Reihe von Werkzeugen, mit denen wir ein Bild nach dem Zufallsprinzip vom Standard-RGB- in den HSV-Farbraum (oder in einen anderen Farbraum) umwandeln können. Wenn wir in die PIL-Dokumentation schauen, sehen wir, dass die Funktion `Image.convert()` zur Verfügung steht, um ein PIL-Bild von einem Farbraum in einen anderen zu übersetzen. Wir könnten für diese Konvertierung eine benutzerdefinierte Transformationsklasse schreiben. PyTorch bietet uns jedoch eine Klasse `transforms.Lambda` an, mit der wir problemlos jede Funktion einbinden und der Transformationspipeline zur Verfügung stellen können. Hier ist unsere benutzerdefinierte Funktion:

```
def _random_colour_space(x):
    output = x.convert("HSV")
    return output
```

Diese wird dann in eine Klasse transforms.Lambda eingebunden und kann in alle gewöhnlichen Transformationspipelines – wie solche, die wir bereits betrachtet haben – eingebunden werden:

```
colour_transform = transforms.Lambda(lambda x: _random_colour_space(x))
```

Das genügt zwar, wenn wir *jedes* Bild in HSV umwandeln wollten, aber das möchten wir eigentlich nicht. Wir möchten stattdessen, dass die Bilder jedes Batches nach dem Zufallsprinzip geändert werden, sodass es wahrscheinlich ist, dass das Bild in verschiedenen Epochen in unterschiedlichen Farbräumen abgebildet wird. Wir könnten unsere ursprüngliche Funktion aktualisieren, um eine Zufallszahl zu erzeugen, und diese verwenden, um eine Zufallswahrscheinlichkeit für die Änderung des Bilds zu erzeugen. Stattdessen betreiben wir aber noch weniger Aufwand und nutzen die Funktion RandomApply:

```
random_colour_transform = transforms.RandomApply([colour_transform])
```

Standardmäßig besitzt RandomApply einen Parameter p mit einem Wert von 0.5, sodass eine 50:50-Chance besteht, dass die Transformation angewendet wird. Experimentieren Sie mit dem Hinzufügen weiterer Farbräume und der Wahrscheinlichkeit der Anwendung der Transformation, um zu sehen, welchen Effekt dies auf unsere Katze-oder-Fisch-Klassifizierung hat.

Schauen wir uns eine weitere benutzerdefinierte Transformation an, die allerdings etwas komplizierter ist.

Benutzerdefinierte Transformationsklassen

Manchmal reicht eine einfache Lambda-Funktion nicht aus; vielleicht möchten Sie zum Beispiel eine Initialisierung oder einen Zustand im Auge behalten. In diesen Fällen können Sie eine benutzerdefinierte Transformation erstellen, die entweder mit PIL-Bilddaten oder einem Tensor arbeitet. Eine solche Klasse muss zwei Methoden implementieren: `__call__`, die die Transformationspipeline während des Transformationsprozesses aufruft, und `__repr__`, die eine Zeichenkettendarstellung der Transformation zusammen mit jedem Zustand zurückgeben sollte, der für Diagnosezwecke nützlich sein kann.

Im folgenden Code implementieren wir eine Transformationsklasse, die einem Tensor zufälliges gaußsches Rauschen hinzufügt. Wenn die Klasse initialisiert wird, übergeben wir den Mittelwert und die Standardabweichung des von uns gewünschten Rauschens, und während der `__call__`-Methode ziehen wir eine Stichprobe aus dieser Verteilung und fügen sie dem eingehenden Tensor hinzu:

```
class Noise():
    """Fügt dem Tensor gaußsches Rauschen hinzu.
```

```
        >>> transforms.Compose([
        >>>     transforms.ToTensor(),
        >>>     Noise(0.1, 0.05)),
        >>> ])

    """
    def __init__(self, mean, stddev):
        self.mean = mean
        self.stddev = stddev

    def __call__(self, tensor):
        noise = torch.zeros_like(tensor).normal_(self.mean, self.stddev)
        return tensor.add_(noise)

    def __repr__(self):
        repr = (
                f"{self.__class__.__name__  }"
                f"(mean={self.mean}, stddev={self.stddev})"
        )
```

Wenn wir die Klasse in eine Pipeline einbinden, können wir die Ausgabe der `__repr__`-Methode sehen, die dadurch aufgerufen wird:

```
transforms.Compose([Noise(0.1, 0.05)])
>> Compose(
    Noise(mean=0.1, sttdev=0.05)
)
```

Da die Klasse `transforms` keinen Einschränkungen unterliegt und einfach von der Python-Basisobjektklasse erbt, können Sie alles Denkbare tun. Möchten Sie zum Zeitpunkt der Programmausführung ein Bild komplett durch eines aus der Google-Bildsuche ersetzen? Das Bild durch ein völlig anderes neuronales Netz laufen lassen und das Ergebnis in die Pipeline weiterleiten? Wenden Sie eine Reihe von Bildtransformationen an, die das Bild in einen verrückten, reflektierenden Schatten seines ursprünglichen Selbst verwandeln? Alles möglich, wenn auch nicht wirklich empfehlenswert – obwohl es interessant zu sehen wäre, ob der *Twirl*-Transformationseffekt von Photoshop die Genauigkeit schlechter oder besser macht! Warum probieren Sie es nicht einfach aus?

Abgesehen von Transformationen gibt es noch ein paar mehr Möglichkeiten, aus einem Modell so viel Leistung wie möglich herauszuholen. Sehen wir uns weitere Beispiele an.

Klein anfangen und schrittweise vergrößern!

Hier ist ein Tipp, der zwar etwas eigenartig erscheint, aber tatsächlich zu besseren Resultaten führt: Fangen Sie klein an und gehen Sie nach und nach zu Größerem über. Damit meine ich, dass, wenn Sie ein Modell mit 256 × 256 Bildern trainieren möchten, Sie ein paar weitere Datensätze erstellen sollten, bei denen die Bilder auf 64 × 64 und 128 × 128 Pixel skaliert sind. Erstellen Sie Ihr Modell mit dem 64 × 64-Datensatz, nehmen Sie die Feinabstimmung wie üblich vor und trainieren Sie dann *dasselbe Modell* mit dem 128 × 128-Datensatz – nicht von Grund auf, sondern mit den bereits trainierten Parametern. Sobald es so aussieht, als hätten Sie das meiste aus den 128 × 128 Daten herausgekitzelt, gehen Sie zu Ihrem eigentlichen 256 × 256-Datensatz über. Sie werden wahrscheinlich ein oder zwei Prozentpunkte Verbesserung hinsichtlich der Genauigkeit feststellen.

Wir wissen zwar nicht genau, warum das funktioniert, aber eine Theorie besagt, dass das Modell durch das Training bei den niedrigeren Auflösungen die Gesamtstruktur des Bilds kennenlernt und dieses Wissen verfeinern kann, wenn die eingehenden Bilder eine höhere Auflösung besitzen. Doch das ist nur eine Theorie. Das ändert jedoch nichts daran, dass wir damit ein Ass im Ärmel haben, wenn wir aus einem Modell das letzte Quäntchen Leistung herausholen möchten.

Wenn Sie nicht möchten, dass mehrere Kopien eines Datensatzes gleichzeitig den Speicher belegen, können Sie die Skalierung auch on-the-fly mit der Funktion `Resize` der `torchvision`-Transformationen umsetzen:

```
resize = transforms.Compose([ transforms.Resize((64,64)),
                _andere Datenaugmentationstransformationen_
                transforms.ToTensor(),
                transforms.Normalize([0.485, 0.456, 0.406],
                                     [0.229, 0.224, 0.225])
])
```

Der Nachteil dabei ist, dass Sie am Ende mehr Zeit für das Training aufwenden müssen, da PyTorch die Skalierung immer wieder durchführen muss. Wenn Sie vorher alle Bilder in ihrer Größe ändern, würden Sie den Trainingsvorgang wahrscheinlich verkürzen, was allerdings auf Kosten des Speicherplatzes auf Ihrer Festplatte geht. Aber sind wir nicht immer mit diesem Kompromiss konfrontiert?

Das Konzept, klein anzufangen und dann zu Größerem überzugehen, lässt sich auch auf Architekturen übertragen. Zunächst eine ResNet-Architektur wie ResNet-18 oder ResNet-34 zu verwenden, um verschiedene Transformationsansätze zu erproben und ein Gefühl dafür zu bekommen, wie das Training funktioniert, bietet eine viel schnellere Feedback-Schleife, als wenn man mit einem ResNet-101- oder ResNet-152-Modell beginnt. Fangen Sie klein an und vergrößern Sie die Architektur Schritt für Schritt. Die kleineren Modelle können Sie durchaus zur Vorhersage wiederverwenden, indem Sie sie in ein Ensemble-Modell integrieren.

Ensemble-Modelle

Was ist besser als ein Modell, das Vorhersagen trifft? Nun, wie wäre es mit einer ganzen Reihe von Vorhersagen? *Ensembling* ist eine Technik, die in traditionelleren Methoden des maschinellen Lernens ziemlich verbreitet ist und auch im Bereich des Deep Learning recht gut funktioniert. Die Idee hierbei ist, mehrere Vorhersagen aus einer Vielzahl von Modellen zu erhalten und diese Vorhersagen miteinander zu kombinieren, um eine abschließende Antwort zu erhalten. Da verschiedene Modelle in verschiedenen Bereichen unterschiedliche Stärken haben, wird eine

Kombination all ihrer Vorhersagen hoffentlich zu einem genaueren Ergebnis führen als ein Modell allein.

Es gibt zahlreiche Ansätze für Ensembles, und wir werden hier nicht auf alle eingehen. Stattdessen widmen wir uns einer einfachen Möglichkeit, mit Ensembles zu beginnen, eine, die meiner Erfahrung nach noch einmal 1% mehr Genauigkeit bringt – mitteln Sie einfach die Vorhersagen:

```
# Unter der Annahme, dass Sie eine Liste von Modellen haben
# und Ihre Eingabe Ihr Eingabetensor ist.

predictions = [m.fit(input) for m in models]
avg_prediction = torch.stack(predictions).mean(0).argmax()
```

Mit der `stack`-Methode werden die Tensoren miteinander verknüpft. Wenn wir also an unserer Katze-oder-Fisch-Aufgabe arbeiten würden und vier Modelle in unserem Ensemble hätten, würden wir am Ende einen 4 × 2-Tensor erhalten, der aus vier 1 × 2-Tensoren gebildet wird. Die `mean`-Funktion bildet den Mittelwert, wobei wir als Dimensionsangabe eine 0 übergeben müssen, um sicherzustellen, dass der Mittelwert über die erste Dimension gebildet wird, anstatt dass einfach alle Tensorelemente addiert werden und eine skalare Ausgabe erzeugt wird. Schließlich wählt die Funktion `argmax` den Tensorindex mit dem höchsten Element aus, wie Sie es zuvor bereits gesehen haben.

Es ist ein Leichtes, sich noch komplexere Ansätze auszudenken. Vielleicht könnten die Vorhersagen jedes einzelnen Modells des Ensembles gewichtet und diese Gewichtungen entsprechend angepasst werden, wenn ein Modell eine richtige oder falsche Antwort liefert. Welche Modelle sollten Sie verwenden? Ich habe festgestellt, dass eine Kombination von ResNet-Architekturen (z. B. 34, 50, 101) recht gut funktioniert. – Nichts hindert Sie übrigens daran, Ihr Modell regelmäßig zu speichern und im Laufe der Zeit verschiedene Momentaufnahmen des Modells in Ihrem Ensemble zu verwenden!

Zusammenfassung

Wir kommen zum Ende von Kapitel 4 und lassen nun die Thematik der Bildverarbeitung hinter uns, um zur Verarbeitung von Textdaten überzugehen. Sicherlich verstehen Sie inzwischen, wie neuronale Konvolutionsnetze mit Bilddateien funktionieren, und Sie haben jetzt auch eine ganze Reihe von Tricks wie Transfer Learning, Lernratenermittlung, Datenaugmentation und Ensembling in petto, die Sie in Ihrer spezifischen Anwendungsdomäne zum Einsatz bringen können.

Weiterführende Literatur

Wenn Sie daran interessiert sind, mehr zum Thema Bildverarbeitung zu erfahren, empfehle ich Ihnen, sich den fast.ai (*https://fast.ai*)-Kurs von Jeremy Howard,

Rachel Thomas und Sylvain Gugger anzuschauen. Wie ich bereits erwähnt hatte, haben wir in diesem Kapitel zur Ermittlung der Lernrate eine vereinfachte Version aus ihrem Kurs verwendet. Doch der Kurs geht auf viele der Methoden in diesem Kapitel noch detaillierter ein. Die auf PyTorch aufbauende fast.ai-Bibliothek bietet sich ebenfalls für Ihre Projekte an, da sie sich auf simple Art und Weise für Aufgaben im Bereich der Bild- und auch der Textverarbeitung einsetzen lässt.

- Torchvision-Dokumentation (*https://oreil.ly/vNnST*)
- PIL/Pillow-Dokumentation (*https://oreil.ly/Jlisb*)
- »Cyclical Learning Rates for Training Neural Networks« (*https://arxiv.org/abs/1506.01186*) von Leslie N. Smith (2015)
- »ColorNet: Investigating the Importance of Color Spaces for Image Classification« (*https://arxiv.org/abs/1902.00267*) von Shreyank N. Gowda und Chun Yuan (2019)

KAPITEL 5

Textklassifizierung

Wir lassen die Bildverarbeitung vorerst hinter uns und richten unserer Augenmerk auf einen anderen Bereich, bei dem sich Deep Learning als ein bedeutender Fortschritt gegenüber traditionellen Techniken erwiesen hat: *Natural Language Processing (NLP)*, d.h. die Verarbeitung natürlicher Sprache. Ein gutes Beispiel hierfür ist Google Translate. Ursprünglich handelte es sich bei dem Code zur Übersetzung um einen mächtigen, 500.000 Zeilen umfassenden Code. Das neue auf TensorFlow basierende System hat nur ca. 500 Zeilen Code und ist leistungsfähiger als die alte Version.

In letzter Zeit gab es darüber hinaus bahnbrechende Entwicklungen, bei denen Transfer Learning (das Sie in Kapitel 4 kennengelernt haben) für Aufgabenstellungen aus dem Bereich der Verarbeitung natürlicher Sprache verwendet wurde. Neue Architekturen wie die Transformer-Architektur haben zur Entstehung von Netzwerken wie GPT-2 von OpenAI geführt, dessen größere Variante Texte erzeugt, die in ihrer Qualität von Menschen verfassten Texten fast in nichts nachstehen (und tatsächlich hat OpenAI die Gewichte dieses Modells (zunächst) nicht freigegeben aus Angst, es könnte böswillig verwendet werden).

Dieses Kapitel bietet einen Schnelleinstieg in die Thematik rund um rekurrente neuronale Netzwerke und Einbettungen (engl. Embeddings). Außerdem erkunden wir das `torchtext`-Paket und wie man es im Rahmen der Textverarbeitung für die Entwicklung eines LSTM-basierten Modells nutzt.

Rekurrente neuronale Netzwerke

Wenn wir zurückblicken, wie wir unsere CNN-basierten Architekturen bisher genutzt haben, können wir festhalten, dass sie immer nur mit Momentaufnahmen einzelner Zeitpunkte gespeist wurden. Aber betrachten Sie diese beiden Satzfragmente:

```
Die Katze saß auf der Matte.

Sie stand auf, kletterte ungeduldig auf den Stuhl und miaute nach Essen.
```

Nehmen wir an, Sie würden diese beiden Sätze nacheinander in ein CNN einspeisen und die Frage stellen: »Wo ist die Katze?« Dann hätten wir ein Problem, denn das Netzwerk besitzt kein *Erinnerungsvermögen* (engl. Memory). Dieses ist unglaublich wichtig, wenn es darum geht, mit Daten zu arbeiten, die eine zeitliche Dimension aufweisen (z.B. Text-, Sprach-, Video- und Zeitreihendaten).[1] *Rekurrente neuronale Netze* (engl. Recurrent Neural Networks (RNNs)) lösen dieses Problem, indem sie neuronalen Netzen mittels *verborgener Zustände* (engl. Hidden State) ein Erinnerungsvermögen verleihen.

Wie sieht ein RNN aus? Meine Lieblingserklärung lautet: »Stellen Sie sich ein neuronales Netzwerk vor, das mit einer `for`-Schleife gekreuzt wird.« Abbildung 5-1 veranschaulicht die klassische RNN-Struktur.

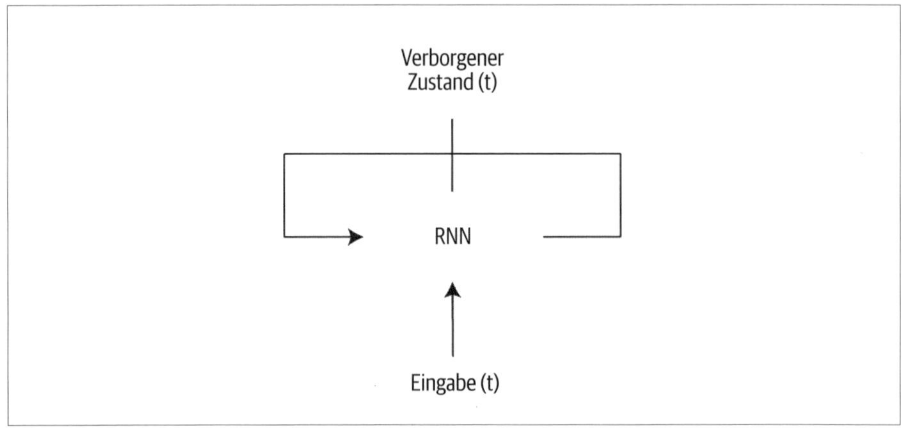

Abbildung 5-1: Ein RNN

Wir führen eine Eingabe zu einem Zeitschritt *t* hinzu und erhalten einen *verborgenen* Ausgabezustand h_t. Diese Ausgabe wird zum nächsten Zeitpunkt ebenfalls wieder in das RNN eingespeist. Das Netzwerk lässt sich auch »ausgerollt« darstellen. So können wir einen detaillierteren Blick auf das Geschehen werfen, wie in Abbildung 5-2 gezeigt.

Wir erkennen hier einen Verbund vollständig verbundener Schichten (mit gemeinsamen Parametern), eine Reihe von Eingaben und unsere Ausgabe. Die Eingabedaten werden in das Netzwerk eingespeist, und der nächste Punkt der Sequenz wird als Ausgabe vorhergesagt. In der ausgerollten Darstellung wird deutlich, dass man sich das RNN als eine Pipeline vollständig verbundener Schichten vorstellen kann, wobei die nachfolgende Eingabe der Sequenz in die nächste Schicht eingespeist

1 Denken Sie daran, dass es nicht abwegig ist, dies auch mit CNNs zu versuchen; in den letzten Jahren wurde eine Menge intensiver Forschung betrieben, um CNN-basierte Netzwerke auch für Daten mit einer temporalen Dimension in Einsatz zu bringen. Wir behandeln sie hier nicht weiter; der Artikel »Temporal Convolutional Networks: A Unified Approach to Action Segmentation« (*https://arxiv.org/abs/1608.08242*) von Colin Lea et al. (2016) gibt Ihnen bei Interesse nähere Informationen zu diesem Thema – und auch zu seq2seq-Netzwerken!

wird (mit den üblichen Nichtlinearitäten wie ReLU, die zwischen die Schichten eingefügt werden). Sobald wir unsere vollständige vorhergesagte Sequenz haben, müssen wir den Fehler durch das RNN zurückführen. Da es sich hierbei um eine schrittweise Rückführung von Fehlern durch die einzelnen Zeitschritte des Netzwerks handelt, wird dieser Prozess als *Backpropagation Through Time* bezeichnet. Der Fehler wird für die gesamte Sequenz berechnet. Dann wird das Netzwerk wie in Abbildung 5-2 ausgerollt, und die Gradienten für jeden Zeitschritt werden sowohl berechnet als auch kombiniert, um die gemeinsamen Parameter des Netzwerks zu aktualisieren. Man kann sich das vorstellen, als würden wir die Fehler für jedes Netz einzeln zurückführen und zum Schluss alle Gradienten summieren.

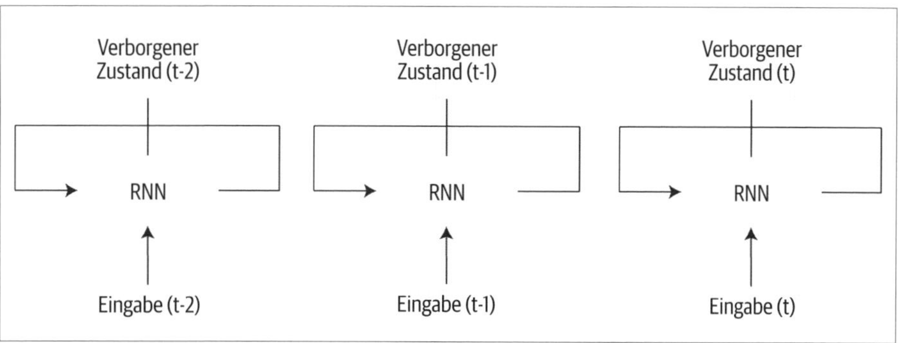

Abbildung 5-2: Eine »ausgerollte« Darstellung eines RNN

So viel zur Theorie der RNNs. Doch diese einfache Struktur birgt Probleme. Die gilt es nun näher zu untersuchen und zu eruieren, wie sie mit neueren Architekturen überwunden wurden.

Long-Short-Term-Memory-(LSTM-)Netzwerke

In der Praxis waren und sind RNNs besonders anfällig für das Problem *verschwindender Gradienten*, das wir bereits in Kapitel 2 angesprochen haben, sowie das potenziell noch einschneidendere Szenario des *explodierenden Gradienten*, bei dem die Fehlergradienten gegen unendlich streben. Keines von beiden ist gut, sodass RNNs bei vielen der Aufgaben, für die sie als geeignet angesehen wurden, nicht zum Einsatz kommen konnten. Das änderte sich im Jahr 1997 schlagartig, als Sepp Hochreiter und Jürgen Schmidhuber die Long-Short-Term-Memory-(LSTM-)Variante des RNN einführten.

Abbildung 5-3 bildet eine LSTM-Schicht ab. Ich weiß, es scheint viel zu sein, doch es ist nicht allzu komplex. Ehrlich.

Gut, ich gebe zu, es wirkt ziemlich einschüchternd. Der Schlüssel ist, dass Sie die drei Gates bzw. Tore (Eingabe, Ausgabe und Forget) nachvollziehen können. In einem gewöhnlichen RNN *erinnert* sich das Netzwerk für immer an alles. Doch so funktioniert unser Gehirn (leider!) nicht. Das Forget-Gate des LSTM erlaubt uns, die Annahme zu modellieren, dass der Anfang einer Eingabesequenz immer weniger zur Bedeutung beiträgt, je weiter wir in unserer Eingabesequenz fortschreiten. Und wie weit zurückliegend das LSTM »vergisst«, lernt es beim Training. Wenn es also im Interesse des Netzwerks ist, sehr vergesslich zu sein, werden die Parameter des Forget-Gates dafür ausschlaggebend sein.

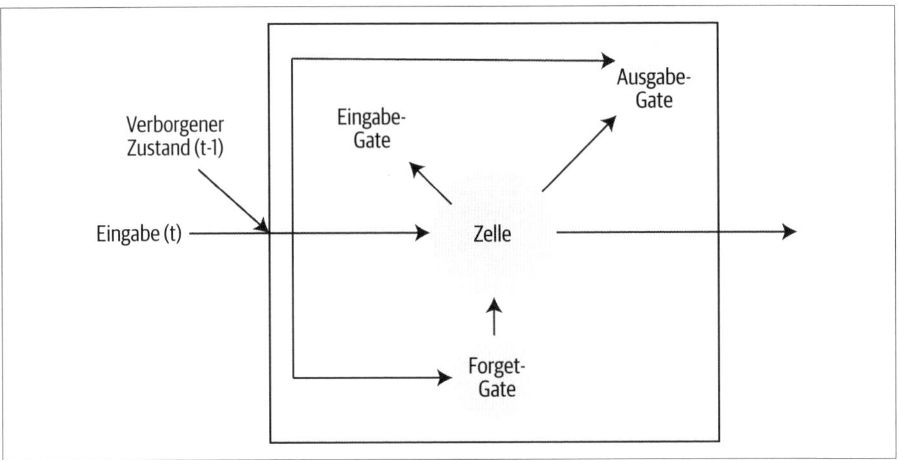

Abbildung 5-3: Ein LSTM-Netzwerk

Die *Zelle* bildet letztendlich das »Erinnerungsvermögen« der Netzwerkschicht ab. Die Eingabe-, Ausgabe- und Forget-Gates bestimmen, wie die Daten durch die Schicht strömen: Die Daten können einfach durchströmen oder auch in die Zelle »schreiben« oder (oder auch nicht!), gesteuert durch das Ausgabe-Gate, zur nächsten Schicht durchfließen.

Diese Anordnung der einzelnen Komponenten reichte aus, um das Problem des verschwindenden Gradienten zu lösen. Sie hat auch den Vorzug, dass sie Turing-vollständig ist, sodass Sie theoretisch jede beliebige Berechnung durchführen können, die sich auf einem Computer mit einer dieser Komponenten durchführen lässt.

Aber das war natürlich noch nicht alles. Seit der Entwicklung der LSTMs haben sich im Bereich rekurrenter neuronaler Netze mehrere Entwicklungen vollzogen. Wir gehen in den folgenden Abschnitten auf einige der wichtigsten ein.

Gated Recurrent Units (GRUs)

Seit dem Jahr 1997 wurden zahlreiche weitere Varianten des Basis-LSTM-Netzwerks geschaffen, von denen Sie die meisten wahrscheinlich nicht zu kennen brauchen, sofern Sie nicht vor Neugier platzen. Erwähnenswert ist jedoch die im Jahr 2014 entwickelte Variante namens *Gated Recurrent Unit* (GRU), da sie sich in einigen Kreisen einer ziemlich großen Beliebtheit erfreute. In Abbildung 5-4 können Sie den grundlegenden Aufbau der GRU-Architektur nachvollziehen.

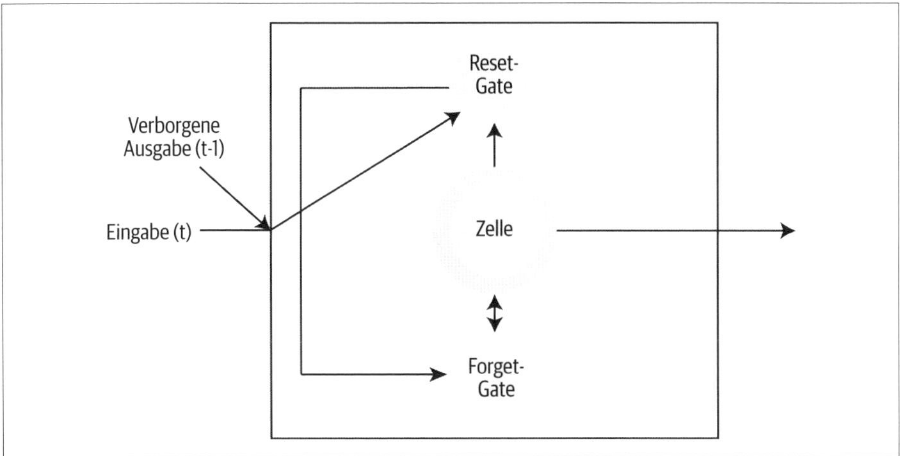

Abbildung 5-4: Ein GRU-Netzwerk

Der wesentliche Vorteil besteht darin, dass bei der GRU das Forget-Gate mit dem Ausgabe-Gate verbunden wird. Das bedeutet, dass sie weniger Parameter als ein LSTM hat, daher tendenziell schneller zu trainieren ist und zur Laufzeit weniger Ressourcen verbraucht. Aus diesen Gründen, und auch weil sie im Wesentlichen ein passender Ersatz für LSTMs sind, haben sie zunehmend Bekanntheit erlangt. Streng genommen sind sie jedoch aufgrund der Verschmelzung des Forget- und des Ausgabe-Gates weniger leistungsfähig als LSTMs, sodass ich Ihnen prinzipiell rate, bei Ihren Netzwerken sowohl mit GRUs als auch mit LSTMs zu experimentieren und zu sehen, welches von beiden besser funktioniert. Oder Sie akzeptieren einfach, dass LSTMs vielleicht etwas langsamer zu trainieren sind, dafür am Ende aber womöglich die bessere Wahl sein können. Sie müssen nicht unbedingt jedem neuen Trend folgen, ehrlich!

BiLSTM-Netzwerke

Eine weitere verbreitete Variante der LSTM-Netzwerke ist das *bidirektionale* LSTM oder kurz *biLSTM*. Wie Sie bisher gesehen haben, können traditionelle LSTMs (und RNNs im Allgemeinen) während des Trainings in die Vergangenheit zurückblicken, um ihre Schlüsse zu ziehen. Mitunter bedarf es aber auch eines Blicks in die Zukunft. Dies ist insbesondere bei Anwendungen wie der Übersetzung und Handschrifterkennung der Fall, bei denen das, was nach dem aktuellen Zustand kommt, genauso wichtig für die Bestimmung der Ausgabe sein kann wie der vorherige Zustand.

Ein biLSTM-Netzwerk löst dieses Problem auf einfachste Weise: Es besteht im Wesentlichen aus zwei hintereinandergeschalteten LSTMs, wobei die Eingabe in einem LSTM in vorwärts gerichteter und im zweiten in rückwärts gerichteter Weise geschickt wird. Abbildung 5-5 zeigt, wie ein biLSTM hinsichtlich seiner Eingabe bidirektional zu Werke geht, um seine Ausgabe zu erzeugen.

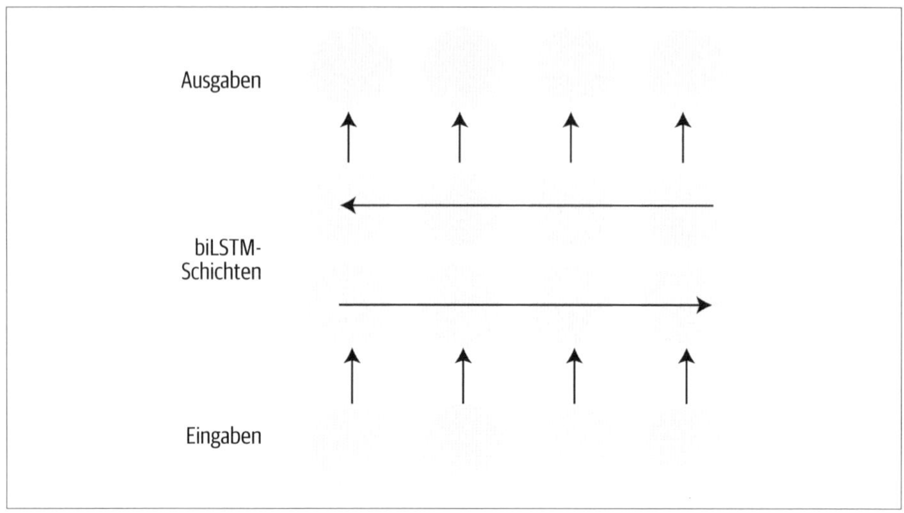

Abbildung 5-5: Ein biLSTM-Netzwerk

PyTorch vereinfacht die Erstellung von biLSTMs durch die Verwendung eines `bidirectional=True`-Parameters bei der Erzeugung eines `LSTM()`-Blocks, wie Sie später in diesem Kapitel noch sehen werden.

Damit ist unser Überblick über die RNN-basierten Architekturen komplett. In Kapitel 9 kehren wir zu gewissen Aspekten dieser Architektur zurück, indem wir uns die Transformator-basierten Modelle BERT und GPT-2 ansehen.

Einbettungen

Wir sind nun fast an dem Punkt angelangt, an dem wir damit beginnen können, etwas Code zu schreiben! Doch zuvor müssen wir noch ein kleines Detail klären, das Ihnen vielleicht auch schon in den Sinn gekommen ist: Wie stellen wir eigentlich Wörter in einem Netzwerk dar? Schließlich speisen wir Tensoren mit Zahlen in ein Netzwerk ein und erhalten wiederum Tensoren. Bei Bildern schien es ziemlich naheliegend zu sein, sie in Tensoren umzuwandeln, die die Rot-, Grün- und Blauwerte der Kanäle wiedergeben. Zudem scheinen sie bereits von Grund auf als Arrays konzipiert zu sein, da sie sich sowohl in die Höhe als auch in die Breite erstrecken. Aber Wörter? Sätze? Wie lässt sich das bewerkstelligen?

Der einfachste zu wählende Ansatz ist in vielen NLP-Anwendungen zu finden und wird als *1-aus-n-Codierung* oder auch One-Hot-Encoding bezeichnet. Er ist ziemlich einfach! Schauen wir uns den ersten Satz vom Anfang des Kapitels an:

```
Die Katze saß auf der Matte.
```

Wenn wir annehmen, dass dies der gesamte Wortschatz ist, haben wir einen Tensor: `[Die, Katze, saß, auf, der, Matte]`. 1-aus-n-Codierung bedeutet einfach, dass wir Vektoren erstellen, deren Länge dem Umfang des Wortschatzes entspricht, und jedem Wort jeweils einen Vektor zuweisen, bei dem ein Wert auf 1 (für das Wort) und alle anderen Werte auf 0 gesetzt werden:

```
Die   - [1 0 0 0 0 0]
Katze - [0 1 0 0 0 0]
saß   - [0 0 1 0 0 0]
auf   - [0 0 0 1 0 0]
der   - [0 0 0 0 1 0]
Matte - [0 0 0 0 0 1]
```

Somit haben wir die Wörter in Vektoren umgewandelt und können sie in unser Netzwerk einspeisen. Zusätzlich können wir weitere Kennzeichnungen in unseren Wortschatz aufnehmen, wie z. B. `UNK` (unbekannt, engl. unknown, für Wörter, die nicht im Vokabular enthalten sind) und `START/STOP`, um den Anfang und das Ende von Sätzen zu symbolisieren.

Für die 1-aus-n-Codierung gelten ein paar Einschränkungen, die deutlicher werden, wenn wir ein weiteres Wort in unseren Beispielwortschatz aufnehmen: *Mieze*. In unserem Codierungsschema würde *Mieze* durch `[0 0 0 0 0 0 1]` dargestellt werden (alle anderen Vektoren werden mit einer Null aufgefüllt). Erstens können Sie sehen, dass unsere Vektoren sehr lang werden können und nahezu keine Informationen enthalten, wenn wir eine realistische Menge an Wörtern abbilden möchten. Zweitens, und das ist vielleicht noch schwerwiegender, wissen wir, dass eine *sehr starke* Beziehung zwischen den Wörtern *Mieze* und *Katze* besteht, und diese lässt sich unmöglich mit einer 1-aus-n-Codierung abbilden; beide Wörter stellen in dieser Darstellung völlig unterschiedliche Dinge dar.

In letzter Zeit hat ein Ansatz zunehmend an Bedeutung gewonnen, bei dem die 1-aus-n-Codierung durch eine *Einbettungsmatrix* (engl. Embedding Matrix) ersetzt wird (natürlich ist die 1-aus-n-Codierung selbst auch eine Einbettungsmatrix, jedoch nur eine, die keine Informationen über die Beziehungen zwischen Wörtern enthält). Die grundlegende Idee besteht darin, die Dimensionalität des Vektorraums auf eine besser kontrollierbare Größe zu reduzieren und den Vorteil des Vektorraums zu nutzen.

Wenn wir als Beispiel eine Einbettung in einem zweidimensionalen Raum nehmen, könnte *Katze* etwa durch den Tensor `[0.56, 0.45]` und *Mieze* durch `[0.56, 0.445]` dargestellt werden, während *Matte* z. B. `[0.2, -0.1]` sein könnte. Wir gruppieren ähnliche Wörter im Vektorraum und können die Abstände bzw. die Ähnlichkeit z. B. durch die euklidische oder die Kosinus-Distanzfunktionen bestimmen, um festzustellen, wie nahe Wörter beieinanderliegen. Und wie bestimmen wir, wo genau die Wörter im Vektorraum liegen? Eine Einbettungsschicht unterscheidet sich nicht wesentlich von den anderen, die Sie bisher beim Aufbau neuronaler Netze kennengelernt haben; wir initialisieren den Vektorraum zufällig und hoffen darauf, dass der Trainingsprozess die entsprechenden Parameter aktualisiert und sich so ähnliche Wörter oder Konzepte aufeinander zubewegen.

Ein berühmtes Beispiel für eine Vektoreinbettung ist *Word2vec*, die im Jahr 2013 von Google veröffentlicht wurde.[2] Dabei handelt es sich um verschiedene Worteinbettungen, die mithilfe eines nicht so tiefen neuronalen Netzes trainiert wurden. Es zeigte sich, dass die Transformation im Vektorraum etwas über die den Wörtern zugrunde liegenden Konzepte zu erfassen scheint. In dem oft zitierten Forschungsartikel heißt es: Wenn man die Vektoren für »König«, »Mann« und »Frau« nimmt und den Vektor für »Mann« von »König« subtrahiert und den Vektor für »Frau« addiert, erhält man ein Ergebnis, das der Vektordarstellung für »Königin« entspricht. Seit *Word2vec* sind etliche weitere vortrainierte Einbettungen verfügbar, wie z.B. *ELMo*, *GloVe* und *fasttext*.

Was die Verwendung von Einbettungen in PyTorch betrifft, ist die Implementierung denkbar simpel:

```
import torch.nn as nn
embed = nn.Embedding(vocab_size, dimension_size)
```

Diese Einbettung entspricht einem zufällig initialisierten Tensor der Form `vocab_size` x `dimension`. Mir persönlich fällt es leichter, sich darunter ein riesiges Array oder eine Nachschlagetabelle vorzustellen. Jedes Wort in Ihrem Wortschatz wird mit einem Eintrag indiziert, der einem Vektor der Länge `dimension_size` entspricht. Wenn wir zu unserem Beispiel mit der Katze und ihren Abenteuern auf der Matte zurückkehren, ergäbe sich so etwas wie das hier:

```
import torch
cat_mat_embed = nn.Embedding(6, 2)
cat_tensor = torch.tensor([1])
cat_mat_embed.forward(cat_tensor)

> tensor([[ 1.7793, -0.3127]], grad_fn=<EmbeddingBackward>)
```

Wir erstellen unsere Einbettung sowie einen Tensor, der die Position des Worts »Katze« in unserem Wortschatz enthält, und leiten sie durch die `forward()`-Methode der Einbettungsschicht. Dadurch erhalten wir unsere zufällige Einbettung. Die Ausgabe weist auch darauf hin, dass uns eine Gradientenfunktion zur Verfügung steht, mit der wir die Parameter unter Zuhilfenahme einer Verlustfunktion aktualisieren können.

Nun haben wir unser theoretisches Grundgerüst beisammen und können damit beginnen, Modelle zu entwickeln!

Torchtext

Analog zu `torchvision` bietet PyTorch auch zur Handhabung von Textverarbeitungspipelines eine offizielle Bibliothek – `torchtext`. Allerdings ist `torchtext` nicht

2 Siehe »Efficient Estimation of Word Representations in Vector Space« (*https://arxiv.org/abs/1301.3781*) von Tomas Mikolov et al. (2013).

ganz so praxiserprobt und steht nicht so sehr im Fokus wie `torchvision`. Das hat zur Folge, dass sie nicht ganz so einfach zu benutzen und nicht so gut dokumentiert ist wie `torchvision`. Es ist dennoch eine umfangreiche Bibliothek, die einen Großteil der alltäglichen Arbeit beim Aufbau textbasierter Datensätze bewältigen kann, sodass wir für den Rest des Kapitels von ihr Gebrauch machen werden.

Mit `torchtext`-Version 0.7.0 kam es im Zuge der kontinuierlichen Harmonisierung des Pakets mit den anderen Modulen der PyTorch-Bibliothek, insbesondere der `torch.utils.data.DataLoader`-Klasse, zu einer gewissen Veränderung der Struktur und der Klassendefinitionen. Davon betroffen sind die `torchtext`-Klassen `data.Batch`, `data.Field`, `data.Iterator` und `data.Example`, die zum Teil auch im vorliegenden Kapitel genutzt werden. Derzeit erhalten Sie beim Ausführen des Codes einen Warnhinweis, der Sie darauf aufmerksam macht, dass die genannten Klassen abgelöst und mit Veröffentlichung von Version 0.8.0 im Oktober 2020 in das *torchtext.legacy*-Verzeichnis verschoben werden. Der vorliegende Code funktioniert bis einschließlich `torchtext`-Version 0.7.0. problemlos. Werfen Sie bitte zunächst einen Blick in das GitHub-Repository (*https://oreil.ly/pytorch-github*), um nach einem Jupyter Notebook Ausschau zu halten, das eine aktualisierte Version des Codes bereithält, der mit Version 0.8.0 des `torchtext`-Pakets (und aufwärts) kompatibel ist.

Die Installation von `torchtext` ist unkompliziert. Sie benutzen entweder das standardmäßige Python-Paketverwaltungsprogramm `pip`:

```
pip install torchtext
```

oder das `conda`-Paketverwaltungsprogramm:

```
conda install -c derickl torchtext
```

Sie müssten auch die Bibliotheken *spaCy* (eine NLP-Bibliothek) und *pandas* installieren, wenn diese noch nicht auf Ihrem System sind (wiederum entweder unter Verwendung von `pip` oder `conda`). Außerdem benötigen Sie ein auf englischsprachige Textkorpora vortrainiertes spaCy-Sprachmodell, das Sie mit dem Befehl `python -m spacy download en_core_web_sm` in seiner kleinsten Version herunterladen können. Wir benutzen spaCy für die Verarbeitung unseres Texts in der `torchtext`-Pipeline und pandas für die Exploration und Bereinigung unserer Daten.

Ein Twitter-Datensatz

In diesem Abschnitt erstellen wir ein Modell zur Stimmungsanalyse. Besorgen wir uns also einen Datensatz! `Torchtext` stellt zwar eine Reihe integrierter Datensätze über das Modul `torchtext.datasets` zur Verfügung, doch wir möchten von Grund auf mit der Arbeit an einem Datensatz beginnen, damit Sie ein Gefühl dafür bekommen, wie man eine benutzerdefinierte `Dataset`-Klasse erstellt und den Datensatz in ein von uns erstelltes Modell einliest. Wir verwenden den Sentiment140-Datensatz (*http://help.sentiment140.com/for-students*). Dieser basiert auf Twitter-

Tweets, wobei jeder Tweet mit einer 0 für eine negative, einer 2 für eine neutrale und einer 4 für eine positive Bewertung gekennzeichnet ist.

Laden Sie das ZIP-Archiv herunter und entpacken Sie es. Wir verwenden die Datei *training.1600000.processed.noemoticon.csv*. Sehen wir uns die Datei mit pandas an:

```
import pandas as pd
tweetsDF = pd.read_csv("training.1600000.processed.noemoticon.csv",
                       header=None)
```

Möglicherweise erhalten Sie an dieser Stelle einen Fehler wie diesen:

```
UnicodeDecodeError: 'utf-8' codec can't decode bytes in
position 80-81: invalid continuation byte
```

Herzlichen Glückwunsch – Sie sind jetzt ein echter Datenwissenschaftler und dürfen sich mit der Datenbereinigung befassen! Aus der Fehlermeldung geht hervor, dass der standardmäßige C-basierte CSV-Parser, den Pandas verwendet, einen Teil der in Unicode codierten Zeichen in der Datei nicht verarbeiten kann, sodass wir zum Python-basierten Parser wechseln müssen:

```
tweetsDF = pd.read_csv("training.1600000.processed.noemoticon.csv",
                       engine="python", header=None)
```

Werfen wir einen Blick auf die Struktur der Daten, indem wir uns die ersten fünf Zeilen ausgeben lassen:

```
>>> tweetDF.head(5)
0  0  1467810672  ...  NO_QUERY   scotthamilton  is upset that ...
1  0  1467810917  ...  NO_QUERY        mattycus  @Kenichan I dived many times ...
2  0  1467811184  ...  NO_QUERY         ElleCTF    my whole body feels itchy
3  0  1467811193  ...  NO_QUERY          Karoli  @nationwideclass no, it's ...
4  0  1467811372  ...  NO_QUERY        joy_wolf  @Kwesidei not the whole crew
```

Ärgerlicherweise haben wir in dieser CSV-Datei keine Überschriften (nochmals: »Willkommen in der Welt eines Datenwissenschaftlers!«), aber wenn wir die Webseite genauer unter die Lupe nehmen und unsere Intuition bemühen, können wir erkennen, dass wir uns für die letzte Spalte (den Tweet-Text) und die erste Spalte (unsere Labels) interessieren. Die Labels sind nicht ganz optimal, also lassen Sie uns ein wenig Feature-Engineering betreiben. Ermitteln wir zunächst, welche Werte wie oft in dem Trainingsdatensatz vorkommen:

```
>>> tweetsDF[0].value_counts()
4    800000
0    800000
Name: 0, dtype: int64
```

Überraschenderweise gibt es im Trainingsdatensatz keine neutralen Werte. Das bedeutet, dass wir die Aufgabe als binäre Fragestellung (entweder 0 oder 1) reformulieren und unsere Vorhersagen auf Basis dessen erarbeiten könnten. Doch vorerst halten wir uns an den ursprünglichen Plan, sodass wir später auch neutrale Tweets integrieren könnten. Um die Kategorien als Ganzzahlen bei 0 beginnend zu codieren, erstellen wir zunächst eine Spalte category aus der Spalte, die die Labels enthält:

```
tweetsDF["sentiment_cat"] = tweetsDF[0].astype('category')
```

Dann codieren wir die Kategorien als numerische Variable in einer weiteren Spalte:

```
tweetsDF["sentiment"] = tweetsDF["sentiment_cat"].cat.codes
```

Anschließend speichern wir die modifizierte CSV-Datei wieder auf der Festplatte:

```
tweetsDF.to_csv("train-processed.csv", header=None, index=None)
```

Ich empfehle Ihnen, eine weitere CSV-Datei zu speichern, die einen kleinen Auszug aus den 1,6 Millionen Tweets umfasst, mit der Sie gewisse Dinge ausprobieren können:

```
tweetsDF.sample(10000).to_csv("train-processed-sample.csv",
                              header=None, index=None)
```

Nun müssen wir torchtext mitteilen, was wir für die Erstellung eines Datensatzes für wichtig halten.

Field-Objekte definieren

Das torchtext-Paket bietet Ihnen einen geradlinigen Ansatz zur Erstellung von Datensätzen: Sie bestimmen, was Sie möchten, und es verarbeitet die rohe CSV-Datei (oder JSON-Datei) für Sie. Hierfür definieren Sie zunächst sogenannte *Felder*. Die Klasse Field umfasst dafür eine beträchtliche Anzahl von Parametern, die ihr zugewiesen werden können, und obwohl Sie wahrscheinlich nicht alle auf einmal verwenden werden, bietet Tabelle 5-1 eine praktische Übersicht darüber, was Sie mit einem Field bezwecken können.

Tabelle 5-1: Mögliche Parameter der Field-Klasse

Parameter	Beschreibung	Voreinstellung
sequential	Gibt an, ob das Feld sequenzielle Daten (d. h. Text) darstellt. Wenn auf False gesetzt, erfolgt keine Tokenisierung.	True
use_vocab	Angabe, ob ein Objekt Vocab einbezogen werden soll. Wenn auf False gesetzt, sollte das Feld numerische Daten enthalten.	True
init_token	Token, das am Anfang dieses Felds hinzugefügt wird, um den Beginn des Datensatzes zu markieren.	None
eos_token	Token, das das Satzende kennzeichnet und an das Ende jeder Sequenz angefügt wird.	None
fix_length	Wenn eine Ganzzahl angegeben wird, werden alle Einträge auf diese Länge aufgefüllt. Wenn der Wert auf None gesetzt wird, sind die Sequenzlängen variabel gehalten.	None
dtype	Der Datentyp des Tensorbatches.	torch.long
lower	Konvertiert die Sequenz in Kleinbuchstaben.	False

Tabelle 5-1: Mögliche Parameter der Field-Klasse (Fortsetzung)

Parameter	Beschreibung	Voreinstellung
`tokenize`	Die Funktion, die für die Tokenisierung der Sequenzen zuständig ist. Wenn auf `spacy` gesetzt, wird der spaCy-Tokenizer verwendet.	`string.split`
`pad_token`	Token, das zur Auffüllung verwendet wird.	`<pad>`
`unk_token`	Token, das für Wörter genutzt wird, die nicht im Wortschatz (`Vocab-dict`) enthalten sind.	`<unk>`
`pad_first`	Sorgt dafür, dass der Beginn einer Sequenz aufgefüllt wird.	`False`
`truncate_first`	Stutzt den Beginn einer Sequenz (falls erforderlich).	`False`

Wie bereits erwähnt, sind wir nur an den Labels und dem Tweet-Text interessiert. Diese definieren wir mithilfe der `Field`-Objekte aus dem Modul `data`:

```
import spacy
from torchtext import data

LABEL = data.LabelField()
TWEET = data.Field(tokenize='spacy', lower=True)
```

Wir definieren `LABEL` als ein `LabelField`, das eine Unterklasse von `Field` ist, bei dem wir `sequential` auf `False` setzen (da unsere Kategorien numerisch codiert sind). `TWEET` ist ein standardmäßiges `Field`-Objekt, bei dem wir uns entschieden haben, den spaCy-Tokenizer zu verwenden und den gesamten Text in Kleinbuchstaben zu konvertieren. Ansonsten nutzen wir die Voreinstellungen, wie sie in der vorherigen Tabelle aufgeführt sind. Wenn beim Durchlaufen dieses Beispiels der Aufbau des Wortschatzes zu lange dauert, verzichten Sie auf die Angabe des `tokenize`-Parameters und führen den Code erneut aus. Dadurch wird zur Tokenisierung die Voreinstellung, die Sequenz an allen Stellen mit einem Leerzeichen zu teilen, verwendet. Das beschleunigt den Tokenisierungsschritt erheblich, jedoch wird der so erzeugte Wortschatz nicht so gut sein wie der des spaCy-Tokenizers.

Nachdem wir die `Field`-Objekte definiert haben, müssen wir nun eine Liste erstellen, die unsere CSV-Datei mithilfe dieser Objekte zeilenweise abbildet:

```
fields = [('score',None), ('id',None), ('date',None), ('query',None),
          ('name',None), ('tweet', TWEET), ('category',None), ('label',LABEL)]
```

Mit dieser Liste verwenden wir jetzt die `TabularDataset`-Klasse, um die Daten der CSV-Datei wie gewünscht einzulesen:

```
twitterDataset = data.TabularDataset(
                                    path="train-processed.csv",
                                    format="CSV",
                                    fields=fields,
                                    skip_header=False)
```

Dies kann einige Zeit in Anspruch nehmen, insbesondere mit dem spaCy-Parser. Schließlich teilen wir den gesamten Datensatz unter Verwendung der `split()`-Methode in einen Trainings-, einen Test- und einen Validierungsdatensatz auf:

```
(train, test, valid) = twitterDataset.split(split_ratio=[0.8, 0.1, 0.1])

(len(train), len(test), len(valid))
> (1280000, 160000, 160000)
```

Hier ist ein Beispiel aus dem Datensatz:

```
>vars(train.examples[7])

{'label': '6681',
 'tweet': ['woah',
  ',',
  'hell',
  'in',
  'chapel',
  'thrill',
  'is',
  'closed',
  '.',
  'no',
  'more',
  'sweaty',
  'basement',
  'dance',
  'parties',
  '?',
  '?']}
```

Zu meiner Überraschung verweist der zufällig ausgewählte Tweet auf die Schließung eines Clubs in Chapel Hill, den ich häufig besucht habe. Vielleicht finden Sie beim Stöbern in den Daten etwas ähnlich Überraschendes!

Einen Wortschatz aufbauen

Normalerweise würden wir an diesem Punkt eine 1-aus-n-Codierung jedes Worts, das im Datensatz vorhanden ist, vornehmen. Das wäre ein ziemlich mühsamer Arbeitsschritt. Dankenswerterweise übernimmt `torchtext` das für uns und erlaubt uns auch die Übergabe eines Parameters, `max_size`, um den Wortschatz auf die gebräuchlichsten Wörter zu beschränken. Dies geschieht üblicherweise, um die Konstruktion eines riesigen, speicherintensiven Modells zu verhindern. Wir möchten schließlich unsere GPUs nicht überlasten. Begrenzen wir den Wortschatz in unserem Trainingsdatensatz auf maximal 20.000 Wörter und bauen auch den Wortschatz für unsere Labels auf:

```
vocab_size = 20000
TWEET.build_vocab(train, max_size=vocab_size)
LABEL.build_vocab(train)
```

Um erste Informationen über unseren Datensatz zu gewinnen, können wir das Instanzobjekt der `vocab`-Klasse nutzen. Überprüfen wir die Größe des Wortschatzes:

```
len(TWEET.vocab)
> 20002
```

Interessant, wir haben 20.000 als Maximalgröße des Wortschatzes angegeben, doch bei der Nutzung des torchtext-Pakets werden standardmäßig zwei weitere spezielle Tokens hinzugefügt: <unk> für unbekannte Wörter (z.B. für diejenigen, die aufgrund der von uns angegebenen max_size von 20.000 Wörtern durch das Token ersetzt werden), und <pad>, ein Padding-Token, das dafür sorgt, dass die Textabschnitte auf ungefähr die gleiche Länge aufgefüllt werden, um eine effiziente Verarbeitung der Batches auf der GPU zu gewährleisten (denken Sie daran, dass die schnelle Verarbeitung Ihrer GPU auf die Gleichmäßigkeit der Batches zurückzuführen ist). Zudem können Sie die standardmäßig auf None gesetzten Felder für eos_token oder init_token spezifizieren.

Werfen wir nun einen Blick auf die gebräuchlichsten Wörter im Wortschatz:

```
>TWEET.vocab.freqs.most_common(10)
[('!', 44802),
 ('.', 40088),
 ('I', 33133),
 (' ', 29484),
 ('to', 28024),
 ('the', 24389),
 (',', 23951),
('a', 18366),
 ('i', 17189),
('and', 14252)]
```

Ziemlich genau das, was man erwarten kann, da wir mit dem spaCy-Tokenizer keine Stoppwörter entfernen. (Weil die Texte maximal nur 140 Zeichen umfassen, würden wir ansonsten Gefahr laufen, zu viele Informationen in unserem Modell zu verlieren.)

Wir sind fast fertig mit unseren Datensätzen. Wir müssen nur noch einen DataLoader erstellen, der unsere Trainingsschleife mit Daten versorgt. torchtext stellt die Methode BucketIterator zur Verfügung, die ein sogenanntes Batch erzeugt, das fast dem DataLoader, den wir für Bilder verwendet haben, entspricht. (Wir werden in Kürze noch sehen, dass wir unsere Trainingsschleife modifizieren müssen, um mit den Besonderheiten der Batch-Schnittstelle besser zurechtzukommen.)

```
device = ... # wie zuvor
train_iterator, valid_iterator, test_iterator = \
          data.BucketIterator.splits(
                   (train, valid, test),
                   batch_size=32,
                   device=device,
                   sort_key = lambda x: len(x.tweet),
                   sort_within_batch = False)
```

Hier nun der vollständige Code zur Erstellung unserer Datensätze, in dem alle vorherigen Codeabschnitte zusammengeführt werden:

```
import spacy

device = "cuda"
LABEL = data.LabelField()
```

```
TWEET = data.Field(tokenize='spacy', lower=True)

fields = [('score',None), ('id',None), ('date',None), ('query',None),
          ('name',None), ('tweet', TWEET), ('category',None), ('label',LABEL)]

twitterDataset = data.TabularDataset(path="train-processed.csv",
                                     format="CSV",
                                     fields=fields,
                                     skip_header=False)

(train, test, valid) = twitterDataset.split(split_ratio=[0.8, 0.1, 0.1])

vocab_size = 20000
TWEET.build_vocab(train, max_size = vocab_size)
LABEL.build_vocab(train)

train_iterator, valid_iterator, test_iterator = \
           data.BucketIterator.splits(
                      (train, valid, test),
                      batch_size=32,
                      device=device,
                      sort_key = lambda x: len(x.tweet),
                      sort_within_batch = False)
```

Nachdem die Verarbeitung unserer Daten geklärt ist, können wir dazu übergehen, unser Modell zu definieren.

Erstellung unseres Modells

Wir erstellen nun ein einfaches Modell zur Klassifizierung von Tweets. Hierfür verwenden wir sowohl das `Embedding`- als auch das `LSTM`-Modul aus PyTorch, die wir zu Beginn des Kapitels kennengelernt haben:

```
import torch.nn as nn

class OurFirstLSTM(nn.Module):
    def __init__(self, hidden_size, embedding_dim, vocab_size):
        super(OurFirstLSTM, self).__init__()

        self.embedding = nn.Embedding(vocab_size, embedding_dim)
        self.encoder = nn.LSTM(input_size=embedding_dim,
                hidden_size=hidden_size, num_layers=1)
        self.predictor = nn.Linear(hidden_size, 2)

    def forward(self, seq):
        output, (hidden,_) = self.encoder(self.embedding(seq))
        preds = self.predictor(hidden.squeeze(0))
        return preds

model = OurFirstLSTM(100, 300, 20002)
model.to(device)
```

In diesem Modell beschränken wir uns auf drei Schichten. Zunächst werden die Wörter unserer Tweets in eine `Embedding`-Schicht geschickt, die wir in diesem Beispiel als 300-dimensionale Vektoreinbettung gewählt haben. Diese wird dann in eine `LSTM`-Schicht mit 100 verborgenen Merkmalen eingespeist (die 300-dimensionale Eingabe wird weiter komprimiert – wie zuvor bei unseren Bildern). Zum Schluss wird die Ausgabe der LSTM-Schicht (der endgültige verborgene Zustand nach Verarbeitung des eingeführten Tweets) in eine herkömmliche, vollständig verbundene Schicht mit zwei Ausgaben geleitet, die unseren zwei möglichen Kategorien entsprechen (*negativ* und *positiv*). Wenn wir noch Labels für die Kategorie *neutral* hinzufügen möchten, müssten wir nur die letzte Schicht des Modells anpassen (`nn.Linear(hidden_size, 3)`). Wenden wir uns als Nächstes der Trainingsschleife zu!

Die Trainingsschleife modifizieren

Angesichts einiger Eigenheiten des `torchtext`-Pakets ist es notwendig, die Trainingsschleife leicht zu modifizieren. Zuerst erstellen wir einen Optimierer (wir verwenden wie üblich Adam) und eine Verlustfunktion. Da uns potenziell drei Kategorien zur Einteilung der Tweets zur Verfügung stehen, nutzen wir als Verlustfunktion die kategoriale Kreuzentropie (`CrossEntropyLoss()`). Wie sich bereits herausgestellt hat, sind jedoch nur zwei Kategorien im Datensatz vorhanden. Wenn wir annehmen, dass es ausschließlich zwei Kategorien gibt, könnten wir die Ausgabe des Modells dahin gehend anpassen, dass eine einzelne Zahl zwischen 0 und 1 erzeugt wird, und dann den binären Kreuzentropieverlust (Binary Cross-Entropy, BCE) verwenden (und wir können die sigmoide Schicht, die die Ausgabe zwischen 0 und 1 skaliert, mit der BCE-Schicht zu einer einzigen PyTorch-Verlustfunktion, `BCEWithLogitsLoss()`, kombinieren). Für den Fall, dass Sie einen Klassifikator für eine Anwendung schreiben, bei der nur zwei Zustände definiert sind, ist der BCE-Verlust besser geeignet als der standardmäßige Kreuzentropieverlust, den wir gleich verwenden werden.

```
import torch.optim as optim

optimizer = optim.Adam(model.parameters(), lr=2e-2)
criterion = nn.CrossEntropyLoss()

def train(epochs, model, optimizer, criterion, train_iterator, valid_iterator):
    for epoch in range(1, epochs+1):

        training_loss = 0.0
        valid_loss = 0.0
        model.train()
        for batch_idx, batch in enumerate(train_iterator):
            optimizer.zero_grad()
            predict = model(batch.tweet)
            loss = criterion(predict,batch.label)
            loss.backward()
            optimizer.step()
            training_loss += loss.data.item() * batch.tweet.size(0)
        training_loss /= len(train_iterator)
```

```
    model.eval()
    for batch_idx, batch in enumerate(valid_iterator):
        predict = model(batch.tweet)
        loss = criterion(predict,batch.label)
        valid_loss += loss.data.item() * batch.tweet.size(0)

    valid_loss /= len(valid_iterator)
    print('Epoch: {}, Training Loss: {:.2f}, '
          'Validation Loss: {:.2f}'
          .format(epoch, training_loss, valid_loss))

train(10, model, optimizer, criterion, train_iterator, valid_iterator)
```

Das Wichtigste, worüber Sie sich bei dieser neu gestalteten Trainingsschleife im Klaren sein sollten, ist, dass wir `batch.tweet` und `batch.label` verwenden müssen, um die jeweiligen Daten einzuspeisen, die wir benötigen; durch die Verwendung der `enumerate()`-Funktion sieht dieser Schritt nicht ganz so übersichtlich aus wie zuvor im `torchvision`-Paket.

Sobald wir unser Modell mit dieser Funktion fertig trainiert haben, können wir damit einige Tweets klassifizieren und unsere einfache Stimmungsanalyse durchführen.

Tweets klassifizieren

Im `torchtext`-Paket gestaltet sich auch die Erstellung von Vorhersagen nicht ganz so einfach. Als Lösung können Sie eine Verarbeitungspipeline einbeziehen und die Ausgabe dieser Pipeline zur Ermittlung der Vorhersage nutzen:

```
def classify_tweet(tweet):
    categories = {0: "Negative", 1:"Positive"}
    processed = TWEET.process([TWEET.preprocess(tweet)])
    processed = processed.to(device)
    model.eval()
    return categories[model(processed).argmax().item()]
```

Dabei rufen wir zunächst die Funktion `preprocess()` auf, die unsere spaCy-basierte Tokenisierung vornimmt. Danach können wir die Tokens mit der `process()`-Funktion zu einem Tensor verarbeiten, der auf unserem zuvor angelegten Wortschatz basiert. Wir müssen zudem berücksichtigen, dass `torchtext` ein Batch von Zeichenketten bzw. Strings erwartet – deshalb müssen wir den Tensor erst in eine Liste aus Listen umwandeln, bevor wir ihn an die Verarbeitungsfunktion übergeben. Das Ergebnis speisen wir dann in das Modell ein und erhalten einen Tensor, der wie folgt aussieht:

```
tensor([[0.7828, -0.0024]]
```

Das Tensorelement mit dem höchsten Wert entspricht der vom Modell vorhergesagten Kategorie. Dementsprechend verwenden wir die `argmax()`-Funktion, um den Index des höchsten Werts zu erhalten, und anschließend die `item()`-Funktion, um den nulldimensionalen Tensor in eine Python-Ganzzahl zu überführen, die auf die Schlüssel-Werte-Paare des `categories`-Dictionarys referenziert.

Nachdem wir unser Modell fertig trainiert haben, sollten wir uns einige der anderen Tricks und Techniken ansehen, die Sie im Rahmen der Bildverarbeitung in den Kapiteln 2 bis 4 kennengelernt haben.

Datenaugmentation

Sie fragen sich vielleicht, wie Sie wohl Textdaten augmentieren könnten. Schließlich kann man sie nicht wie ein Bild einfach horizontal spiegeln! Aber Sie können einige Techniken im Zusammenhang mit Textdaten anwenden, die dem Modell etwas mehr Informationen für den Trainingsvorgang liefern. Zunächst könnten Sie Wörter im Satz durch Synonyme (oder sehr ähnliche Wörter) ersetzen, etwa so:

```
Die Katze saß auf der Matte
```

könnte augmentiert werden durch:

```
Die Katze saß auf dem Teppich
```

Abgesehen davon, dass die Katze wahrscheinlich darauf bestehen würde, dass ein Teppich viel weicher als eine Matte ist, hat sich die Bedeutung des Satzes nicht sonderlich geändert. Aber »Matte« und »Teppich« werden im Wortschatz verschiedenen Indizes zugeordnet, sodass das Modell lernen sollte, dass beide Sätze demselben Label angehören, und so hoffentlich eine Verbindung zwischen diesen beiden Wörtern herstellt, da alles andere in den Sätzen gleich ist.

Anfang des Jahres 2019 wurden in der Publikation »EDA: Easy Data Augmentation Techniques for Boosting Performance on Text Classification Tasks« drei weitere Augmentationsstrategien vorgeschlagen: zufälliges Einfügen, zufälliges Löschen und zufälliges Austauschen. Sehen wir uns diese drei einmal näher an.[3]

Zufälliges Einfügen

Bei der Methode des *zufälligen Einfügens* (engl. Random Insertion) wird ein Satz betrachtet, und es werden dann *n* Mal zufällig Synonyme aus den vorhandenen Nicht-Stoppwörtern in den Satz eingefügt. Angenommen, Sie besäßen eine Möglichkeit, ein Synonym eines Worts zu erhalten, und eine weitere Möglichkeit, Stoppwörter (gängige Wörter wie *und*, *es*, *das* usw.) zu eliminieren, wie in dieser Funktion über die `get_synonyms()`- und `get_stopwords()`- angedeutet (aber nicht implementiert), dann könnte eine Implementierung wie folgt aussehen:

3 Siehe »EDA: Easy Data Augmentation Techniques for Boosting Performance on Text Classification Tasks« (*https://arxiv.org/abs/1901.11196*) von Jason W. Wei und Kai Zou (2019).

```
import random

def random_insertion(sentence,n):
    words = remove_stopwords(sentence)
    for _ in range(n):
        new_synonym = get_synonyms(random.choice(words))
        sentence.insert(randrange(len(sentence)+1), new_synonym)
    return sentence
```

In der Praxis könnte ein Beispiel, bei dem der Begriff `Katze` ersetzt wird, so aussehen:

```
Die Katze saß auf der Matte
Die Katze Unterlage saß auf der Mieze Matte
```

Zufälliges Löschen

Wie der Name schon vermuten lässt, werden beim *zufälligen Löschen* (engl. Random Deletion) Wörter zufällig aus einem Satz gelöscht. Mit dem Wahrscheinlichkeitsparameter `p` geben wir die Zufallswahrscheinlichkeit an, mit der ein Wort beim Durchlaufen des Satzes gelöscht werden soll oder nicht:

```
def random_deletion(words, p=0.5):
    if len(words) == 1:
        return words
    remaining = list(filter(lambda x: random.uniform(0,1) > p,words))
    if len(remaining) == 0:
        return [random.choice(words)]
    else:
        return remaining
```

Die Implementierung deckt auch Extremfälle ab – wenn die Sequenz nur ein Wort enthält, gibt die Funktion dieses zurück, und falls am Ende alle Wörter im Satz gelöscht wurden, wählt die Funktion zufällig ein Wort aus dem ursprünglichen Satz aus.

Zufälliges Austauschen

Bei der Augmentationsstrategie des *zufälligen Austauschens* (engl. Random Swap) wird ein Satz genommen, und die Wörter darin werden dann *n* Mal vertauscht, wobei in jeder Iteration der zuvor vertauschte Satz bearbeitet wird. Hier eine mögliche Implementierung:

```
def random_swap(sentence, n=5):
    length = range(len(sentence))
    for _ in range(n):
        idx1, idx2 = random.sample(length, 2)
        sentence[idx1], sentence[idx2] = sentence[idx2], sentence[idx1]
    return sentence
```

Wir ziehen je zwei Zufallszahlen aus der Menge aller Ganzzahlen zwischen null und der Anzahl der Wörter des Satzes. Dadurch erhalten wir die Indizes der zu vertauschenden Wörter der jeweiligen Iteration. Die Vertauschung geht so lange vonstatten, bis *n* Iterationen durchlaufen wurden.

Wenn man nur eine geringe Anzahl von gelabelten Beispielen (etwa 500) verwendet, wird die Genauigkeit durch die Verfahren aus dem EDA-Forschungspapier durchschnittlich um etwa 3% verbessert. Wenn Ihr Datensatz mehr als 5.000 Beispiele umfasst, könnte diese Verbesserung auf 0,8% oder weniger sinken, da das Modell durch die größeren verfügbaren Datenmengen eine bessere Verallgemeinerung erzielt und so die Verbesserungen infolge der aufgezeigten Techniken weniger bedeutend sind.

Rückübersetzung

Ein weiterer beliebter Ansatz, um seine Daten zu erweitern, ist die *Rückübersetzung* (engl. Back Translation). Dabei wird ein Satz aus einer gegebenen Zielsprache in eine oder mehrere andere Sprachen übersetzt, und diese Übersetzungen werden dann in die ursprüngliche Sprache zurückübersetzt. Zu diesem Zweck können wir die Python-Bibliothek `googletrans` verwenden. Installieren Sie sie mit `pip`, da sie zum Zeitpunkt des Schreibens dieser Zeilen nicht in `conda` verfügbar zu sein scheint:

```
pip install googletrans
```

Nun können wir unseren Satz vom Englischen ins Französische und dann zurück ins Englische übersetzen lassen:

```
import googletrans
from googletrans import Translator

translator = Translator()

sentences = ['The cat sat on the mat']

translation_fr = translator.translate(sentences, dest='fr')
fr_text = [t.text for t in translation_fr]
translation_en = translator.translate(fr_text, dest='en')
en_text = [t.text for t in translation_en]
print(en_text)

>> ['The cat sat on the carpet']
```

Die Übersetzung vom Englischen ins Französische und wieder zurück liefert uns einen neuen, augmentierten Satz. Gehen wir noch einen Schritt weiter und wählen wir die Sprache zufällig aus:

```
import random

available_langs = list(googletrans.LANGUAGES.keys())
tr_lang = random.choice(available_langs)
print(f"Translating to {googletrans.LANGUAGES[tr_lang]}")
```

```
translations = translator.translate(sentences, dest=tr_lang)
t_text = [t.text for t in translations]
print(t_text)

translations_en_random = translator.translate(t_text, src=tr_lang, dest='en')
en_text = [t.text for t in translations_en_random]
print(en_text)
```

In diesem Fall verwenden wir die Funktion `random.choice`, mit der wir zufällig eine Sprache auswählen. Wir lassen den Satz anschließend in diese Sprache übersetzen, um ihn dann wieder in die Ausgangssprache zurückübersetzen zu lassen. Um die Spracherkennung von Google Translate zu unterstützen, übergeben wir die ausgewählte Sprache mit dem `src`-Parameter der `translate()`-Funktion. Führen Sie den Codeabschnitt mehrmals aus und beobachten Sie, wie sehr es dem altbekannten Spiel *Stille Post* ähnelt.

Sie sollten sich einiger Einschränkungen bewusst sein. Erstens können Sie nur bis zu 15.000 Zeichen auf einmal übersetzen – obwohl das nicht allzu schnell ein großes Problem sein sollte, wenn Sie ausschließlich Sätze übersetzen lassen. Zweitens sollten Sie Ihre Datenaugmentation auf einer Cloud-Instanz und nicht auf Ihrem Heimcomputer durchführen, falls Sie einen großen Datensatz verwenden möchten. Denn sollte Google Ihre IP sperren, können Sie Google Translate nicht mehr für den normalen Gebrauch verwenden! Stellen Sie also sicher, dass Sie nicht den gesamten Datensatz auf einmal übermitteln, sondern nur einige Batches gleichzeitig. Auf diese Weise können Sie im Fall eines Fehlers im Google-Translate-Backend die Batches auch problemlos erneut an Google Translate schicken.

Datenaugmentation und Torchtext

Sie haben vielleicht bemerkt, dass alle von mir vorgestellten Datenaugmentationsstrategien nicht mit dem `torchtext`-Paket umgesetzt wurden. Leider gibt es dafür einen Grund. Im Gegensatz zu den Paketen `torchvision` und `torchaudio` bietet `torchtext` ärgerlicherweise keine Transformationspipeline. Es stellt zwar Möglichkeiten zur Vor- und Nachbearbeitung bereit, aber diese funktionieren nur auf Ebene der Tokens (Wörter). Das ermöglicht zwar vielleicht die Ersetzung von Synonymen, bietet aber nicht genügend Feinsteuerungsmöglichkeiten für so etwas wie die Rückübersetzung. Wenn Sie versuchen möchten, die Pipeline zu Zwecken der Datenaugmentation zu modifizieren, sollten Sie das tendenziell in der Vorverarbeitungspipeline statt in der Nachverarbeitungspipeline tun, da der Tensor in dieser nur noch aus Ganzzahlen besteht, die den Wörtern auf Basis des zugrunde liegenden Wortschatzes zugeordnet wurden.

Aus diesen Gründen empfehle ich Ihnen, sich im Rahmen der Datenaugmentation nicht unnötig auf das `torchtext`-Paket zu versteifen. Lagern Sie den Datenaugmentationsschritt stattdessen aus: Formulieren Sie Funktionen wie die Rückübersetzung einfach außerhalb von PyTorch und generieren Sie auf diese Weise neue

Daten. Anschließend speisen Sie sie ebenfalls in das PyTorch-Modell ein – so als wären es »echte« Daten.

Wir haben nun ausreichend Möglichkeiten zur Datenaugmentation gesehen. Doch bevor wir zum Ende des Kapitels kommen, sollten wir uns noch einem zentralen Forschungsbereich widmen, den Sie sicherlich bereits vermissen.

Transfer Learning?

Warum haben wir im Verlauf des Kapitels noch nicht über Transfer Learning gesprochen? Schließlich hat es uns im Rahmen der Bildverarbeitung zur Entwicklung äußerst präziser Modelle verholfen. Was hindert uns daran, diese Methode auch bei der Verarbeitung von Texten anzuwenden? Nun, es hat sich herausgestellt, dass es etwas schwieriger ist, Transfer Learning in LSTM-Netzwerken zu realisieren. Aber nicht unmöglich! Wir werden auf das Thema in Kapitel 9 zurückkommen. Dort werden Sie lernen, wie man Transfer Learning sowohl mit LSTM- als auch mit Transformer-basierten Netzwerken in Einsatz bringt.

Zusammenfassung

In diesem Kapitel haben wir eine Textverarbeitungspipeline in Aktion gesehen, die für uns die Codierung und die Einbettung übernahm. Auch haben wir ein einfaches LSTM-basiertes neuronales Netz zur Klassifizierung und einige Datenaugmentationsstrategien für textbasierte Daten gesehen. Mit diesem Wissen haben Sie nun reichlich Gelegenheit zum Experimentieren. Ich hatte mich beispielsweise dazu entschieden, jeden Tweet im Rahmen der Tokenisierung in Kleinbuchstaben zu konvertieren. Dies ist ein gängiger Ansatz im NLP, doch seien Sie sich darüber bewusst, dass er potenzielle Informationen im Tweet verwirft. Zum Beispiel ginge in unseren Augen mit dem Tweet »Warum funktioniert das NICHT?« eine noch negativere Empfindung als mit »Warum funktioniert das nicht?« einher. Durch das Unterschlagen der Großschreibung haben wir dem Modell auch den Unterschied zwischen den beiden Tweets vorenthalten. Versuchen Sie also auf jeden Fall, die Groß- und Kleinschreibung im tokenisierten Text zu berücksichtigen. Versuchen Sie außerdem, die Stoppwörter aus Ihrem Eingabetext zu entfernen, um zu sehen, ob es zur Verbesserung der Genauigkeit beiträgt. Bei traditionellen NLP-Methoden wird großer Wert darauf gelegt, sie zu entfernen. Ich habe jedoch die Erfahrung gemacht, dass Deep-Learning-Modelle häufig besser funktionieren, wenn man Stoppwörter in der Eingabe belässt (was wir in diesem Kapitel auch getan haben). Das liegt daran, dass sie dem Modell einen größeren Kontext bieten, aus dem es lernen kann, während dem Modell bei Sätzen, die auf die *wichtigsten* Wörter reduziert wurden, möglicherweise Nuancen im Text fehlen.

Eventuell möchten Sie auch die Größe des Einbettungsvektors ändern. Größere Vektoren bedeuten, dass durch die Einbettung mehr Informationen über die Wörter, die sie modellieren, erfasst werden können, was jedoch mit einem höheren Speicherbedarf verbunden ist. Versuchen Sie, von 100- zu 1.000-dimensionalen Einbettungen überzugehen, und achten Sie darauf, wie sich die Änderung auf die Trainingszeit und die Genauigkeit auswirkt.

Zu guter Letzt können Sie auch mit dem LSTM-Netzwerk experimentieren. Wir haben einen recht simplen Ansatz gewählt. Sie können die Anzahl der Schichten (`num_layers`) erhöhen, um eine Hintereinanderschaltung von LSTM-Schichten zu bewirken, die Anzahl der verborgenen Merkmale in der Schicht erhöhen oder verringern oder auch `bidirectional=true` setzen, um ein biLSTM zu erzeugen. Es wäre ebenfalls interessant, die komplette LSTM- durch eine GRU-Schicht zu ersetzen; trainiert sie schneller? Ist sie genauer? Probieren Sie es aus und seien Sie gespannt darauf, was Sie herausfinden!

Unterdessen widmen wir uns nun dem `torchaudio`-Paket und verarbeiten nicht mehr Text-, sondern Audiodateien.

Weiterführende Literatur

- »Long Short-term Memory« (*https://oreil.ly/WKcxO*) von S. Hochreiter und J. Schmidhuber (1997)
- »Learning Phrase Representations Using RNN Encoder-Decoder for Statistical Machine Translation« (*https://arxiv.org/abs/1406.1078*) von Kyunghyun Cho et al. (2014)
- »Bidirectional LSTM-CRF Models for Sequence Tagging« (*https://arxiv.org/abs/1508.01991*) von Zhiheng Huang et al. (2015)
- »Attention Is All You Need« (*https://arxiv.org/abs/1706.03762*) von Ashish Vaswani et al. (2017)

KAPITEL 6

Eine Reise in die Welt der Klänge

Eine (oder gleich mehrere) der erfolgreichsten Deep-Learning-Anwendungen tragen die meisten von uns jeden Tag mit sich herum: Ob Siri, Google Now oder Amazons Alexa – sie alle basieren auf neuronalen Netzen. In diesem Kapitel werfen wir einen Blick auf PyTorchs `torchaudio`-Paket. Sie werden lernen, wie man eine Pipeline mit einem Konvolutionsmodell zur Klassifizierung von Tondateien entwickeln kann. Danach werde ich Ihnen noch einen anderen Ansatz zeigen, der es Ihnen erlaubt, einige der zuvor bei Bilddaten erlernten Tricks anzuwenden und eine hohe Genauigkeit auf dem ESC-50-Audiodatensatz zu erzielen.

Doch sehen wir uns zunächst an, was genau ein Ton ist. Wie wird er in Datenform dargestellt? Liefert uns das irgendwelche Hinweise darauf, welche Art von neuronalem Netz wir verwenden sollten, um aus unseren Daten Erkenntnisse zu gewinnen?

Töne

Töne werden durch Schwingungen der Luft erzeugt. Alle Geräusche, die wir wahrnehmen, sind Kombinationen aus hohem und niedrigem Druck, die wir gewöhnlich in einer Wellenform darstellen, wie beispielhaft in Abbildung 6-1 gezeigt.

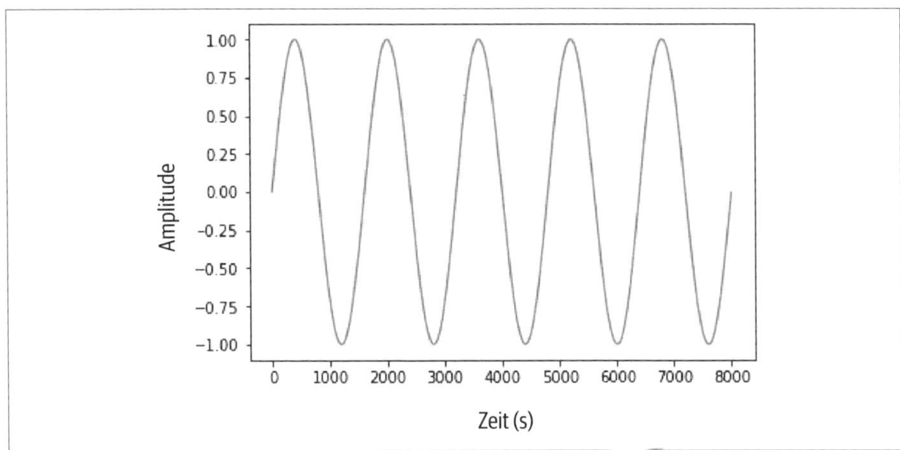

Abbildung 6-1: Eine Sinuswelle

In diesem Bild herrscht in dem Teil der Welle, der oberhalb des Ursprungs liegt, ein hoher Druck und in dem darunterliegenden Teil ein niedriger Druck.

Abbildung 6-2 zeigt eine komplexere Wellenform eines ganzen Lieds.

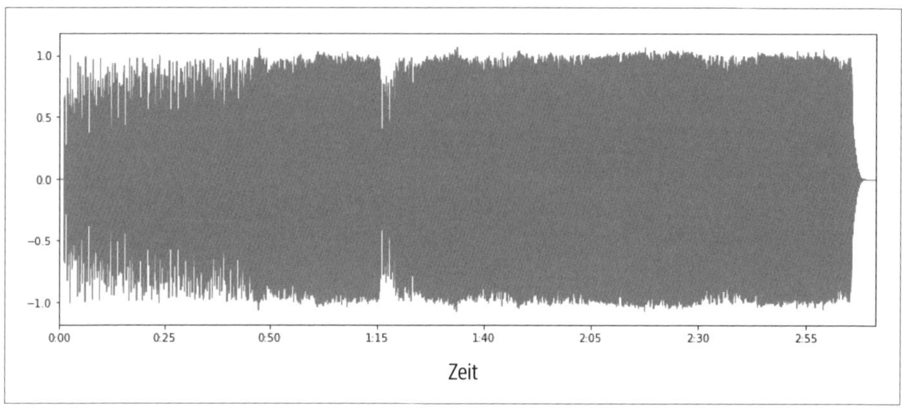

Abbildung 6-2: Wellenform eines Lieds

Im Bereich der digitalen Tonverarbeitung wird diese Wellenform viele Male pro Sekunde *abgetastet* (üblicherweise 44.100 Mal pro Sekunde bei Musik in CD-Qualität), und die Amplitudenwerte der Welle werden während jedes Abtastpunkts gespeichert. Zum Zeitpunkt *t* wird also nur ein einziger Wert gespeichert. Das ist ein erster Unterschied gegenüber Bilddaten, bei denen zwei Werte, *x* und *y*, benötigt werden, um einen Wert zu speichern (für ein Graustufenbild). Wenn wir in unserem neuronalen Netz mit Faltungsfiltern arbeiten möchten, benötigen wir einen 1-D-Filter anstelle eines 2-D-Filters, den wir für Bilder verwendet haben.

Nun wissen wir etwas mehr über Töne und können einen Blick auf den von uns verwendeten Datensatz werfen, um uns etwas besser mit ihm vertraut zu machen.

Der ESC-50-Datensatz

Der Datensatz *Environmental Sound Classification* (ESC) ist eine Sammlung aus Feldaufnahmen, von denen jede 5 Sekunden lang und einer von 50 Kategorien zugeordnet ist (z.B. Hundegebell, Schnarchen oder Türklopfen). Wir verwenden diesen Datensatz für den Rest des Kapitels, um mit zwei Arten der Klassifizierung von Audiodaten zu experimentieren, die Verwendung von `torchaudio` zu erkunden und das Einlesen und Bearbeiten von Audiodaten zu vereinfachen.

Den Datensatz beschaffen

Der ESC-50-Datensatz (*https://github.com/karoldvl/ESC-50*) ist eine Zusammenstellung aus mehreren WAV-Dateien. Sie können ihn herunterladen, indem Sie von

Ihrer Kommandozeile aus in Ihr lokales für dieses Kapitel vorgesehenes Verzeichnis wechseln und in diesem das GitHub-Repository klonen:

```
git clone https://github.com/karoldvl/ESC-50
```

Oder Sie laden das gesamte Repository einfach mit dem `curl`-Befehl herunter:

```
curl https://github.com/karoldvl/ESC-50/archive/master.zip
```

Alle WAV-Dateien werden im Verzeichnis *audio* mit ähnlichen Dateinamen wie diesem gespeichert:

```
1-100032-A-0.wav
```

Wir interessieren uns für die letzte Zahl im Dateinamen, denn diese gibt uns Auskunft darüber, welcher Kategorie die Audiodatei zugeordnet wurde. Die anderen Teile des Dateinamens spielen für uns keine Rolle, denn diese beziehen sich meist auf den größeren Freesound-Datensatz, aus dem der ESC-50-Datensatz stammt (mit einer Ausnahme, auf die ich in Kürze zurückkommen werde). Wenn Sie mehr dazu erfahren möchten, bietet die *README*-Datei im ESC-50-Repository einen guten Überblick.

Nachdem wir den Datensatz heruntergeladen haben, begutachten wir nun einige der darin enthaltenen Tonaufnahmen.

Audiowiedergabe in Jupyter

Wenn Sie die Tonaufnahmen aus dem ESC-50-Datensatz selbst hören möchten, können Sie dafür den in Jupyter integrierten Audioplayer `IPython.display.Audio` nutzen, anstatt die Dateien in einem gewöhnlichen Musikwiedergabeprogramm wie iTunes zu öffnen:

```
import IPython.display as display
display.Audio('ESC-50/audio/1-100032-A-0.wav')
```

Die Funktion liest WAV- und MP3-Dateien ein. Sie können ebenfalls Tensoren erzeugen, sie in NumPy-Arrays konvertieren und diese direkt abspielen lassen. Hören Sie sich zunächst einige der Dateien aus dem Verzeichnis *ESC-50* an, um ein Gefühl für die vorhandenen Klänge zu bekommen. Anschließend werden wir den Datensatz noch etwas eingehender untersuchen.

Den ESC-50-Datensatz erkunden

Wenn man sich mit einem neuen Datensatz befasst, ist es immer eine gute Idee, zunächst ein Gefühl für die *Form* bzw. die Abmessungen (engl. Shape) der Daten zu bekommen, bevor man sich direkt in die Erstellung von Modellen stürzt. Bei Klassifizierungsaufgaben möchten Sie beispielsweise wissen, ob Ihr Datensatz tatsächlich Beispiele aus allen potenziellen Kategorien enthält und ob idealerweise alle Kategorien in gleicher Anzahl vorhanden sind. Sehen wir uns an, wie sich der ESC-50-Datensatz aufgliedert.

Wenn Ihr Datensatz eine *unausgewogene* (engl. unbalanced) Verteilung bezüglich der Anzahl der Datenpunkte in den einzelnen Kategorien aufweist, besteht eine einfache Lösung darin, die Beispiele der zahlenmäßig kleineren Kategorien zufällig zu duplizieren, bis Sie sie auf die Anzahl der anderen Kategorien gebracht haben. Auch wenn sich dabei manch einer wie bei der Fälschung seiner Bilanz vorkommen mag, so ist es in der Praxis dennoch überraschend effektiv (und billig!).

Wie Sie wissen, steht die letzte Zahl in jedem Dateinamen für die entsprechende Kategorie. Wir erzeugen also eine Liste der Dateinamen und ermitteln so die Häufigkeit der einzelnen Kategorien:

```
import glob
from collections import Counter

esc50_list = [f.split("-")[-1].replace(".wav","")
              for f in
              glob.glob("ESC-50/audio/*.wav")]
Counter(esc50_list)
```

Zuerst erstellen wir eine Liste mit unseren ESC-50-Dateinamen. Da wir uns nur für die Nummern am Ende des Dateinamens interessieren, entfernen wir die Erweiterung *.wav* und teilen den Dateinamen jeweils am Trennzeichen - in mehrere Abschnitte. Schließlich nehmen wir jeweils das letzte Element dieser geteilten Zeichenkette in die Liste `esc50_list` auf, die letztendlich zahlreiche Strings zwischen 0 und 49 enthält. Wir könnten den Code auch anders schreiben und ein Dictionary erstellen, mit dem wir alle Beobachtungen zählen. Aus Gründen der Bequemlichkeit habe ich lieber die komfortable Python-Funktion `Counter` eingesetzt, die das Gleiche erledigt.

Hier ist das Ergebnis!

```
Counter({'15': 40,
         '22': 40,
         '36': 40,
         '44': 40,
         '23': 40,
         '31': 40,
         '9': 40,
         '13': 40,
         '4': 40,
         '3': 40,
         '27': 40,
         ...})
```

Das passiert selten! Wir haben einen perfekt ausgewogenen Datensatz. Lassen Sie uns den Champagner köpfen und ein paar weitere Bibliotheken installieren, die wir in Kürze benötigen werden.

SoX und LibROSA

Der größte Teil der Audioverarbeitung, die `torchaudio` leistet, stützt sich auf zwei weitere Anwendungen: *SoX* und *LibROSA*. *LibROSA* (*https://github.com/librosa/librosa*) ist eine Python-Bibliothek für die Audioanalyse, die die Erzeugung von Mel-Spektrogrammen (Sie werden etwas später in diesem Kapitel erfahren, was das ist), die Erkennung von Beats und sogar die Erzeugung von Musik beinhaltet.

SoX hingegen ist ein Programm, mit dem Sie vielleicht schon vertraut sind, wenn Sie bereits seit Jahren Linux benutzen. Tatsächlich ist *SoX* so alt, dass es älter als Linux selbst ist; seine erste Version erschien im Juli 1991, der erste Release von Linux war im September 1991. Ich erinnere mich, dass ich es im Jahr 1997 bereits benutzt habe, um auf meinem allerersten Linux-Rechner WAV- in MP3-Dateien zu konvertieren. Trotzdem ist es immer noch nützlich![1]

Wenn Sie `torchaudio` über `conda` installieren, können Sie zum nächsten Abschnitt springen. Nutzen Sie `pip`, müssen Sie vermutlich *SoX* erst noch selbst installieren. Auf einem Red-Hat-basierten System geben Sie Folgendes ein:

```
yum install sox
```

Und dies auf einem Debian-basierten System:

```
apt install sox
```

Sobald wir *SoX* eingerichtet haben, müssen wir noch `torchaudio` installieren.

torchaudio

Die Installation des `torchaudio`-Pakets kann wieder wahlweise mit den Befehlen `conda` oder `pip` durchgeführt werden:

```
conda install -c derickl torchaudio
pip install torchaudio
```

Im Vergleich zu `torchvision` ähnelt `torchaudio` eher `torchtext`, da es ebenfalls nicht ganz so verbreitet und auch nicht sonderlich gut gepflegt und dokumentiert zu sein scheint. Ich gehe davon aus, dass sich das in naher Zukunft ändern wird, da PyTorch immer beliebter wird und die Text- und Audioverarbeitungspipelines kontinuierlich verbessert werden. Dennoch ist `torchaudio` für unsere Bedürfnisse mehr als ausreichend; wir müssen lediglich einige benutzerdefinierte `DataLoader`-Ob-

1 Alles aufzuzeigen, was *SoX* zu leisten vermag (*http://sox.sourceforge.net*), sprengt den Rahmen dieses Buchs und ist für das, was wir damit vorhaben, nicht weiter nötig.

jekte schreiben (was wir im Rahmen der Audio- oder Textverarbeitung nicht tun mussten).

Wie dem auch sei, das Herzstück von torchaudio bilden die load()- sowie die save()-Funktion. Wir befassen uns in diesem Kapitel nur mit der load()-Funktion. Wenn Sie darüber hinaus mit Ihren Eingaben Töne erzeugen möchten (z.B. in einem Text-zu-Sprache-Modell), müssen Sie auf die save()-Funktion zurückgreifen. Bei der Verwendung von load() wird eine in dem Dateipfad filepath spezifizierte Datei eingelesen, die Audiodatei wird in eine Tensordarstellung überführt, und diese wird zusammen mit der Abtastrate der Audiodatei als Variable (als Tupel) zurückgegeben.

Wir sind nun so weit, dass wir die WAV-Dateien aus dem ESC-50-Datensatz laden und sie in einen Tensor transformieren können. Anders als bei unserer bisherigen Vorgehensweise mit Text und Bildern müssen wir diesmal etwas mehr Zeilen Code schreiben, bevor wir mit der Erstellung und dem Trainieren eines Modells weitermachen können. Wir richten uns zunächst einen eigenen *Datensatz* mittels einer benutzerdefinierten Dataset-Klasse ein.

Einrichten eines eigenen ESC-50-Datensatzes

Wir hatten in Kapitel 2 bereits über die Möglichkeiten zur Einbindung von Datensätzen gesprochen. Dabei mussten wir uns nicht allzu sehr um Details kümmern, da uns sowohl das torchvision- als auch das torchtext-Paket einen beachtlichen Teil der Arbeit abgenommen hatten. Wie Sie sich vielleicht erinnern, erfordert die Erstellung einer benutzerdefinierten Dataset-Klasse die Implementierung zweier Klassenmethoden, __getitem__ und __len__, durch die das DataLoader-Objekt ein Batch bestehend aus Tensoren und deren Labels sowie einen Wert für die Gesamtanzahl aller Tensoren im Datensatz erhält. Wie immer implementieren wir auch eine __init__-Methode zur Bereitstellung von Angaben wie Dateipfaden, die immer und immer wieder benötigt werden.

Für unsere ESC50-Klasse ergibt sich zunächst Folgendes:

```
import torch
import torchaudio
from pathlib import Path
from torch.utils.data import Dataset, DataLoader

class ESC50(Dataset):
    def __init__(self,path):
        # Liste mit Verzeichnissen aus dem Pfad beziehen.
        files = Path(path).glob('*.wav')

        # Iteriert durch die Liste und erstellt im Anschluss
        # eine Liste mit Tupeln der Form (Dateiname, Label).
        self.items = [(str(f), f.name.split("-")[-1].replace(".wav",""))
                      for f in files]
        self.length = len(self.items)
```

```
    def __getitem__(self, index):
        filename, label = self.items[index]
        audioTensor, rate = torchaudio.load(filename)
        return (audioTensor, int(label))

    def __len__(self):
        return self.length
```

Der überwiegende Teil der Arbeit wird in dem Moment verrichtet, in dem eine neue Instanz der Klasse angelegt wird. Die `__init__`-Methode nimmt den `path`-Parameter entgegen, findet alle WAV-Dateien innerhalb dieses Pfads und liefert dann Tupel der Form *(Dateiname, Label)*. Dabei kommt die gleiche String-Aufteilung zur Anwendung, die wir zuvor in diesem Kapitel verwendet haben, um das Label eines Hörbeispiels zu extrahieren. Wenn PyTorch ein Element aus dem Datensatz abruft, wird das jeweilige Tupel unter Nutzung eines Index aus der `items`-Liste gezogen, und der Dateiname wird dann an die `torchaudio.load`-Funktion übergeben, die die entsprechende Datei in einen Tensor umwandelt und anschließend sowohl den Tensor als auch das zugehörige Label zurückgibt.

Das genügt uns für den Anfang. Um die Funktionsfähigkeit unserer Klasse `ESC50` zu überprüfen, können wir jetzt ein Objekt erstellen und uns das erste Element ausgeben lassen:

```
from pathlib import Path

PATH_TO_ESC50 = Path.cwd() / "ESC-50" / "audio"
test_esc50 = ESC50(PATH_TO_ESC50)
tensor, label = list(test_esc50)[0]

print(tensor)
>> tensor([-0.0128, -0.0131, -0.0143,  ...,  0.0000,  0.0000,  0.0000])

print(tensor.shape)
>> torch.Size([220500])

print(label)
>> '15'
```

Durch die Verwendung des gewöhnlichen PyTorch-Konstruktors ist es uns ohne weitere Umschweife möglich, ein `DataLoader`-Objekt zu definieren:

```
example_loader = DataLoader(test_esc50, batch_size=64, shuffle=True)
```

Doch bevor wir das tun, müssen wir noch einmal auf unsere Daten zurückkommen. Wie Sie sich vielleicht erinnern, sollten wir stets mit einem Trainings-, einem Validierungs- und einem Testdatensatz arbeiten. Im Moment können wir nur auf ein einzelnes Verzeichnis zurückgreifen, in dem sämtliche Daten enthalten sind. Dementsprechend könnten wir die Daten aufteilen. Eine Aufteilung im Verhältnis 60/20/20 bezüglich des Trainings-, Validierungs- und Testdatensatzes sollte vertretbar sein. Hierzu könnten wir drei Stichproben aus dem vollständigen Datensatz ziehen (wobei wir gewährleisten müssten, dass die Stichproben ohne Austausch gezogen werden und dass unsere neu erstellten Datensätze hinsichtlich der Aufteilung der Kategorien in den einzelnen Datensätzen immer noch ausgewogen sind). Doch auch hier erspart uns der ESC-50-Datensatz eine Menge Arbeit. Die Ersteller des Datensatzes haben die Daten bereits in fünf gleich große in sich ausgewogene *Gruppen* aufgeteilt, die durch die *erste* Ziffer im Dateinamen gekennzeichnet werden. Wir verwenden die Gruppen `1,2,3` als Trainings-, die `4`. als Validierungs- und die `5`. Gruppe als Testdatensatz. Falls Ihnen das zu langweilig oder monoton erscheint, zögern Sie nicht, eine eigene Strategie zu verfolgen und die Daten miteinander zu vermischen!

Öffnen Sie erneut Ihr Kommandozeilentool, wechseln Sie in das Verzeichnis, in dem sich die Audiodateien befinden, erstellen Sie drei Unterverzeichnisse (`train`, `valid`, `test`) und verschieben Sie die entsprechenden Dateien in das jeweilige Verzeichnis:

```
mkdir train valid test

mv 1* ./train
mv 2* ./train
mv 3* ./train
mv 4* ./valid
mv 5* ./test
```

Jetzt können wir die jeweiligen `Dataset`- und `DataLoader`-Instanzobjekte erstellen:

```
from pathlib import Path

bs = 64

train_esc50 = ESC50(PATH_TO_ESC50 / "train")
valid_esc50 = ESC50(PATH_TO_ESC50 / "valid")
test_esc50  = ESC50(PATH_TO_ESC50 / "test")

train_loader = DataLoader(train_esc50, batch_size=bs, shuffle=True)
valid_loader = DataLoader(valid_esc50, batch_size=bs, shuffle=True)
test_loader  = DataLoader(test_esc50, batch_size=bs, shuffle=True)
```

Nachdem unsere Daten eingerichtet sind, können wir uns nun mit einem Klassifizierungsmodell befassen.

Ein CNN-Modell für den ESC-50-Datensatz

Für unseren ersten Versuch, Töne zu klassifizieren, entwickeln wir ein Modell, dessen Aufbau stark an das Forschungspapier mit dem Titel »Very Deep Convolutional Networks for Raw Waveforms« angelehnt ist.[2] Viele Elemente aus Kapitel 3 werden Ihnen erneut begegnen. Anstelle von zweidimensionalen Schichten verwenden wir eindimensionale Varianten, da unsere Audioeingabe eine Dimension

2 Siehe »Very Deep Convolutional Neural Networks for Raw Waveforms« (*https://arxiv.org/pdf/1610.00087.pdf*) von Wei Dai et al. (2016).

weniger besitzt. Wir müssen unsere Audioeingabe zu Beginn umformen, d.h. eine Dimension hinzufügen, damit sie den Anforderungen des Modells entspricht. Das bewerkstelligen wir, indem wir `x.unsqueeze(-1).view(-1, 100, 2205)` aufrufen. Aus demselben Grund verwerfen wir mit `x.squeeze(-1)` den letzten Kanal (kurz bevor der Tensor zur Vorhersage in die vollständig verbundene `fc1`-Schicht geleitet wird):

```
import torch.nn as nn
import torch.nn.functional as F

class AudioNet(nn.Module):
    def __init__(self):
        super(AudioNet, self).__init__()
        self.conv1 = nn.Conv1d(100, 128, kernel_size=5, stride=4)
        self.bn1 = nn.BatchNorm1d(128)
        self.pool1 = nn.MaxPool1d(4)
        self.conv2 = nn.Conv1d(128, 128, 3)
        self.bn2 = nn.BatchNorm1d(128)
        self.pool2 = nn.MaxPool1d(4)
        self.conv3 = nn.Conv1d(128, 256, 3)
        self.bn3 = nn.BatchNorm1d(256)
        self.pool3 = nn.MaxPool1d(4)
        self.conv4 = nn.Conv1d(256, 512, 3)
        self.bn4 = nn.BatchNorm1d(512)
        self.pool4 = nn.MaxPool1d(4)
        self.fc1 = nn.Linear(512, 50)

    def forward(self, x):
        x = x.unsqueeze(-1).view(-1, 100, 2205)
        x = self.conv1(x)
        x = F.relu(self.bn1(x))
        x = self.pool1(x)
        x = self.conv2(x)
        x = F.relu(self.bn2(x))
        x = self.pool2(x)
        x = self.conv3(x)
        x = F.relu(self.bn3(x))
        x = self.pool3(x)
        x = self.conv4(x)
        x = F.relu(self.bn4(x))
        x = self.pool4(x)
        x = x.squeeze(-1)
        x = self.fc1(x)
        return x
```

Wie gewohnt, benötigen wir noch einen Optimierer und eine Verlustfunktion. Als Optimierer verwenden wir wie zuvor den Adam-Optimierungsalgorithmus. Doch welche Verlustfunktion sollten wir Ihrer Meinung nach wählen? (Wenn Sie `CrossEntropyLoss` (Kreuzentropieverlust) geantwortet haben, dürfen Sie sich beglückwünschen!)

```
import torch.optim as optim

device = ... # wie zuvor
audionet = AudioNet()
```

```
audionet.to(device)

torch.save(audionet.state_dict(), "audionet.pth")
optimizer = optim.Adam(audionet.parameters(), lr=0.001)
```

Nachdem wir unser Modell erstellt haben, speichern wir unsere Gewichte ab und verwenden die `find_lr()`-Funktion aus Kapitel 4:

```
import matplotlib.pyplot as plt

logs, losses = find_lr(audionet, nn.CrossEntropyLoss(),
                       optimizer, train_loader,
                       device=device)
plt.plot(logs,losses)
```

Anhand von Abbildung 6-3 können wir festhalten, dass die angemessene Lernrate bei etwa `1e-5` liegt (basierend darauf, an welcher Stelle der Abstieg am steilsten aussieht). Diese legen wir als unsere Lernrate fest und laden erneut die ursprünglichen Gewichte unseres Modells:

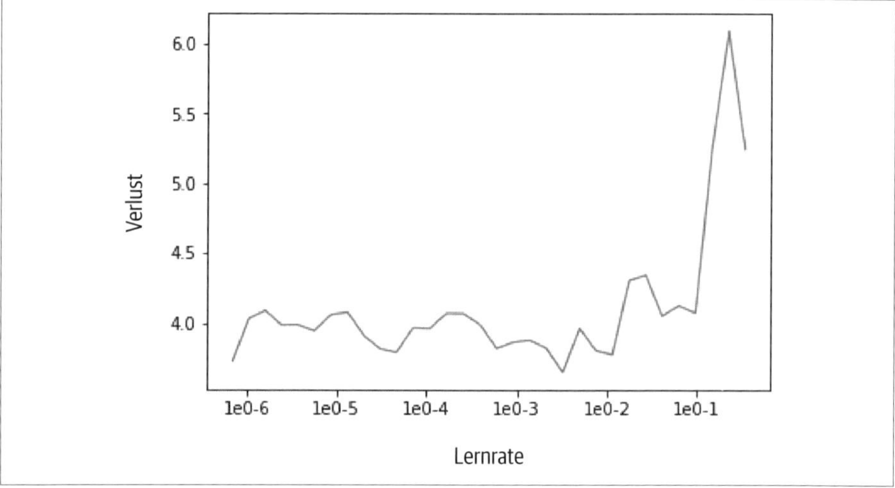

Abbildung 6-3: Darstellung der AudioNet-Lernraten

```
lr = 1e-5
audionet.load_state_dict(torch.load("audionet.pth"))
optimizer = optim.Adam(audionet.parameters(), lr=lr)
```

Nehmen wir nun unsere Trainingsfunktion aus Kapitel 2 und lassen wir das Modell 20 Epochen lang trainieren:

```
train(audionet, optimizer, nn.CrossEntropyLoss(),
      train_loader, valid_loader,
      epochs=20, device=device)
```

Nach dem Training sollten Sie feststellen können, dass das Modell auf unserem Datensatz eine Genauigkeit von etwa 13 % bis 17 % erreicht. Das ist besser als die 2 %, die wir erwarten würden, wenn wir eine der 50 Kategorien lediglich nach dem

Zufallsprinzip auswählten. Möglicherweise können wir aber noch eine weitere Verbesserung erreichen. Betrachten wir unsere Audiodaten mal aus einer anderen Perspektive und erproben wir dabei, ob uns eine andersartige Herangehensweise bessere Ergebnisse liefert.

Frequenzbereich

Auf der GitHub-Seite des ESC-50-Repositorys finden Sie eine Rangliste der Netzwerkarchitekturen und ihre jeweiligen Genauigkeitswerte. Sie werden feststellen, dass wir vergleichsweise schlecht abschneiden. Wir könnten das von uns erstellte Modell erweitern, um es tiefer zu gestalten – und das würde unsere Genauigkeit wahrscheinlich auch ein wenig erhöhen. Um jedoch eine nennenswerte Leistungssteigerung zu erzielen, müssten wir die Domäne wechseln. In der Audioverarbeitung können Sie nicht nur mit der reinen Wellenform arbeiten. In vielen Fällen bietet es sich an, in den *Frequenzbereich* zu wechseln. Bei dieser Darstellung wird die rohe Wellenform in eine Darstellung umgewandelt, die alle Tonfrequenzen zu einem bestimmten Zeitpunkt abbildet. Dadurch liefern wir einem neuronalen Netz möglicherweise mehr Informationen, da es in der Lage ist, direkt mit diesen Frequenzen zu arbeiten, anstatt herausfinden zu müssen, wie man das rohe Wellenformsignal in etwas umformt, das das Modell verwenden kann.

Schauen wir uns an, wie man mit *LibROSA* Frequenzspektrogramme erzeugt.

Mel-Spektrogramme

Um in den Frequenzbereich wechseln zu können, müssen wir in der Regel eine Fourier-Transformation des Audiosignals vornehmen. Wir gehen noch ein Stück weiter und erzeugen unsere Spektrogramme in der Mel-Skalierung. Die *Mel-Skala* definiert eine Skala von Tonhöhen, die im gleichen Abstand zueinander wahrgenommen werden (Anm. d. Übersetzers: z.B. doppelt so hoch), wobei 1.000 Hz als Referenzwert 1.000 mel zugeordnet sind. Diese Skala wird häufig bei der Audioverarbeitung verwendet, insbesondere bei Spracherkennungs- und Klassifizierungsanwendungen. Die Erstellung eines Mel-Spektrogramms mit *LibROSA* erfordert lediglich zwei Zeilen Code:

```
import librosa
import librosa.display

sample_data, sr = librosa.load("ESC-50/train/1-100032-A-0.wav", sr=None)
spectrogram = librosa.feature.melspectrogram(sample_data, sr=sr)
```

Das Ergebnis wird als NumPy-Array ausgegeben, in dem die Spektrogrammdaten enthalten sind. Wenn wir dieses Spektrogramm wie in Abbildung 6-4 darstellen, können wir die Frequenzen in unserem Ton sehen:

```
librosa.display.specshow(spectrogram, sr=sr, x_axis='time', y_axis='mel')
```

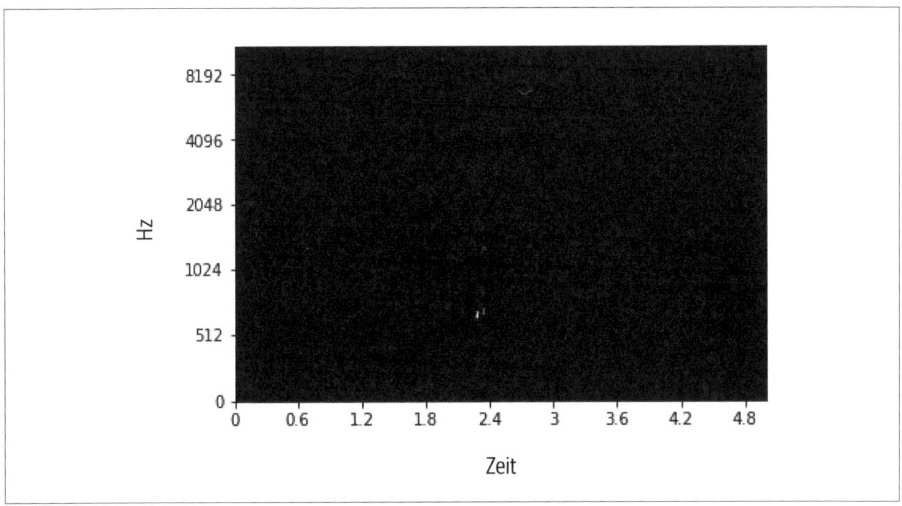

Abbildung 6-4: Mel-Spektrogramm

Allerdings sind nicht viele Informationen auf dem Bild zu erkennen. Das kriegen wir noch besser hin! Wenn wir das Spektrogramm in eine logarithmische Skalierung überführen, können wir bedeutend mehr von der Struktur des Tons sehen, da die Skala dann einen größeren Wertebereich abbilden kann. Glücklicherweise ist diese Reskalierung in der Audioverarbeitung durchaus üblich, sodass die *LibROSA*-Bibliothek bereits eine Methode dafür bereitstellt:

```
import numpy as np
log_spectrogram = librosa.power_to_db(spectrogram, ref=np.max)
```

Dadurch lassen wir einen Skalierungsfaktor von `10 * log10(spectrogram / ref)` berechnen. `ref` ist normalerweise auf den Wert `1.0` voreingestellt. Hier nehmen wir jedoch `np.max()` als Wert, damit der Quotient (`spectrogram / ref`) auf den Bereich `[0,1]` normiert ist. Abbildung 6-5 zeigt das neue Spektrogramm.

Wir haben ein logarithmisch skaliertes Mel-Spektrogramm erstellt! Mit der `shape`-Funktion (`log_spectrogram.shape`) können Sie feststellen, dass es sich um einen zweidimensionalen Tensor handelt. Das ergibt Sinn, schließlich haben wir ja mit dem Tensor die Schaubilder erstellt. Wir könnten die neuronale Netzwerkarchitektur anpassen und die transformierten Daten in das Modell einspeisen. Doch ich habe stattdessen einen ziemlich guten Trick in der Hinterhand. Im Grunde haben wir nur Bilder aus den Spektrogrammdaten erzeugt. Warum arbeiten wir einfach nicht mit diesen?

Das mag zunächst unsinnig erscheinen; schließlich haben wir die zugrunde liegenden Spektrogrammdaten, die präziser als ihre entsprechenden Bilddarstellungen sind (aus unserer Sicht ist die Information, dass ein Datenpunkt den Wert 58 und nicht 60 hat, detaillierter als beispielsweise die, dass es sich um einen anderen Farbton handelt, z.B. Violett). Würden wir komplett bei null beginnen müssen, wäre das definitiv der Fall. Wir haben jedoch vortrainierte Netzwerke wie ResNet und Inception zur Hand, die wir bereits *kennen* und die sich als erstaunlich gut darin erwiesen haben, Strukturen und andere Bestandteile in Bildern zu erkennen. Wir benötigen lediglich die Bilddarstellungen unserer Audiodaten, die wir in ein vortrainiertes Netzwerk speisen können. So können wir auch mit wenig Training eine enorme Verbesserung in der Genauigkeit erzielen, da wir erneut auf die Leistungsfähigkeit des Transfer Learning setzen. Dies könnte sich besonders bei unserem Datensatz als nützlich erweisen, da wir nicht allzu viele Trainingsbeispiele (nur 2.000!) haben, um unser Netzwerk zu trainieren.

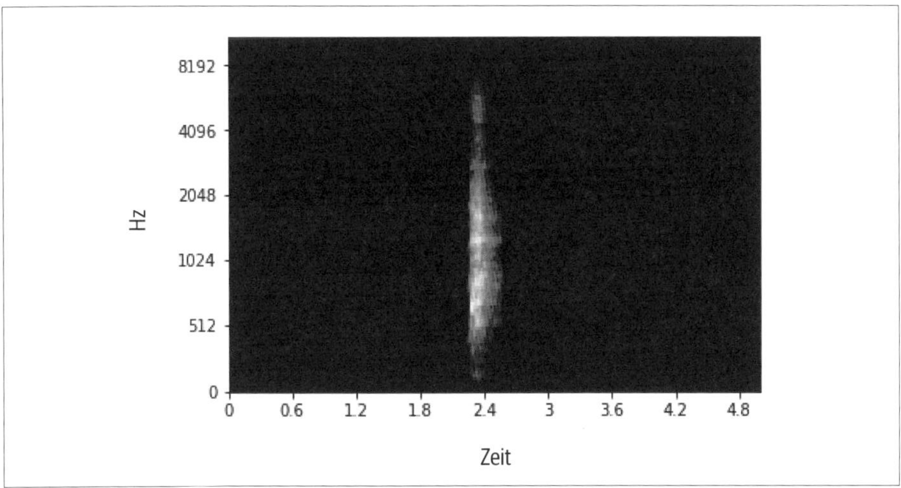

Abbildung 6-5: Logarithmiertes Mel-Spektrogramm

Dieser Trick kann bei verschiedensten Datensätzen zur Anwendung kommen. Wenn Sie einen Weg finden, Ihre Daten mit geringem Aufwand in eine Bilddarstellung zu überführen, lohnt es sich, dies zu tun und versuchsweise ein ResNet-Netzwerk zum Einsatz zu bringen, um eine erste Einschätzung davon zu erhalten, inwieweit Transfer Learning Ihnen weiterhelfen kann und welche Modellgenauigkeit Sie mit anderen Ansätzen überbieten müssen. Damit ausgerüstet, erstellen wir einen neuen Datensatz, der uns bei Bedarf entsprechende Bilder liefert.

Ein neuer Datensatz

Verwerfen Sie nun die ursprüngliche `ESC50`-`Dataset`-Klasse und erstellen Sie eine neue namens `ESC50Spectrogram`. Obwohl diese einen gewissen Teil des Codes mit der vorherigen Klasse gemeinsam haben wird, geht in dieser Version in der `__getitem__`-Methode eine ganze Menge mehr vor sich. Wir erzeugen das Spektrogramm mithilfe der *LibROSA*-Bibliothek und führen dann mit der `matplotlib`-Bibliothek ein paar ausgeklügelte Umformungen durch, um die Daten in ein NumPy-Array zu bringen. Anschließend fügen wir das Array in unsere Transformationspipeline ein (in der nur ToTensor verwendet wird) und erhalten wiederum das Array und das jeweilige Label zurück. Hier ist der Code:

```
import torchvision
from torchvision import transforms

class ESC50Spectrogram(Dataset):

    def __init__(self, path):
        files = Path(path).glob('*.wav')
        self.items = [ (f, int(f.name.split("-")[-1].replace(".wav","")))
                       for f in files ]
        self.length = len(self.items)
        self.img_transforms = transforms.Compose(
                                         [torchvision.transforms.ToTensor()]
        )

    def __getitem__(self, index):
        filename, label = self.items[index]
        audio_tensor, sample_rate = librosa.load(filename, sr=None)
        spectrogram = librosa.feature.melspectrogram(audio_tensor,
                                                     sr=sample_rate)
        log_spectrogram = librosa.power_to_db(spectrogram, ref=np.max)
        librosa.display.specshow(log_spectrogram, sr=sample_rate,
                                 x_axis='time', y_axis='mel')
        fig = plt.gcf()
        fig.canvas.draw()
        audio_data = np.frombuffer(fig.canvas.tostring_rgb(), dtype=np.uint8)
        audio_data = audio_data.reshape(
                                 fig.canvas.get_width_height()[::-1] + (3,)
        )
        return (self.img_transforms(audio_data), label)

    def __len__(self):
        return self.length
```

Diese Version der Dataset-Klasse verwenden wir nur für den Moment, da sie einen erheblichen Makel aufweist, den ich Ihnen mit Pythons process_time()-Methode und wenigen Zeilen Code veranschaulichen kann:

```
import time

train_esc50 = PATH_TO_ESC50 / "train"
oldESC50 = ESC50(train_esc50)
start_time = time.process_time()
oldESC50.__getitem__(33)
end_time = time.process_time()
old_time = end_time - start_time

newESC50 = ESC50Spectrogram(train_esc50)
start_time = time.process_time()
newESC50.__getitem__(33)
end_time = time.process_time()
new_time = end_time - start_time
```

```
old_time = 0.004786839000075815
new_time = 0.39544327499993415
```

Der Prozess dauert mit der neuen Klasse fast hundertmal so lang im Vergleich zu unserer ursprünglichen, bei der der Ton unverändert zurückgegeben wurde! Dadurch wird der Trainingsprozess unglaublich verlangsamt, und es könnten alle Vorteile zunichte gemacht werden, die wir uns aus dem Transfer-Learning-Ansatz versprechen dürfen.

Wir können ein paar Tricks anwenden, um die meisten unserer Schwachstellen auszumerzen. Der erste Ansatz bestünde darin, einen Cache hinzuzufügen, damit das erzeugte Spektrogramm im Speicher gehalten werden kann und nicht jedes Mal, wenn die `__getitem__`-Methode aufgerufen wird, neu erzeugt werden muss. Mit Pythons `functools`-Paket können wir das leicht bewerkstelligen:

```
import functools

class ESC50SpectrogramCache(Dataset):
    # __init__-Methode ausgeblendet

    @functools.lru_cache(maxsize=bs) # Batchgröße, hier 64
    def __getitem__(self, index):
```

Vorausgesetzt, Sie verfügen über genügend Speicherplatz, um den gesamten Inhalt des Datensatzes im Arbeitsspeicher (RAM) zu halten, kann Ihnen dieser Ansatz bereits weiterhelfen. Wir haben einen *am wenigsten kürzlich benutzten* Cache (engl. Least Recently Used Cache, LRU) eingerichtet, der den Inhalt so lange wie möglich im Speicher hält. Dabei werden Indizes, auf die in letzter Zeit nicht zugegriffen wurde, als erste aus dem Cache geworfen, sobald der Speicher knapp wird. Wenn Sie hingegen nicht über ausreichend Speicher verfügen, um alles zu speichern, werden Sie bei jeder Batchiteration auf spürbare Verlangsamungen stoßen, da aus dem Cache entfernte Spektrogramme erst erneut erstellt werden müssen.

Ich bevorzuge es, alle möglichen Diagramme im Voraus zu berechnen und zu speichern und dann eine neue benutzerdefinierte `Dataset`-Klasse zu erstellen, die diese Bilder von der Festplatte lädt. (Zur weiteren Beschleunigung können Sie dennoch den Dekorator für den LRU-Cache hinzufügen.)

Für die Vorberechnung brauchen wir nichts Ungewöhnliches zu tun. Wir müssen lediglich eine Methode schreiben, die die Diagramme in demselben Verzeichnis speichert, das sie auch durchläuft:

```
def precompute_spectrograms(path, dpi=50):
    files = Path(path).glob('*.wav')
    for filename in files:
        audio_tensor, sr = librosa.load(filename, sr=None)
        spectrogram = librosa.feature.melspectrogram(audio_tensor, sr=sr)
        log_spectrogram = librosa.power_to_db(spectrogram, ref=np.max)
        librosa.display.specshow(log_spectrogram,
                                 sr=sr, x_axis='time', y_axis='mel')
        plt.gcf().savefig("{}{}_{}.png".format(filename.parent, dpi,
                                               filename.name), dpi=dpi)
```

```
train_esc50 = PATH_TO_ESC50 / "train"
valid_esc50 = PATH_TO_ESC50 / "valid"

precompute_spectrograms(train_esc50)
precompute_spectrograms(valid_esc50)
```

Diese Methode ist einfacher als die bei unserer vorherigen Dataset-Klasse, da wir die savefig-Methode von matplotlib verwenden können, um die Diagramme direkt auf der Festplatte zu speichern, anstatt NumPy-Arrays manipulieren zu müssen. Zudem stellen wir einen zusätzlichen Eingabeparameter, dpi, bereit, der es uns erlaubt, die Qualität der erzeugten Ausgabe zu steuern. Führen Sie die Methode jeweils unter Verwendung der zuvor angelegten train-, test- und valid-Verzeichnisse aus (es wird vermutlich ein paar Stunden dauern, bis alle Bilder erstellt worden sind).

Jetzt benötigen wir nur noch eine weitere Dataset-Klasse, die für uns das Einlesen der Bilder übernimmt. Die bisherige DataLoader-Klasse aus den Kapiteln 2 bis 4 können wir nicht verwenden, da das PNG-Dateinamensschema nicht der verwendeten Verzeichnisstruktur entspricht. Macht nichts, wir können die Bilder auch einfach mit Pythons Bildverarbeitungsbibliothek PIL öffnen:

```
from PIL import Image

class PrecomputedESC50(Dataset):
    def __init__(self, path, dpi=50, img_transforms=None):
        files = Path(path).glob('{}{}*.wav.png'.format(path.name, dpi))
        self.items = [ (f, int(f.name.split("-")[-1].replace(".wav.png","")))
                       for f in files ]
        self.length = len(self.items)
        if img_transforms == None:
            self.img_transforms = transforms.Compose([transforms.ToTensor()])
        else:
            self.img_transforms = img_transforms

    def __getitem__(self, index):
        filename, label = self.items[index]
        img = Image.open(filename).convert('RGB')
        return (self.img_transforms(img), label)

    def __len__(self):
        return self.length
```

Dieser Code ist wesentlich einfacher. Hoffentlich spiegelt sich das auch in der Verarbeitungszeit wider:

```
start_time = time.process_time()
precESC50 = PrecomputedESC50(train_esc50)
precESC50.__getitem__(33)
end_time = time.process_time()
end_time - start_time
>> 0.0031465259999094997
```

Wir benötigen in etwa die gleiche Zeit wie beim ursprünglichen audiobasierten Ansatz, um ein Element aus dem Datensatz zu erhalten. Der Wechsel zum bildbasierten Ansatz kostet uns also keine zusätzliche Zeit mehr, abgesehen von dem einmaligen Zeitaufwand zur Vorberechnung aller Bilder vor Erstellung der Datenbank. Wir haben auch eine standardmäßige Transformationspipeline eingebunden, die ein Bild in einen Tensor umwandelt. Sie kann im Zuge der Initialisierung problemlos gegen eine andere Pipeline ausgetauscht werden. Nachdem wir nun etliche Optimierungen vorgenommen haben, können wir bezüglich unserer Aufgabenstellung endlich damit loslegen, Transfer Learning anzuwenden.

Ein vortrainiertes ResNet-Modell

Wie Sie vielleicht noch aus Kapitel 4 erinnern, nehmen wir beim Transfer Learning ein Modell, das bereits mit einem bestimmten Datensatz (im Fall von Bildern wahrscheinlich mit dem ImageNet-Datensatz) trainiert wurde, und stimmen es dann für unsere spezielle Datendomäne fein ab, im vorliegenden Fall den ESC-50-Datensatz, den wir in Spektrogrammbilder umgewandelt haben. Sie fragen sich vielleicht, ob ein Modell, das mit »normalen« Fotos trainiert wurde, von Nutzen für uns ist. Wie sich zeigt, *lernen* vortrainierte Modelle viele Strukturen, die sich auch auf Bereiche anwenden lassen, die auf den ersten Blick ganz anders erscheinen mögen. Nehmen wir wieder unseren Code aus Kapitel 4 und initialisieren das Modell:

```
from torchvision import models

spec_resnet = models.resnet50(pretrained=True)

for param in spec_resnet.parameters():
    param.requires_grad = False

spec_resnet.fc = nn.Sequential(nn.Linear(spec_resnet.fc.in_features,500),
                               nn.ReLU(),
                               nn.Dropout(), nn.Linear(500,50))
```

Damit initialisieren wir ein vortrainiertes (und eingefrorenes) `ResNet50`-Modell. Wir tauschen jedoch den hinteren Teil des Modells gegen ein noch nicht trainiertes `Sequential`-Modul aus, das als Ausgabe mit einer 50 Neuronen umfassenden `Linear`-Schicht endet, jeweils eins für jede der Kategorien im ESC-50-Datensatz. Wir müssen erneut eine `DataLoader`-Klasse erstellen, diesmal um unsere vorberechneten Spektrogramme einlesen zu können. Um den Anforderungen der vortrainierten ResNet-50-Architektur Genüge zu tun, normalisieren wir die eingehenden Bilder im Rahmen der Erstellung des ESC-50-Datensatzes wieder mit der auf das ImageNet bezogenen Standardabweichung und dem Mittelwert. Dazu passen wir unsere Transformationspipeline an:

```
esc50pre_train = PrecomputedESC50(PATH_ESC50_TRAIN,
                                  img_transforms=transforms.Compose([
                                      transforms.ToTensor(),
                                      transforms.Normalize(
                                          mean=[0.485, 0.456, 0.406],
                                          std=[0.229, 0.224, 0.225])]))
```

```
)

esc50pre_valid = PrecomputedESC50(PATH_ESC50_VALID,
                                  img_transforms=transforms.Compose([
                                      transforms.ToTensor(),
                                      transforms.Normalize(
                                          mean=[0.485, 0.456, 0.406],
                                          std=[0.229, 0.224, 0.225])])
)

esc50_train_loader = DataLoader(esc50pre_train, batch_size=bs, shuffle=True)
esc50_val_loader = DataLoader(esc50pre_valid, batch_size=bs, shuffle=True)
```

Nachdem wir mit der Formulierung unserer `DataLoader`-Klasse fertig sind, können wir uns auf die Suche nach einer passenden Lernrate begeben und uns auf den Trainingsvorgang vorbereiten.

Lernrate finden

Nun gilt es, eine Lernrate zu finden, die wir in unserem Modell verwenden können. Wie in Kapitel 4 speichern wir die initialen Parameter des Modells und verwenden unsere `find_lr()`-Funktion, um eine angemessene Lernrate für das Training zu finden. Abbildung 6-6 bildet die Höhe des Verlusts zu den jeweiligen Lernratenwerten ab.

```
spec_resnet.to(device)
torch.save(spec_resnet.state_dict(), "spec_resnet.pth")
loss_fn = nn.CrossEntropyLoss()
optimizer = optim.Adam(spec_resnet.parameters(), lr=lr)
logs,losses = find_lr(spec_resnet, loss_fn, optimizer, esc50_train_loader,
                      device=device)
plt.plot(logs, losses)
```

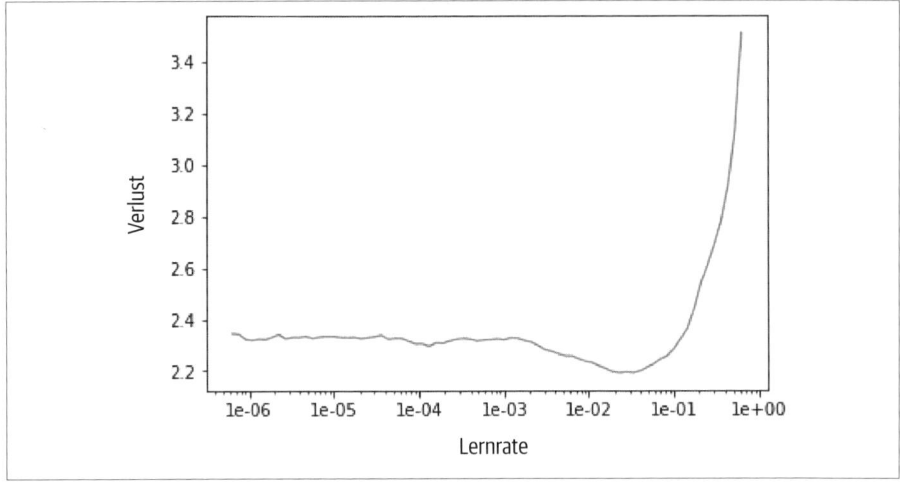

Abbildung 6-6: SpecResNet-Lernraten-Diagramm

Wenn wir den Zusammenhang zwischen der Höhe des Verlusts und der Lernrate betrachten, scheint eine Lernrate von `1e-2` einen guten Ausgangspunkt zu bieten. Da das ResNet-50-Modell tiefer als unser vorheriges ist, verwenden wir außerdem differenzielle Lernraten `[1e-2, 1e-4, 1e-8]`, wobei wir die niedrigste Lernrate für unseren Klassifikator (da er am meisten Training benötigt!) und höhere Raten für die bereits vortrainierte Grundstruktur verwenden. Als Optimierer nehmen wir erneut Adam. Sie können natürlich gern mit den anderen verfügbaren experimentieren.

Bevor wir zur Verwendung differenzieller Lernraten kommen, trainieren wir das Netzwerk für einige Epochen. Dabei werden lediglich die Gewichte des Klassifikators aktualisiert, da wir die Schichten des ResNet-50-Grundgerüsts »eingefroren« hatten:

```
spec_resnet.load_state_dict(torch.load("spec_resnet.pth"))
optimizer = optim.Adam(spec_resnet.parameters(), lr=1e-2)

train(spec_resnet, optimizer, nn.CrossEntropyLoss(),
      esc50_train_loader, esc50_val_loader, epochs=5, device=device)
```

Nun sorgen wir dafür, dass die eingefrorenen Schichten wieder trainierbar sind, und greifen dafür auf unsere differenziellen Lernraten zurück:

```
for param in spec_resnet.parameters():
    param.requires_grad = True

optimizer = optim.Adam([
                    {'params': spec_resnet.conv1.parameters()},
                    {'params': spec_resnet.bn1.parameters()},
                    {'params': spec_resnet.relu.parameters()},
                    {'params': spec_resnet.maxpool.parameters()},
                    {'params': spec_resnet.layer1.parameters(), 'lr': 1e-4},
                    {'params': spec_resnet.layer2.parameters(), 'lr': 1e-4},
                    {'params': spec_resnet.layer3.parameters(), 'lr': 1e-4},
                    {'params': spec_resnet.layer4.parameters(), 'lr': 1e-4},
                    {'params': spec_resnet.avgpool.parameters(), 'lr': 1e-4},
                    {'params': spec_resnet.fc.parameters(), 'lr': 1e-8}
                    ], lr=1e-2)

train(spec_resnet, optimizer, nn.CrossEntropyLoss(),
      esc50_train_loader, esc50_val_loader,
      epochs=20, device=device)

> Epoch 20, accuracy = 0.80
```

Wie Sie sehen können, übertreffen wir mit einer Validierungsgenauigkeit von etwa 80% bereits jetzt unser ursprüngliches `AudioNet`-Modell bei Weitem. Das große Potenzial des Transfer Learning kommt wieder einmal zum Tragen! Fühlen Sie sich frei, das Modell noch weitere Epochen zu trainieren, um festzustellen, ob sich die Genauigkeit Ihres Modells weiter verbessern lässt. In Bezug auf die ESC-50-Rangliste nähern wir uns der menschlichen Leistungsfähigkeit – und das bereits mit

ResNet-50. Sie könnten es ebenfalls mit ResNet-101 und gegebenenfalls einem Ensemble verschiedener Architekturen versuchen, um die Genauigkeit noch weiter nach oben zu treiben.

Wie sieht es mit den Möglichkeiten aus, Ihren Datensatz zu erweitern? Sehen wir uns einige an, mit denen wir in beiden Domänen, in denen wir in diesem Kapitel gearbeitet haben, verfahren können.

Datenaugmentation für Audiodaten

Im Rahmen von Kapitel 4 haben Sie gesehen, dass wir bei Bilddaten die Genauigkeit des Klassifikators verbessern können, indem wir Änderungen an den eingespeisten Bildern vornehmen. Wir hatten unsere Bilder gespiegelt, zugeschnitten und andere Transformationen durchgeführt und unser neuronales Netz während des Trainingsvorgangs dadurch intensiver trainiert. Am Ende hatten wir ein *verallgemeinerndes* Modell erhalten, das nicht einfach nur vollständig an die eingeführten Daten angepasst war (das Damoklesschwert der Überanpassung schwebt stets über unseren Köpfen). Können wir hier genauso vorgehen? Die Antwort lautet Ja! In der Tat gibt es zwei Ansätze, die wir verwenden können: einen offensichtlichen Ansatz, der mit der ursprünglichen Audiowellenform arbeitet, und einen vielleicht weniger naheliegenden, der aus unserer Entscheidung resultiert, einen ResNet-basierten Klassifikator für die Mel-Spektrogrammbilder zu verwenden. Widmen wir uns zuerst den Transformationen für unsere Audiodaten.

Transformationen mit torchaudio

In ähnlicher Weise wie das `torchvision`-Paket enthält auch `torchaudio` ein Modul `transforms`, mit dem wir Transformationen an den eingehenden Daten vornehmen können. Die Anzahl der integrierten Transformationen ist jedoch etwas spärlich, insbesondere im Vergleich zu der Fülle, die uns bei der Bearbeitung von Bildern zur Verfügung steht. Hinzu kommt, dass manche Transformationen im Rahmen der Weiterentwicklung des `torchaudio`-Pakets als eigenständige Transformationen abgelöst und in allgemeinere PyTorch-Methoden überführt werden.

Eine vollständige Auflistung aller enthaltenen Transformationsklassen finden Sie in der entsprechenden Dokumentation (*https://oreil.ly/d1kp6*). Sie können im Rahmen der Transformationsverkettung genauso in ein `Dataset`-Objekt eingebunden werden, wie wir es bereits im Zusammenhang mit den Bildtransformationen gesehen haben. Um zum Beispiel einen Einblendeeffekt vorzunehmen, würden wir `torchaudio.transforms.Fade` wie folgt verwenden:

```
tensor = ESC50(PATH_TO_ESC50 / "train").__getitem__(0)[0]
fade_in_transform = torchaudio.transforms.Fade(30)
faded_tensor = fade_in_transform(tensor)
```

Dadurch erzeugen wir eine kontinuierliche Einblendung (*Linear Fade*) über die ersten 30 Zeitschritte des Tensors mit unseren wellenförmigen Audiodaten. Mit `Fade` können Sie auch eine Ausblendung (*Fade-out*) spezifizieren und die Form der Ausblendung steuern (siehe *https://en.wikipedia.org/wiki/Fade_(audio_engineering)#Shapes* für eine detaillierte Beschreibung dazu, wie sich die verschiedenen Formen der Ausblendung auf Ihre Tondaten auswirken).

Sollten Sie jedoch auf der Suche nach Transformationen sein, die tatsächlich den Klang des Tons verändern (z. B. durch Hinzufügen eines Echos, eines Rauschens oder einer Veränderung des Tempos der Aufnahme), kommen Sie mit dem `torchaudio.transforms`-Modul nicht weiter. Stattdessen müssten Sie dann auf *SoX* zurückgreifen.

SoX-Effektketten

Warum es nicht direkt im `transforms`-Modul enthalten ist, kann ich nicht genau sagen. Die Methode `torchaudio.sox_effects.SoxEffectsChain` erlaubt es Ihnen dennoch, eine Kette aus einem oder mehreren *SoX*-Effekten zu erstellen und diese auf eine Eingabedatei anzuwenden. Die Schnittstelle erfordert jedoch etwas lästige Kleinstarbeit. Sehen wir uns die neue Version der `Dataset`-Klasse, bei der nun die Tonhöhe der Audiodatei verändert wird, einfach in Aktion an:

```
class ESC50WithPitchChange(Dataset):

    def __init__(self, path):
        # Liste mit Verzeichnissen aus dem Pfad erstellen.
        files = Path(path).glob('*.wav')
        # Iteriert über die Liste
        # und erstellt eine Liste mit Tupeln der Form (Dateiname, Label).
        self.items = [(f, f.name.split("-")[-1].replace(".wav",""))
                      for f in files]
        self.length = len(self.items)
        self.E = torchaudio.sox_effects.SoxEffectsChain()
        self.E.append_effect_to_chain("pitch", [0.5])

    def __getitem__(self, index):
        filename, label = self.items[index]
        self.E.set_input_file(filename)
        audio_tensor, sample_rate = self.E.sox_build_flow_effects()
        return audio_tensor, label

    def __len__(self):
        return self.length
```

In der `__init__`-Methode definieren wir eine neue Instanzvariable, `E`, als SoX-Effektkette (`SoxEffectsChain`), die alle Effekte enthält, die wir auf unsere Audiodaten anwenden möchten. Wir fügen ihr einen neuen Effekt hinzu, indem wir die `append_effect_to_chain`-Methode verwenden, wobei ein String, der den Namen des Effekts angibt, und eine Reihe weiterer Parameter an `sox` übergeben werden. Sie können sich eine Auflistung aller verfügbaren Effekte anzeigen lassen, indem Sie die Funktion `torchaudio.sox_effects.effect_names()` aufrufen. Sofern wir einen weiteren Effekt hinzufügen möchten, müssten wir diesen direkt hinter dem bereits implementierten Tonhöheneffekt integrieren. Wenn Sie also eine Liste von separaten Effekten erstellen und diese nach dem Zufallsprinzip anwenden möchten, müssten Sie für jeden einzelnen Effekt eine separate Kette erstellen.

Der Schritt, bei dem ein Element ausgewählt und zum `DataLoader` weitergeleitet wird, gestaltet sich nun ein wenig anders. Anstatt die `torchaudio.load()`-Funktion zu nutzen, beziehen wir uns auf unsere Effektkette und verweisen mit `set_input_file` auf die entsprechende Datei. Beachten Sie, dass dadurch nicht die Datei geladen wird! Stattdessen müssen wir die Funktion `sox_build_flow_effects()` verwenden, die *SoX* im Hintergrund startet, die in der Kette festgelegten Effekte anwendet und anschließend den Tensor und die Abtastrate zurückgibt, die wir sonst mithilfe der `load()`-Funktion erhalten haben.

SoX bietet eine enorme Fülle an Effekten. Ich gehe hier nicht näher auf alle möglichen Effekte ein. Stattdessen schlage ich vor, dass Sie einen Blick in die *SoX*-Dokumentation (*https://oreil.ly/uLBTF*) in Verbindung mit dem Aufruf der `list_effects()`-Funktion werfen, um die unzähligen Möglichkeiten zu entdecken.

Mit all den Transformationen können wir den ursprünglichen Ton verändern. Doch wir haben in diesem Kapitel nicht umsonst so viel Zeit damit verbracht, eine Verarbeitungspipeline aufzubauen, die Bilder mit Mel-Spektrogrammen erzeugt. Wir könnten darauf zurückkommen und den anfänglichen Datensatz für diese Pipeline dadurch erzeugen, dass wir geänderte Tonschnitte erstellen und dann aus diesen die Spektrogramme bauen. Würden wir so vorgehen, gäbe es eine Unmenge an Daten, die zur Laufzeit vermischt werden müssten. Glücklicherweise können wir einige Transformationen an den Spektrogrammen selbst vornehmen.

SpecAugment

Nun denken Sie vielleicht an dieser Stelle: »Moment, diese Spektrogramme sind nur Bilder! Wir könnten doch jede beliebige Bildtransformation darauf anwenden!« Jawohl! Der Punkt geht an Sie. Doch wir müssen ein wenig Vorsicht walten lassen. Zum Beispiel ist es möglich, dass bei einem zufälligen Zuschnitt so viele Frequenzen herausgeschnitten werden, dass er möglicherweise einer anderen Ausgabekategorie zuzuordnen wäre. In unserem ESC-50-Datensatz ist dies ein eher geringes Problem, doch wenn Sie etwas wie Spracherkennung modellieren würden, müssten Sie es beim Datenaugmentationsschritt auf jeden Fall berücksichtigen. Da wir wissen, dass alle Spektrogramme die gleiche Struktur haben (es wird immer ein Frequenzdiagramm sein!), ist ein weiterer, faszinierender Ansatz möglich: Wir könnten bildbasierte Transformationen erstellen, die speziell auf diese Struktur zugeschnitten sind.

Im Jahr 2019 hat Google einen Artikel zum Thema Datenaugmentation im Bereich der Spracherkennung (SpecAugment) veröffentlicht,[3] in dem die auf neueste Methoden basierenden Ergebnisse für eine Vielzahl von Datensätzen dargelegt wurden. Das Team erzielte diese Ergebnisse durch den Einsatz von drei neuen Datenaugmentationsverfahren, die sie direkt auf Mel-Spektrogramme angewandt haben: Zeitnormierung (engl. Time Warping), Frequenzmaskierung (engl. Frequency Masking) und Zeitmaskierung (engl. Time Masking). Wir werden uns nicht mit der Zeitnormierung befassen, weil der daraus resultierende Nutzen gering ist. Stattdessen befassen wir uns eingehender mit der Zeit- und der Frequenzmaskierung und entwickeln hierfür individuell gestaltete Transformationen.

Frequenzmaskierung

Bei der *Frequenzmaskierung* wird zufällig eine Frequenz oder eine Reihe von Frequenzen aus unserer Audioeingabe entfernt. Auf diese Weise soll das Modell effektiver arbeiten können; es kann sich eine Eingabe und ihre entsprechende Kategorie nicht einfach *merken*, da die Eingabe in jedem Batch von unterschiedlichen Frequenzen überlagert wird. Dadurch ist das Modell darauf angewiesen, andere Merkmale zu erlernen, mit denen es die Eingabe einer Kategorie zuordnen kann. Das sollte hoffentlich auch bei unserem Modell dazu beitragen, dass sich die Genauigkeit verbessert.

In unseren Mel-Spektrogrammen kommt das dadurch zum Ausdruck, dass für diese Frequenz zu keinem Zeitpunkt etwas im Spektrogramm erscheint. Abbildung 6-7 zeigt, wie dabei im Wesentlichen eine blanke Linie über ein natürliches Spektrogramm gezogen wird.

Hier nun der Code für eine benutzerdefinierte `transforms`-Klasse, die eine Frequenzmaskierung implementiert:

```
import random

class FrequencyMask(object):
    """
      Beispiel:
        >>> transforms.Compose([
        >>>     transforms.ToTensor(),
        >>>     FrequencyMask(max_width=10, use_mean=False),
        >>> ])

    """

    def __init__(self, max_width, use_mean=True):
        self.max_width = max_width
        self.use_mean = use_mean

    def __call__(self, tensor):
```

3 Siehe »SpecAugment: A Simple Data Augmentation Method for Automatic Speech Recognition« (*https://arxiv.org/abs/1904.08779*) von Daniel S. Park et al. (2019).

```
        """
        Args:
            tensor (Tensor): Tensordarstellung des Bilds der
            Form (Kanal, Höhe, Breite), auf die die Frequenzmaskierung
            angewandt werden soll.

        Returns:
            Tensor: Transformiertes Bild mit Frequenzmaskierung.
        """
        start = random.randrange(0, tensor.shape[2])
        end = start + random.randrange(1, self.max_width)
        if self.use_mean:
            tensor[:, start:end, :] = tensor.mean()
        else:
            tensor[:, start:end, :] = 0
        return tensor

    def __repr__(self):
        format_string = self.__class__.__name__ + "(max_width="
        format_string += str(self.max_width) + ")"
        format_string += 'use_mean=' + (str(self.use_mean) + ')')

        return format_string
```

Wenn ein Objekt der Klasse aufgerufen wird, ruft PyTorch die `__call__`-Methode mit der Tensordarstellung des Bilds auf (dementsprechend müssen wir die Transformation in der `Compose`-Pipeline aufrufen, bevor das Bild in einen Tensor umgewandelt wird, nicht danach). Wir gehen davon aus, dass der Tensor im Format *Kanal* × *Höhe* × *Breite* (engl. *channels* × *height* × *width*) vorliegt. Wir möchten die Höhenwerte auf einen kleinen Bereich begrenzen und setzen sie entweder ganz auf null oder auf den Mittelwert des Bilds (da wir logarithmierte Mel-Spektrogramme verwenden, sollte der Mittelwert gleich null sein – wir berücksichtigen beide Varianten, sodass Sie selbst ausprobieren können, welche besser funktioniert). Der Bereich wird durch den `max_width`-Parameter angegeben, und unsere resultierende Pixelmaskierung soll zwischen 1 und `max_pixels` breit sein. Wir müssen auch einen zufälligen Startpunkt für die Maskierung wählen, wofür die `start`-Variable gedacht ist. Schließlich der komplizierte Teil dieser Transformation – wir führen unsere Maskierung durch:

```
tensor[:, start:end, :] = tensor.mean()
```

Wenn wir den Ausdruck gedanklich zerlegen, ist er nicht mehr ganz so schwer nachvollziehbar. Unser Tensor hat drei Dimensionen. Wir möchten die Transformation auf alle roten, grünen und blauen Farbkanäle anwenden – das erste `:`-Zeichen benutzen wir also, um alle Werte in dieser Dimension auszuwählen. Mit `start:end` wählen wir den Höhenbereich aus, den wir mit dem gewünschten Wert überschreiben möchten. Mit dem zweiten `:`-Zeichen wählen wir alle Werte für die Breite aus, da wir die Maskierung über jeden Zeitschritt legen möchten. Auf der rechten Seite des Ausdrucks legen wir den gewünschten Wert fest, in diesem Fall das arithmetische Mittel (`tensor.mean()`). Nehmen wir einen zufälligen Tensor aus dem ESC-50-Datensatz und transformieren wir ihn mithilfe unserer neu definierten Klasse, um zu sehen, ob wir die gewünschte Maskierung herbeiführen können (siehe Abbildung 6-7).

```
transforms.Compose([FrequencyMask(max_width=10, use_mean=False),
                    transforms.ToPILImage()])(torch.rand(3, 250, 200))
```

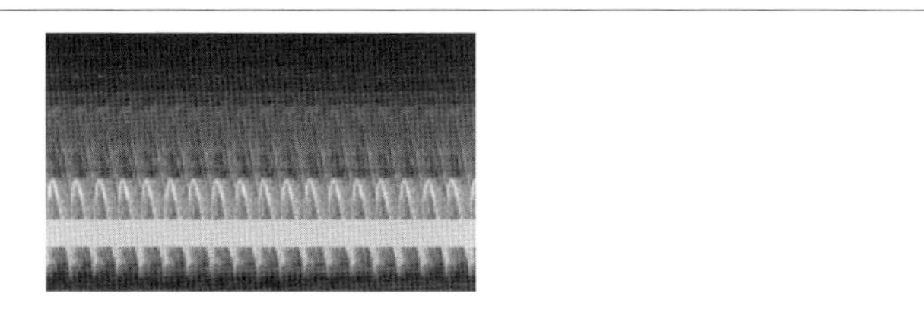

Abbildung 6-7: Frequenzmaskierung bei einem zufälligen Beispiel aus dem ESC-50-Datensatz

Richten wir nun unser Augenmerk auf die Zeitmaskierung.

Zeitmaskierung

Die *Zeitmaskierung* funktioniert wie die Frequenzmaskierung, allerdings auf die zeitliche Dimension bezogen. Demensprechend ist auch der Code sehr ähnlich:

```
class TimeMask(object):
    """
      Example:
        >>> transforms.Compose([
        >>>     transforms.ToTensor(),
        >>>     TimeMask(max_width=10, use_mean=False),
        >>> ])

    """

    def __init__(self, max_width, use_mean=True):
        self.max_width = max_width
        self.use_mean = use_mean

    def __call__(self, tensor):
        """
        Args:
            tensor (Tensor): Tensordarstellung des Bilds der
            Form (Kanal, Höhe, Breite), auf die die Zeitmaskierung
            angewandt werden soll.

        Returns:
            Tensor: Transformiertes Bild mit Zeitmaskierung.
        """
        start = random.randrange(0, tensor.shape[1])
        end = start + random.randrange(0, self.max_width)
        if self.use_mean:
            tensor[:, :, start:end] = tensor.mean()
        else:
            tensor[:, :, start:end] = 0
```

```
        return tensor

    def __repr__(self):
        format_string = self.__class__.__name__ + "(max_width="
        format_string += str(self.max_width) + ")"
        format_string += 'use_mean=' + (str(self.use_mean) + ')')
        return format_string
```

Wie Sie sehen können, ähnelt diese der Frequenzmaskierungsklasse. Der einzige Unterschied besteht darin, dass unsere `start`-Variable jetzt den Beginn des Maskierungsbereichs auf der vertikal verlaufenden Achse festsetzt. Die Maskierung wird durch folgenden Ausdruck vollzogen:

```
tensor[:, :, start:end] = 0
```

Dieser hat zur Folge, dass wir alle Werte der ersten beiden Dimensionen unseres Tensors hinsichtlich des `start:end`-Bereichs der letzten Dimension maskieren. Wählen Sie erneut zufällig einen Tensor des ESC-50-Datensatzes aus, um zu überprüfen, ob die Maskierung korrekt vonstattengeht (Abbildung 6-8).

```
transforms.Compose([TimeMask(max_width=10, use_mean=False),
                    transforms.ToPILImage()])(torch.rand(3, 250, 200))
```

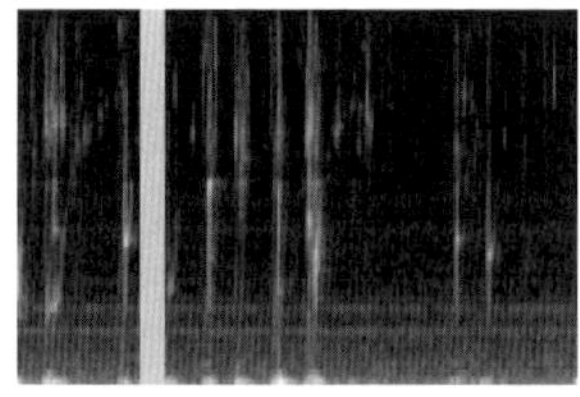

Abbildung 6-8: Zeitmaskierung bei einem zufälligen Beispiel aus dem ESC-50-Datensatz

Um das Thema Datenaugmentationsstrategien abzurunden, möchte ich Ihnen noch eine Transformationsklasse vorstellen, bei der sichergestellt wird, dass eine oder beide Maskierungen auf ein Spektrogrammbild angewandt werden:

```
class PrecomputedTransformESC50(Dataset):
    def __init__(self, path, max_freqmask_width, max_timemask_width,
                 use_mean=True, dpi=50):
        files = Path(path).glob('{}*.wav.png'.format(dpi))
        self.items = [ (f, f.name.split("-")[-1].replace(".wav.png",""))
                       for f in files ]
        self.length = len(self.items)
        self.max_freqmask_width = max_freqmask_width
        self.max_timemask_width = max_timemask_width
        self.use_mean = use_mean
        self.img_transforms = transforms.Compose([
            transforms.ToTensor(),
            transforms.RandomApply([
                        FrequencyMask(self.max_freqmask_width, self.use_mean)],
                                   p=0.5),
            transforms.RandomApply([
```

```
                                TimeMask(self.max_timemask_width, self.use_mean)],
                                       p=0.5)
        ])

    def __getitem__(self, index):
        filename, label = self.items[index]
        img = Image.open(filename)
        return (self.img_transforms(img), label)

    def __len__(self):
        return self.length
```

Versuchen Sie selbst, den Trainingsvorgang mit dieser Datenaugmentationstechnik erneut anzustoßen und zu sehen, ob Sie wie Google mit Maskierungen eine bessere Genauigkeit erzielen. Gibt es vielleicht noch andere Möglichkeiten, die Genauigkeit auf dem Datensatz zu verbessern?

Weitere Experimente

Bislang haben wir zwei neuronale Netzwerke erstellt, um Töne aus dem ESC-50-Datensatz zu klassifizieren: eines auf Basis der reinen Audiowellenform und das andere auf Basis von Bildern mit Mel-Spektrogrammen. Auch wenn wir gesehen haben, dass das ResNet-basierte Modell unter Verwendung von Transfer Learning akkurater ist, wäre es ein interessantes Experiment, beide Netzwerke zu kombinieren und zu beobachten, ob dies eine Erhöhung oder eine Verringerung der Genauigkeit zur Folge hat. Sie könnten hierzu den Ensemble-Ansatz aus Kapitel 4 verfolgen: einfach die Vorhersagen zusammenfassen und mitteln. Außerdem haben wir bisher nicht weiter die Idee verfolgt, ein Netzwerk auf Grundlage der Rohdaten, die wir aus den Spektrogrammen erhalten, aufzubauen. Könnte ein Modell, das mit diesen Daten arbeitet, die Gesamtgenauigkeit erhöhen, wenn es in ein Ensemble integriert wird? Des Weiteren könnten wir auch andere Versionen der ResNet-Architektur verwenden. Ebenso könnten wir neue Architekturen entwickeln, die verschiedene vortrainierte Modelle wie VGG oder Inception als Grundgerüst verwenden. Probieren Sie am besten mehrere dieser verschiedenen Ansätze aus und beobachten Sie, was passiert; in meinen Experimenten verbessert SpecAugment die ESC-50-Klassifizierungsgenauigkeit um etwa 2 %.

Zusammenfassung

In diesem Kapitel haben wir zwei sehr unterschiedliche Strategien zur Klassifizierung von Audiodaten verfolgt, einen kurzen Einstieg in das `torchaudio`-Paket unternommen und gesehen, wie man Transformationen von Datensätzen vorab berechnen lassen kann, wenn sie sich, bedingt durch den Dateneinlesevorgang (*on-the-fly*), negativ auf die Trainingsdauer auswirken würden. Außerdem haben wir zwei Ansätze zur Datenaugmentation inspiziert. Ein netter Nebeneffekt war, dass wir dabei ein bildbasiertes Modell mithilfe des Transfer Learning trainieren und relativ zügig einen Klassifikator entwickeln konnten, mit dem wir eine im Vergleich zu anderen Modellen auf der ESC-50-Rangliste akzeptable Genauigkeit erreichen konnten.

Damit ist unsere Rundreise durch die Welt der Bild-, Text- und Audioverarbeitung vorerst beendet. Wir werden zu allen dreien in Kapitel 9 zurückkehren, wenn wir uns einige auf PyTorch basierende Anwendungen ansehen. Als Nächstes kommen wir darauf zu sprechen, wie man Modelle debuggen kann, wenn sie nicht korrekt oder nicht schnell genug trainieren.

Weiterführende Literatur

- »Interpreting and Explaining Deep Neural Networks for Classification of Audio Signals« (*https://arxiv.org/abs/1807.03418*) von Sören Becker et al. (2018)
- »CNN Architectures for Large-Scale Audio Classification« (*https://arxiv.org/abs/1609.09430v2*) von Shawn Hershey et al. (2016)

KAPITEL 7

PyTorch-Modelle debuggen

Im Verlauf des Buchs haben wir bisher zahlreiche Modelle erstellt. In diesem Kapitel werfen wir nun einen Blick darauf, wie sie interpretierbarer zu gestalten sind und was sich im Hintergrund abspielt. Wir sehen uns an, wie man mit sogenanntem Class Activation Mapping unter Nutzung von PyTorch-Hooks die Entscheidungsfindung eines Modells nachvollziehen kann und wie man PyTorch zu Debugging-Zwecken mit Googles TensorBoard verbindet. Zudem erfahren Sie, wie Flammendiagramme eingesetzt werden können, um mögliche Probleme bei Transformationen und in Trainingspipelines zu identifizieren. Ich gebe Ihnen in diesem Zusammenhang ein funktionierendes Beispiel zur Geschwindigkeitsoptimierung einer langsamen Transformation zur Hand. Schließlich sehen wir uns an, wie Sie bei der Verwendung größerer Modelle mithilfe von *Checkpoints* mehr Speicherkapazität zulasten der Rechenleistung erlangen können. Zunächst jedoch eine kurze Anmerkung zu Ihren Daten.

3 Uhr morgens. Wie steht es um Ihre Daten?

Bevor wir uns all den brillanten Möglichkeiten wie TensorBoard oder Gradient-Checkpointing zuwenden und dabei riesige Modelle auf eine einzige GPU bringen, stellen Sie sich zunächst die folgende Frage: Haben Sie einen ausreichenden Überblick über Ihre Daten? Ist Ihre Stichprobe hinsichtlich aller vorhandenen Labels ausgewogen, wenn Sie die Eingaben klassifizieren? Ist das nicht nur für den Trainings-, sondern auch für den Validierungs- und den Testdatensatz der Fall?

Sind Sie darüber hinaus davon überzeugt, dass Ihre Labels *korrekt* sind? Ein paar wichtige bildbasierte Datensätze wie MNIST und CIFAR-10 (*Canadian Institute for Advanced Research*) sind dafür bekannt, dass sie einige wenige falsche Labels enthalten. Sie sollten Ihre Daten überprüfen, insbesondere dann, wenn Kategorien einander ähnlich sind, wie etwa Hunderassen oder Pflanzensorten. Ein kurzer Check Ihrer Daten kann Ihnen eine erhebliche Zeitersparnis bringen, wenn Sie beispielsweise feststellen, dass eine Kategorie von Labels nur sehr kleine Bilder enthält, während alle anderen Kategorien Bilder in hoher Auflösung beinhalten.

Sobald Sie sich ausreichend vergewissert haben, dass Ihre Daten in einwandfreiem Zustand sind, können wir auf TensorBoard zu sprechen kommen und einige mögliche Probleme in Ihrem Modell erörtern.

TensorBoard

TensorBoard ist eine Webanwendung zur Visualisierung verschiedener Aspekte neuronaler Netze. Sie ermöglicht die einfache Echtzeitanzeige von Statistiken wie Genauigkeit, Aktivierungswerte von Verlustfunktionen und wirklich alles, was Sie durch das Netz schicken möchten. Obwohl es für TensorFlow konzipiert wurde, verfügt es über eine so agnostische und unkomplizierte Schnittstelle, dass sich damit die Arbeit in PyTorch nicht so sehr von der in TensorFlow unterscheidet.

Wenn Sie sich bereits zuvor mit PyTorch beschäftigt haben, werden Sie vielleicht auf eine Anwendung namens Visdom (*https://oreil.ly/rZqv2*) gestoßen sein. Sie stellt Facebooks Alternative zu TensorBoard dar. Für PyTorch-Nutzer bestand bis zu Version 1.1 der gängige Weg, Visualisierungen zu erhalten, darin, Visdom zu verwenden, wohingegen für TensorBoard Bibliotheken von Drittanbietern wie `tensorboardX` zur Integration bereitstanden. Während Visdom weiterhin unterstützt wird, deutet die offizielle TensorBoard-Integration ab Version 1.1 darauf hin, dass die Entwickler von PyTorch erkannt haben, dass TensorBoard das De-facto-Visualisierungswerkzeug für neuronale Netze ist.

TensorBoard installieren

Die Installation von TensorBoard kann entweder mit dem `pip`- oder dem `conda`-Befehl durchgeführt werden:

```
pip install tensorboard
conda install tensorboard
```

PyTorch erfordert TensorBoard in Version 1.14 oder höher.

TensorBoard wird dann über die Kommandozeile gestartet:

```
tensorboard --logdir=runs
```

Anschließend können Sie in Ihren Browser wechseln und die Adresse *http://localhost:6006* eingeben.[1] Sie sollten nun den Begrüßungsbildschirm wie in Abbildung 7-1 sehen können. Jetzt gilt es noch, die Daten an TensorBoard zu übermitteln.

---

1 Anm. d. Übersetzers: die Adresse wird nach Befehlseingabe auch als Link in Ihrem Kommandozeilentool ausgegeben.

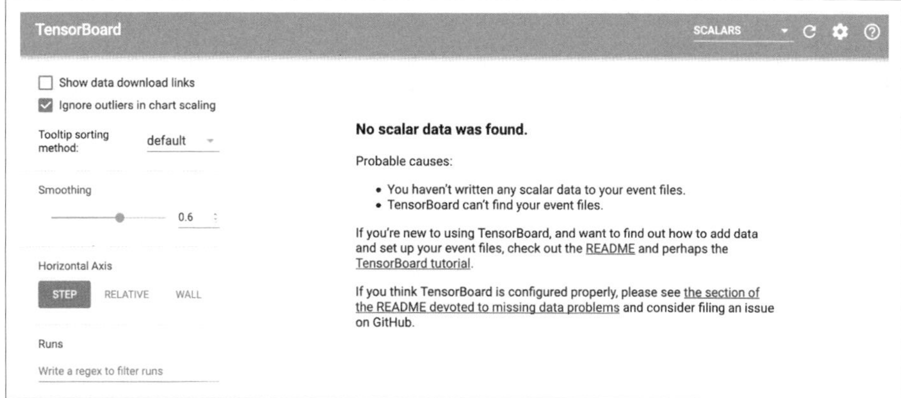

Abbildung 7-1: TensorBoard

Daten an TensorBoard übermitteln

Um TensorBoard mit PyTorch verwenden zu können, greifen wir auf das Modul `torch.utils.tensorboard` zurück:

```
from torch.utils.tensorboard import SummaryWriter
writer = SummaryWriter()
writer.add_scalar('example', 3)
```

Um mit TensorBoard zu kommunizieren, verwenden wir die Klasse `SummaryWriter`. Als Pfad für die Ausgabeprotokollierung nehmen wir *./runs*. Wir können einen Skalar übermitteln, indem wir die `add_scalar`-Methode mit einem *Tag* versehen. Da die `SummaryWriter`-Klasse asynchron arbeitet, kann dies einen Moment dauern. Schließlich sollten Sie sehen, wie TensorBoard aktualisiert wird (siehe Abbildung 7-2).

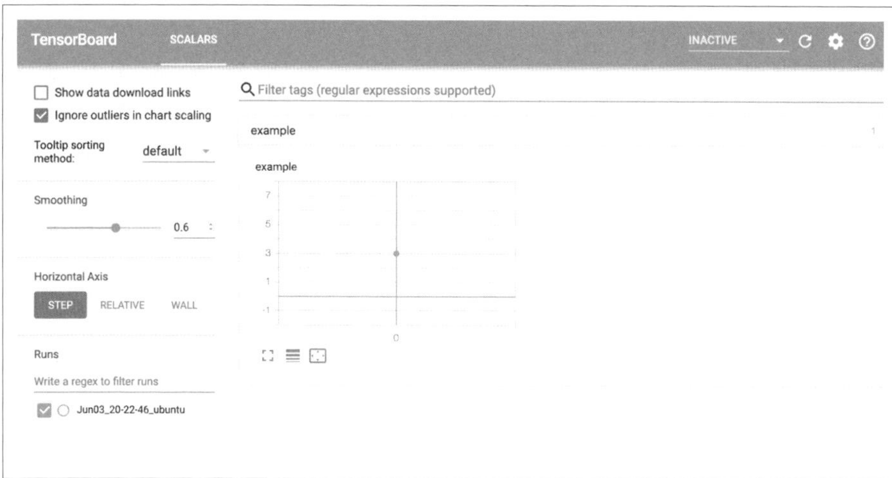

Abbildung 7-2: Ein Beispieldatenpunkt in TensorBoard

Nicht besonders aufregend, oder? Formulieren wir eine Programmschleife, die, ausgehend von einem anfänglichen Startwert von 10, kontinuierlich Aktualisierungen an TensorBoard sendet:

```
import random
value = 10
writer.add_scalar('test_loop', value, 0)
for i in range(1, 10000):
    value += random.random() - 0.5
    writer.add_scalar('test_loop', value, i)
```

Wie in Abbildung 7-3 zu sehen ist, gibt uns TensorBoard den zeitlichen Verlauf des Random Walk (eines zufälligen nicht stationären Prozesses) wieder, den wir mit unserer Schleife definiert haben. Wenn wir den Code erneut ausführen, sehen wir in TensorBoard einen aktualisierten, anderen zeitlichen Verlauf eines Random Walk. Mit der Auswahl auf der linken Seite der Webseite können wir bestimmen, ob wir alle unserer Durchläufe oder nur bestimmte in Augenschein nehmen möchten.

Abbildung 7-3: Visualisierung eines Random Walk in TensorBoard

Durch TensorBoard können wir auf den `print`-Befehl in der Trainingsschleife verzichten. Außerdem können wir das Modell an TensorBoard übermitteln, um es uns visualisieren zu lassen!

```
import torch
import torchvision
from torch.utils.tensorboard import SummaryWriter
```

```
from torchvision import datasets, transforms, models

writer = SummaryWriter()
model = models.resnet18(False)
writer.add_graph(model,torch.rand([1,3,224,224]))

def train(model, optimizer, loss_fn,
          train_data_loader, test_data_loader, epochs=20):
    model = model.train()
    iteration = 0

    for epoch in range(epochs):
        model.train()
        for batch in train_loader:
            optimizer.zero_grad()
            input, target = batch
            output = model(input)
            loss = loss_fn(output, target)
            writer.add_scalar('loss', loss, epoch)
            loss.backward()
            optimizer.step()

        model.eval()
        num_correct = 0
        num_examples = 0
        for batch in val_loader:
            input, target = batch
            output = model(input)
            correct = torch.eq(torch.max(F.softmax(output, dim=1), dim=1)[1],
                               target)
            num_correct += torch.sum(correct).item()
            num_examples += correct.shape[0]
        writer.add_scalar('accuracy', num_correct / num_examples, epoch)
        iterations += 1
```

Mithilfe der add_graph()-Funktion übermitteln wir sowohl einen Tensor, der in unser Modell gespeist wird, als auch das Modell selbst. Sobald das geschehen ist, sollte in TensorBoard, wie in Abbildung 7-4 abgebildet, ein zusätzlicher GRAPHS-Menüpunkt erscheinen. Durch Anklicken des großen ResNet-Blocks können Sie weitere Details der Modellstruktur einsehen.

Wir haben nun die Möglichkeit, Genauigkeits- und Verlustinformationen sowie die Modellstruktur an TensorBoard zu übermitteln. Durch die Aggregation von Genauigkeits- und Verlustinformationen mehrerer Durchläufe können wir festhalten, ob sich in einem bestimmten Durchlauf etwas von anderen unterscheidet. Dies ist insbesondere dann ein nützlicher Anhaltspunkt, wenn wir herausfinden möchten, warum ein Trainingsdurchlauf schlechte Ergebnisse lieferte. Wir kehren in Kürze zu TensorBoard zurück. Sehen wir uns zunächst jedoch eine weitere Möglichkeit an, die PyTorch zum Debuggen zur Verfügung stellt.

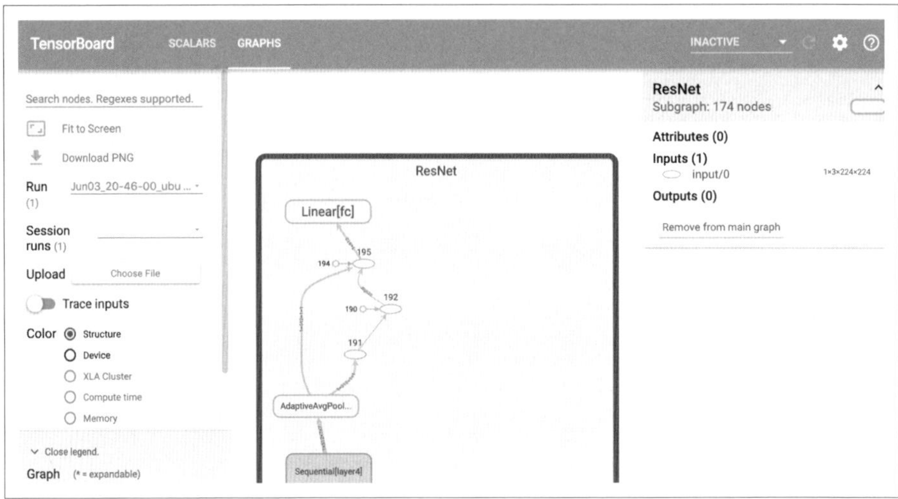

Abbildung 7-4: Ein ResNet-Modell visualisieren

Hooks in PyTorch

In PyTorch können Sie auf sogenannte *Hooks* zurückgreifen – das sind Funktionen, die beim Vorwärts- oder Rückwärtsdurchlauf (engl. Forward/Backward Pass) entweder an einen Tensor oder an ein Modul gebunden werden können – also im Rahmen der `forward()`-Methode, bei der die Eingaben Schicht für Schicht vorwärts gerichtet durch das Netzwerk geleitet werden, oder im Rahmen der Fehlerrückführung, die wir mit der `backward()`-Methode implementieren. Sobald PyTorch im Laufe eines Durchlaufs auf ein Modul mit Hooks trifft, werden diese aufgerufen. Ein für einen Tensor hinterlegter Hook wird aufgerufen, sobald sein Gradient berechnet wird.

Hooks können sehr wirkungsvolle Hilfsmittel zur Bearbeitung von Modulen und Tensoren sein: Durch die Implementierung von Hooks besitzen Sie die Möglichkeit, Daten, die in den Hook einfließen, vollständig verändert aus diesem zu erhalten. Sie könnten den Gradienten ändern, Aktivierungen ausblenden, alle Bias-Neuronen im Modell ersetzen und so weiter. In diesem Kapitel werden wir jedoch die Möglichkeit erörtern, Informationen über das Netzwerk zu erhalten, während die Daten durch das Netzwerk strömen.

Einen Forward-Hook können wir mittels `register_forward_hook` in einem bestimmten Teil des Modells einbinden, z. B. wie folgt in einem ResNet-18-Modell:

```
def print_hook(module, input, output):
    print(f"Shape of input is {input[0].shape}")

model = models.resnet18()
model.eval()
hook_ref = model.fc.register_forward_hook(print_hook)
model(torch.rand([1,3,224,224]))
```

```
hook_ref.remove()
model(torch.rand([1,3,224,224]))
```

Wenn Sie diesen Code ausführen, sollten Sie eine Textausgabe erhalten, die die Form der Eingabe wiedergibt, die in die Klassifizierungsschicht (`Linear`) geleitet wird. Beachten Sie, dass Sie beim zweiten Aufruf von `model(torch.rand([1,3,224, 224]))` (wenn Sie einen zufälligen Tensor in das Modell einspeisen) keine `print`-Ausgabe sehen sollten. Wenn wir einen Hook zu einem Modul oder einem Tensor hinzufügen, gibt PyTorch einen Verweis auf diesen Hook zurück. Wir sollten diesen Verweis immer speichern (hier tun wir das durch die Zuweisung zu `hook_ref`) und nach Beendigung die `remove()`-Funktion aufrufen. Wenn Sie den Verweis nicht speichern, »hängt« er nur herum und nimmt wertvollen Speicherplatz in Anspruch (und verschwendet möglicherweise Rechenressourcen während des Durchlaufs). Backward-Hooks funktionieren auf die gleiche Weise, außer dass Sie stattdessen die Funktion `register_backward_hook()` nehmen müssten.

Wenn wir etwas mit dem `print()`-Befehl ausgeben lassen können, dann können wir es natürlich auch an TensorBoard schicken! Sehen wir uns an, wie wir sowohl Hooks als auch TensorBoard verwenden können, um während des Trainingsprozesses wichtige Statistiken über unsere Schichten zu erhalten.

Mittelwert und Standardabweichung visualisieren

Zu Beginn richten wir eine Funktion ein, die TensorBoard den Mittelwert und die Standardabweichung einer Ausgabeschicht übermittelt:

```
def send_stats(i, module, input, output):
    writer.add_scalar(f"{i}-mean", output.data.mean())
    writer.add_scalar(f"{i}-stddev", output.data.std())
```

Dies allein reicht noch nicht, um einen Forward-Hook einzurichten. Aber mithilfe der Python-Funktion `partial()` können wir eine Reihe von Forward-Hooks erstellen, die in eine Schicht mit einem vorgegebenen Indexwert `i` eingebunden werden, der sicherstellt, dass die richtigen Werte an die richtigen Graphen in TensorBoard weitergeleitet werden:

```
from functools import partial

for i,m in enumerate(model.children()):
    m.register_forward_hook(partial(send_stats, i))
```

Achten Sie darauf, dass wir die Funktion `model.children()` verwenden, mit der wir die Hooks lediglich in die höchste Modellebene eines jeden Blocks integrieren. Für den Fall einer `nn.Sequential()`-Schicht (die wir in einem ResNet-basierten Modell haben) integrieren wir den Hook nur in diesem Block und nicht in jedem einzelnen Modul innerhalb dieses `nn.Sequential`-Blocks.

Sobald wir unser Modell mit einer unserer üblichen Trainingsfunktionen trainieren, sollten wir sehen können, wie die Aktivierungswerte in TensorBoard wie in Abbildung 7-5 eintreffen. Sie müssen innerhalb der Benutzeroberfläche in den Zeitmodus wechseln, da mit dem Hook keine Informationen mehr hinsichtlich des Trainingsschritts an TensorBoard zurückgesendet werden (weil wir die Modulinformationen nur erhalten, wenn der PyTorch-Hook aufgerufen wird).

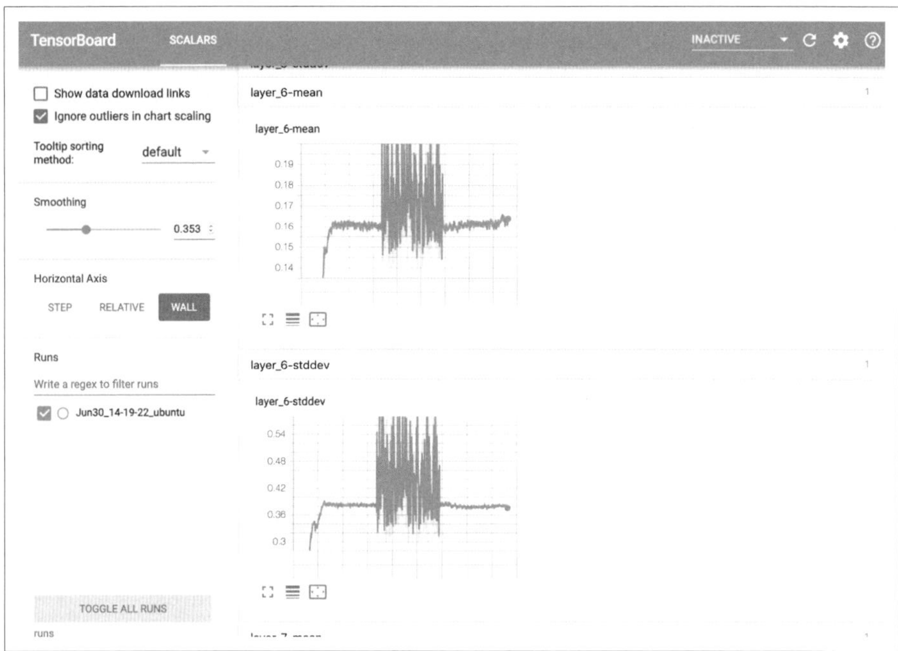

Abbildung 7-5: Mittelwert und Standardabweichung der Module in TensorBoard

Wie ich bereits in Kapitel 2 erwähnt habe, sollten die Aktivierungen der Schichten in einem neuronalen Netz idealerweise einen Mittelwert von 0 und eine Standardabweichung von 1 aufweisen. Dies soll sicherstellen, dass die Berechnungen nicht ins Unendliche oder gegen null streben. Sehen wir uns die Aktivierungen der Schichten in TensorBoard an. Verbleiben sie in diesem Wertebereich? Steigt der Wert manchmal in die Höhe und fällt dann wieder sprungartig? Falls ja, könnte dies ein Zeichen dafür sein, dass das Netzwerk Schwierigkeiten beim Training hat. Im Fall von Abbildung 7-5 ist der Mittelwert nahe null, aber auch die Standardabweichung liegt ziemlich nahe bei null. Wenn Sie dieses Muster in vielen Schichten Ihres Netzwerks beobachten können, deutet das möglicherweise darauf hin, dass die von Ihnen gewählten Aktivierungsfunktionen (z. B. `ReLU`) für den vorliegenden Aufgabenbereich nicht ausreichend geeignet sind. Es könnte sich lohnen, mit anderen Funktionen zu experimentieren, um die Leistungsfähigkeit des Modells gegebenenfalls zu verbessern; die in PyTorch ebenfalls implementierte `LeakyReLU` ist zum Beispiel eine gute Alternative, die ähnliche Aktivierungen wie die standardmäßige `ReLU`-Aktivierungsfunktion bietet, aber mehr Informationen weiterleitet, die beim Trainieren nützlich sein könnten.

So viel zu TensorBoard – der Abschnitt »Weiterführende Literatur« auf Seite 153 zeigt Ihnen weitere Ressourcen zu diesem Thema auf. Sehen wir uns zunächst einmal an, wie es möglich ist, die Entscheidungsfindung eines Modells offenzulegen.

Class Activation Mapping

Class Activation Mapping (CAM) ist ein Verfahren zur Visualisierung der Aktivierungen eines Netzwerks, nachdem es einen zuvor eingegangenen Tensor klassifiziert hat. Bei bildbasierten Klassifikatoren wird typischerweise, wie auch in Abbildung 7-6 zu sehen, eine Heatmap über das Originalbild gelegt.

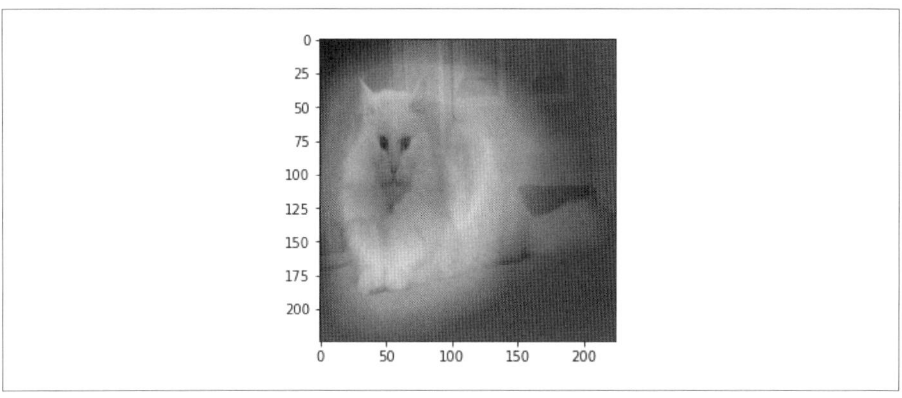

Abbildung 7-6: Class Activation Mapping am Beispiel eines Bilds von Casper

Mittels der Heatmap können wir uns intuitiv ein Bild davon machen, wie das Netzwerk auf Grundlage der vorhandenen ImageNet-Kategorien zur Entscheidung *Perserkatze* kam: Die Aktivierungen des Netzwerks sind um das Gesicht und den Körper der Katze herum am höchsten und an anderen Stellen im Bild am niedrigsten.

Um die Heatmap zu erzeugen, erfassen wir die Aktivierungen der letzten Konvolutionsschicht eines Netzwerks, kurz bevor es in die `Linear`-Schicht übergeht. So können wir sehen, was die CNN-Schichten kombiniert betrachtet für wichtig halten, bevor wir uns auf den Weg zur endgültigen Zuordnung des Bilds zu den verschiedenen Kategorien machen. Glücklicherweise lässt sich dies mit der Hook-Funktion von PyTorch ziemlich einfach bewerkstelligen. Wir binden den Hook einfach in eine Klasse ein, die wir mit `SaveActivations` benennen:

```
class SaveActivations():
    activations = None

    def __init__(self, m):
        self.hook = m.register_forward_hook(self.hook_fn)
    def hook_fn(self, module, input, output):
        self.features = output.data
    def remove(self):
        self.hook.remove()
```

Dann schieben wir unser Bild von Casper in das Netzwerk (und nehmen wie gewohnt eine ImageNet-Normalisierung vor):

```
import numpy as np
import torch
from matplotlib.pyplot import imshow
from PIL import Image
from torch import topk
from torch.autograd import Variable
from torch.nn import functional as F
from torchvision import models, transforms

image = Image.open("casper.jpg")

# Imagenet Mittelwert/Standardabweichung
normalize = transforms.Normalize(
                        mean=[0.485, 0.456, 0.406],
                        std=[0.229, 0.224, 0.225]
)

preprocess = transforms.Compose([
                            transforms.Resize((224,224)),
                            transforms.ToTensor(),
                            normalize
])

display_transform = transforms.Compose([
                           transforms.Resize((224,224))])

tensor = preprocess(image.convert('RGB'))

# Lassen Sie .cuda() weg, wenn Sie keine GPU nutzen möchten.
prediction_var = Variable((tensor.unsqueeze(0)).cuda(), requires_grad=True)
```

Nachdem wir das Bild in eine PyTorch-Variable umgewandelt haben, benötigen wir außerdem noch ein Modell, mit dem wir unsere Vorhersage erhalten. Wir verwenden wir hierfür das ResNet-18-Modell, versetzen es in den Inferenzmodus und bringen es mithilfe der CUDA-Bibliotheken auf die GPU.

```
model = models.resnet18(pretrained=True)
model.cuda() # nur falls Sie die GPU nutzen möchten
model.eval()
```

Den nächsten Codeblock habe ich aus Jeremy Howards fast.ai-Kurs (*https://www.fast.ai/*) übernommen. Mit diesem können Sie einen Hook in ein beliebiges Modell (oder einen Teil eines Modells – hier nehmen wir die letzte Konvolutionsschicht im ResNet-18-Modell) integrieren, um die Aktivierungen als Instanzvariable zu speichern.

```
class SaveFeatures():
    features=None
    def __init__(self, m):
        self.hook = m.register_forward_hook(self.hook_fn)
    def hook_fn(self, module, input, output):
        self.features = ((output.cpu()).data).numpy()
```

```
    def remove(self):
        self.hook.remove()

final_layer = model._modules.get('layer4')
activated_features = SaveFeatures(final_layer)
```

Nachdem wir den Hook eingerichtet haben, lassen wir das Bild durch unser Modell laufen und erhalten eine Vorhersage. Diese leiten wir dann durch eine softmax-Schicht, um wiederum Wahrscheinlichkeiten zu erhalten.

```
prediction = model(prediction_var)
pred_probabilities = F.softmax(prediction, dim=1).data.squeeze()
activated_features.remove()
```

Mithilfe der torch.topk()-Funktion können wir sowohl den maximalen Wahrscheinlichkeitswert als auch seinen Index extrahieren und erfahren dadurch, dass unser Modell mit einer Wahrscheinlichkeit von 78 % annimmt, dass dieses Bild der Kategorie 283 entspricht:

```
topk(pred_probabilities, 1)
```

Wenn wir in den ImageNet-Kategorien nachsehen, welche Kategorie dieser Ganzzahl entspricht, dann erhalten wir ... die Kategorie *Perserkatze*. Ich würde behaupten, dass das keine schlechte Vorhersage ist!

Finden wir nun heraus, worauf das neuronale Netz seine Aufmerksamkeit gerichtet hat. Die getCAM()-Methode nimmt hier die aktivierten Merkmalswerte (Feature Maps) des Konvolutionsnetzes, die Gewichte der vollständig verbundenen Schicht (beim Average-Pooling) und den Index der Kategorie, die wir untersuchen möchten, entgegen (in unserem Fall 283). Wir indizieren in der vollständig verbundenen Schicht, um die Gewichte für diese Kategorie zu erhalten, und ermitteln das Skalarprodukt mit den aktivierten Merkmalswerten des Bilds:

```
pip install scikit-image
conda install -c conda-forge scikit-image

import skimage.transform

def getCAM(feature_conv, weight_fc, class_idx):
    """ Quelle: http://cnnlocalization.csail.mit.edu/
    """
    _, nc, h, w = feature_conv.shape
    cam = weight_fc[class_idx].dot(feature_conv.reshape((nc, h*w)))
    cam = cam.reshape(h, w)
    cam = cam - np.min(cam)
    cam_img = cam / np.max(cam)
    return [cam_img]

weight_softmax_params = list(model._modules.get('fc').parameters())
weight_softmax = np.squeeze(weight_softmax_params[0].cpu().data.numpy())

class_idx = topk(pred_probabilities,1)[1].int()
overlay = getCAM(activated_features.features, weight_softmax, class_idx)
imshow(overlay[0], alpha=0.5, cmap='jet')
```

```
imshow(display_transform(image))
imshow(skimage.transform.resize(overlay[0], tensor.shape[1:3]),
       alpha=0.5, cmap='jet')
```

Ich habe mich noch nicht zum Import von `torch.nn.functional` geäußert. Dieser stellt die Implementierungen der in `torch.nn` bereitgestellten *Funktionen* bereit. Wenn Sie zum Beispiel eine Instanz von `torch.nn.softmax()` erzeugen, erhalten Sie im Rahmen einer `forward()`-Methode ein Objekt, das die `softmax`-Aktivierungsfunktion ausführt. Wenn Sie im Quellcode nach `torch.nn.softmax()` suchen, werden Sie feststellen, dass diese Methode lediglich den Aufruf von `F.softmax()` bewirkt. Da `softmax` in diesem Fall kein eigenständiger Teil des Netzwerks sein muss, rufen wir einfach die zugrunde liegende Funktion auf.

Wie in Kapitel 1 erwähnt, speichert PyTorch Bilddaten im Format Kanal × Höhe × Breite. Um das Bild darstellen zu können, müssen wir dementsprechend die Dimensionen wieder in das Format Höhe × Breite × Kanal zurückführen. Anschließend subtrahieren wir die Minimalwerte des Tensors und skalieren die Werte mit dem Maximalwert, um sicherzustellen, dass wir uns nur auf die größten Aktivierungswerte in der resultierenden Heatmap konzentrieren (d.h. auf das, was für die Kategorie *Perserkatze* spricht). Zu guter Letzt kommt ein wenig `matplot`-Magie ins Spiel, um Casper und den Tensor darüber – in geänderter Größe und auf Basis der Standard-`Jet`-Farbkarte – darzustellen. Beachten Sie, dass Sie durch eine andere Wahl des Werts von `class_idx` die Heatmap für eine andere Kategorie erzeugen und sehen können, welche Aktivierungen (falls vorhanden) bei der Klassifizierung des Bilds vorhanden sind. Wenn das Modell beispielsweise die Kategorie *Auto* vorhersagt, können Sie sehen, welche Bereiche des Bilds ausschlaggebend waren, um diese Wahl zu treffen. Der Ausdruck `topk(pred_probabilities, 2)[1].int()` liefert uns auch den zweithöchsten Wahrscheinlichkeitswert für das Casper-Bild: 332 – die Kategorie *Angorakaninchen*. Wenn wir das CAM auch für diesen Index vornehmen, sehen wir, dass sich das Modell bei seiner Entscheidung besonders auf das flauschige Fell konzentriert hat!

Nachdem wir uns nun vor Augen führen konnten, wie ein Modell zu seiner Entscheidung gelangt, sehen wir uns als Nächstes an, wie wir Diagramme erstellen können, die uns Aufschluss darüber geben, wofür die meiste Zeit im Rahmen des Trainings- und Inferenzvorgangs in Anspruch genommen wird.

Flammendiagramme

Im Gegensatz zu TensorBoard wurden *Flammendiagramme* (engl. Flame Graphs) nicht speziell für neuronale Netze entwickelt, ebenso auch nicht für TensorFlow. In Wirklichkeit reicht die Idee von Flammendiagrammen bis ins Jahr 2011 zurück, als der Entwickler Brendan Gregg, der damals bei Joyent arbeitete, eine Methode entwickelte, die ihm beim Debuggen eines Problems mit MySQL helfen sollte. Die

Idee bestand darin, aus massiven Stacktraces, also »Stapel(speicher)zurückverfolgungen«, ein einzelnes Bild zu erstellen, das einen Überblick darüber liefert, was in einem bestimmten Zeitraum auf einer CPU abgearbeitet wird.

Brendan Gregg arbeitet inzwischen bei Netflix und stellt auf seiner Homepage eine riesige Auswahl an Literatur zum Thema Rechenleistungsoptimierung bereit (*http://www.brendangregg.com*).

Im Rahmen eines Beispiels, bei dem wir mit MySQL eine Zeile in eine Tabelle einfügen, sampeln wir den *Stack*, d.h. den Stapelspeicher, hundert- oder tausendmal pro Sekunde. Jedes Mal, wenn wir eine Stichprobe ziehen, erhalten wir ein *Stacktrace*, das uns alle Funktionen im Stack zu diesem Zeitpunkt zeigt. Wenn wir uns also in einer Funktion befinden, die von einer anderen Funktion aufgerufen wurde, erhalten wir eine Ablaufverfolgung, die sowohl die aufgerufenen als auch die aufrufenden Funktionen enthält. Ein Stacktrace kann beispielsweise wie folgt aussehen:

```
65.00%     0.00%  mysqld   [kernel.kallsyms]   [k] entry_SYSCALL_64_fastpath
             |
             ---entry_SYSCALL_64_fastpath
                |
                |--18.75%-- sys_io_getevents
                |          read_events
                |          schedule
                |          __schedule
                |          finish_task_switch
                |
                |--10.00%-- sys_fsync
                |          do_fsync
                |          vfs_fsync_range
                |          ext4_sync_file
                |          |
                |          |--8.75%-- jbd2_complete_transaction
                |          |          jbd2_log_wait_commit
                |          |          |
                |          |          |--6.25%-- _cond_resched
                |          |          |          preempt_schedule_common
                |          |          |          __schedule
```

Es werden *unzählige* Informationen wie diese ausgegeben; das ist nur ein winziger Ausschnitt eines 400 KB großen Satzes von Stacktraces. Selbst in dieser Anordnung (die nicht zwingend so sein muss), ist es schwierig zu erkennen, was hier vor sich geht.

Wie Sie in Abbildung 7-7 sehen können, ist die Version mit einem Flammendiagramm hingegen verständlich und nachvollziehbar. Die y-Achse bildet die Tiefe des Stacks ab und die x-Achse *keine zeitliche Dimension*, sondern die Häufigkeit, mit der sich diese Funktion auf dem Stack befindet, wenn es abgetastet wird. Hätten wir also eine Funktion ganz oben auf dem Stack, die, sagen wir, 80 % des Diagramms abdeckt, wüssten wir, dass das Programm sehr viel seiner Laufzeit für diese Funktion beansprucht und dass wir uns die Funktion möglichst genauer ansehen sollten, um zu klären, warum sie so viel Zeit benötigt.

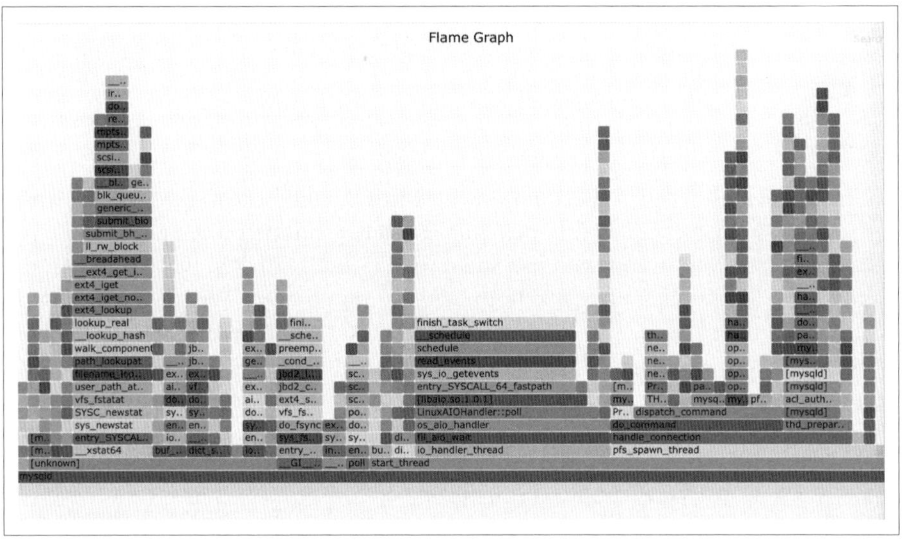

Abbildung 7-7: Ein MySQL-Flammendiagramm

Sie fragen sich vielleicht: Was hat das mit Deep Learning zu tun? Tatsächlich trifft man in der Deep-Learning-Forschung immer wieder auf das Phänomen, dass, wenn das Training zu langsam vonstattengeht, einfach zehn weitere GPUs gekauft oder bei Google noch mehr Geld für TPUs ausgegeben wird. Doch vielleicht ist Ihre Trainingspipeline gar nicht GPU-gebunden. Eventuell haben Sie eine langsame Transformation in Ihrem Code, und wenn Sie all diese reizvollen neuen Grafikkarten bekommen, helfen sie am Ende gar nicht so viel weiter wie gehofft. Flammendiagramme bieten eine einfache Möglichkeit, auf einen Blick CPU-gebundene Engpässe zu erkennen. In der Praxis treten diese bei Deep-Learning-Lösungen durchaus häufig auf. Erinnern Sie sich zum Beispiel an die bildbasierten Transformationen, die wir in Kapitel 4 angerissen haben. Die meisten von ihnen verwenden die gewöhnliche Python-Bildverarbeitungsbibliothek und sind komplett CPU-gebunden. Bei großen Datensätzen wiederholen Sie diese Transformationen im Rahmen der Trainingsschleife immer und immer wieder! Auch wenn sie nicht oft im Zusammenhang mit Deep-Learning-Anwendungen thematisiert werden, sind Flammendiagramme ein großartiges Werkzeug, das Sie in petto haben sollten. Und nicht zuletzt könnten Sie sie als Beweis bei Ihrem Vorgesetzten verwenden, dass Sie wirklich auf eine GPU zurückgreifen müssen oder dass Sie all das TPU-Guthaben, das Sie veranschlagen, bis nächsten Donnerstag benötigen! Wir kommen gleich darauf zurück und verwenden Flammendiagramme im Rahmen unseres Trainingsvorgangs. Dabei werden wir eine langsame Transformation ausfindig machen und sie dadurch verbessern, dass wir den Prozess von der CPU auf die GPU verlagern.

py-spy installieren

Es gibt viele Möglichkeiten, Stacktraces zu erzeugen, die in Flammendiagramme umgewandelt werden können. Die im vorherigen Abschnitt vorgestellte Variante wurde mit dem Linux-Werkzeug `perf` erzeugt, das relativ komplex, aber sehr leistungsfähig ist. Wir nehmen eine etwas einfachere Alternative und benutzen `py-spy`, einen Rust-basierten Stack-Profiler, um direkt Flammendiagramme zu erzeugen. Die Installation erfolgt wie gewohnt über `pip`:

```
pip install py-spy
```

Sie können den Prozessidentifikator (PID) eines laufenden Prozesses ermitteln und unter Verwendung eines `--pid`-Arguments den `py-spy`-Befehl komplettieren:

```
py-spy record -o profile.svg --pid 12345
```

Oder Sie übergeben direkt ein Python-Skript – so handhaben wir es in diesem Kapitel. Erstellen Sie zunächst das folgende Python-Skript:

```
import torch
import torchvision

def get_model():
    return torchvision.models.resnet18(pretrained=True)

def get_pred(model):
    return model(torch.rand([1,3,224,224]))

model = get_model()

for i in range(1,10000):
    get_pred(model)
```

Speichern Sie die Datei als *flametest.py* ab und binden Sie sie in `py-spy` ein. Die Argumente wählen wir so, dass wir die Anwendung 30 Sekunden lang laufen und dabei 99 Mal pro Sekunde sampeln lassen:

```
py-spy record -r 99 -d 30 -o profile.svg -- python flametest.py
```

Öffnen Sie die *profile.svg*-Datei in Ihrem Browser (beispielsweise durch gleichzeitiges Drücken der Tasten *Strg* und *o*) und werfen Sie einen Blick auf das resultierende Schaubild.

Flammendiagramme interpretieren

In Abbildung 7-8 ist zu sehen, wie das Diagramm aussehen sollte (aufgrund des Samplings könnte es auf Ihrem Rechner möglicherweise ein wenig anders aussehen). Das Erste, was Ihnen wahrscheinlich auffällt, ist, dass das Diagramm nach unten statt nach oben zeigt. `py-spy` gibt Flammendiagramme in einem *zapfenförmigen* Format aus, sodass der Stack eher Stalaktiten als den Flammen im klassischen Flammendiagramm gleicht. Ich bevorzuge zwar das herkömmliche Format, aber py-spy bietet uns keine Möglichkeit, es zu ändern, und es macht auch keinen so großen Unterschied.

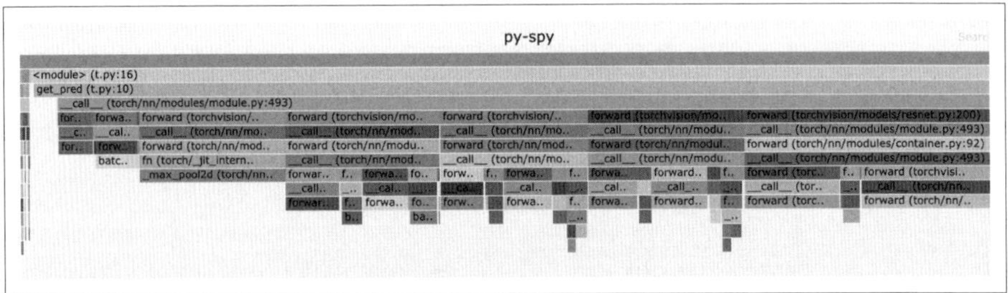

Abbildung 7-8: Ein Flammendiagramm zur Begutachtung des ResNet-Ladungs- und Inferenzvorgangs

Auf den ersten Blick sollten Sie erkennen, dass ein Großteil der Ausführungszeit für verschiedene `forward()`-Aufrufe verstreicht. Dies liegt auf der Hand, da wir mit dem Modell eine Vielzahl von Vorhersagen treffen. Was ist mit den winzigen Blöcken auf der linken Seite? Wenn Sie auf sie klicken, sollten Sie in die SVG-Datei, wie in Abbildung 7-9 dargestellt, hineinzoomen können.

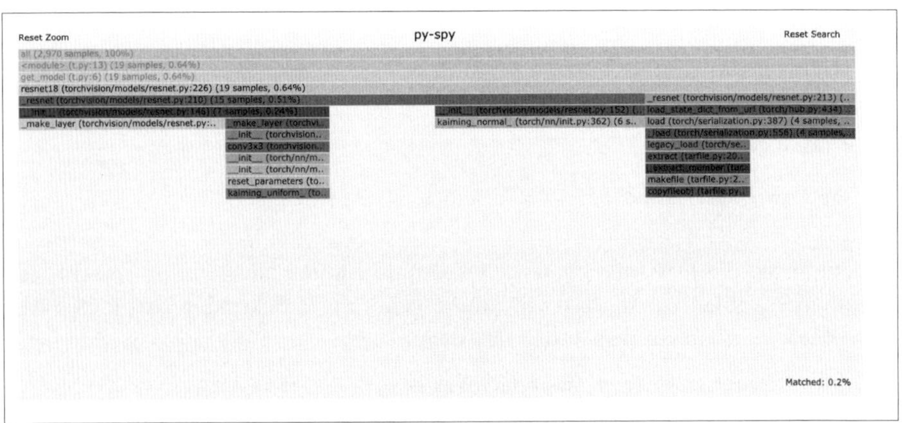

Abbildung 7-9: Gezoomtes Flammendiagramm

In dem Diagramm erkennen wir das Skript, das das ResNet-18-Modul einrichtet, und auch den Aufruf der `load_state_dict()`-Funktion, die für das Laden der gespeicherten Gewichte von der Festplatte sorgt (weil wir sie mit `pretrained=True` aufgerufen haben). Indem Sie auf »Reset Zoom« klicken, können Sie zum vollständigen Flammendiagramm zurückkehren. Außerdem gibt es einen Suchbalken auf der rechten Seite, mit dem Sie eine Funktion suchen und Übereinstimmungen in Violett hervorheben lassen können. Probieren Sie es mit *resnet*. Ihnen wird jeder Funktionsaufruf im Stack angezeigt, bei dem *resnet* im Namen vorkommt. Dies kann vor allem dabei nützlich sein, Funktionen zu finden, die sich nicht so oft im Stack befinden, oder um zu überprüfen, wie oft ein bestimmter Aufruf insgesamt im Diagramm vorkommt.

Experimentieren Sie ein wenig mit der SVG-Datei und bringen Sie in Erfahrung, wie viel CPU-Laufzeit Prozesse wie Batch-Normalisierung und Pooling in unserem Beispiel in Anspruch nehmen. Als Nächstes nutzen wir ein Flammendiagramm, um zuerst einen Engpass in unserem Code aufzuspüren, ihn zu beheben und eine abschließende Bewertung mit einem weiteren Flammendiagramm vorzunehmen.

Eine langsame Transformation beheben

In der Praxis kommt es durchaus häufig vor, dass die langsame Laufzeit des Programms im Zusammenhang mit einer Funktion der Datenpipeline steht. Dies stellt insbesondere dann ein Problem dar, wenn eine langsame Transformation dafür verantwortlich ist, da diese im Rahmen der Trainingsbatches mehrere Male aufgerufen wird, was einem massiven Engpass bei der Erstellung Ihres Modells gleichkommt. Nehmen wir vor diesem Hintergrund eine beispielhafte Transformationspipeline und ein `DataLoader`-Objekt zur Hand und speichern die Datei als `badrandom.py` ab:

```
import numpy as np
import torch
import torch.nn as nn
import torchvision
from PIL import Image, ImageFile
from torch import optim
from torch.utils.data import DataLoader
from torchvision import datasets, transforms, models

ImageFile.LOAD_TRUNCATED_IMAGES = True

train_data_path = "catfish/train"

def check_image(path):
    try:
        im = Image.open(path)
        return True
    except:
        return False

device = "cuda:0"
model = models.resnet18(pretrained=True)
model.to(device)


class BadRandom(object):
    def __call__(self, img):
        img_np = np.array(img)
        random = np.random.random_sample(img_np.shape)
        out_np = img_np + random
        out = Image.fromarray(out_np.astype('uint8'), 'RGB')
        return out

    def __repr__(self):
        str = f"{self.__class__.__name__}"
        return str
```

```
image_transforms = \
    transforms.Compose(
        [transforms.Resize((224,224)), BadRandom(), transforms.ToTensor()]
)
```

Wir durchlaufen nicht den vollständigen Trainingsprozess; stattdessen simulieren wir zehn Epochen, in denen zufällig gezogene Bilder mithilfe des Trainingsdaten-Loader-Objekts in das Modell eingespeist werden:

```
train_data = datasets.ImageFolder(root=train_data_path,
                                  transform=image_transforms,
                                  is_valid_file=check_image)
batch_size = 32
train_data_loader = DataLoader(train_data, batch_size=batch_size)

optimizer = optim.Adam(model.parameters(), lr=2e-2)
criterion = nn.CrossEntropyLoss()

def train(model, optimizer, loss_fn, train_loader, val_loader,
          epochs=20, device='cuda:0'):
    model.to(device)
    for epoch in range(epochs):
        print(f"epoch {epoch+1}")
        model.train()
        for batch in train_loader:
            optimizer.zero_grad()
            input, target = batch
            input = input.to(device)
            target= target.to(device)
            output = model(input)
            loss = loss_fn(output, target)
            loss.backward()
            optimizer.step()

        model.eval()
        num_correct = 0
        num_examples = 0
        for batch in val_loader:
            input, target = batch
            input = input.to(device)
            target= target.to(device)
            output = model(input)
            correct = torch.eq(torch.max(output, dim=1)[1], target).view(-1)
            num_correct += torch.sum(correct).item()
            num_examples += correct.shape[0]
        print("Epoch {}, accuracy = {:.2f}"
            .format(epoch, num_correct / num_examples))

train(model, optimizer, criterion, train_data_loader, train_data_loader,
      epochs=10)
```

Führen wir nun wie zuvor den py-spy-Kommandozeilenbefehl aus:

```
py-spy record -r 99 -d 30 -o badrandom.svg -- python badrandom.py
```

Wenn Sie die resultierende *badrandom.svg*-Datei öffnen, erhalten Sie hoffentlich etwas Ähnliches wie das in Abbildung 7-10 Gezeigte. Aus dem Flammendiagramm geht hervor, dass der überwiegende Teil der Laufzeit für das Laden der Bilder und deren Konvertierung in Tensoren verwandt wird. Immerhin 16,87% der erfassten Laufzeit ist auf die Anwendung des zufälligen Rauschens zurückzuführen. Wenn man sich den Code ansieht, wendet unsere Implementierung der `BadRandom`-Klasse Rauschen auf Ebene der PIL-Bibliothek und nicht nach der Umwandlung in Tensoren an, sodass wir den Limitationen der Bildbibliothek und NumPy und nicht PyTorch selbst ausgesetzt sind. Eine erste Idee bestünde wahrscheinlich darin, die Transformation so umzuschreiben, dass sie auf Tensoren statt auf den PIL-verarbeiteten Bildern arbeitet. Auch wenn es wahrscheinlich schneller ist, so muss dies nicht zwangsläufig der Fall sein – deshalb ist es nach Anpassungen wichtig, die Leistungsveränderung zu quantifizieren.

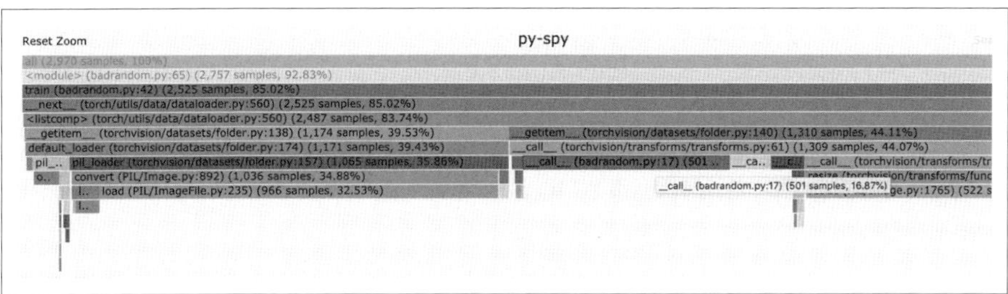

Abbildung 7-10: Flammendiagramm basierend auf der BadRandom-Klasse

Allerdings fällt eine Besonderheit auf, die sich (auch wenn ich bisher nicht darauf aufmerksam gemacht habe) bereits durch das ganze Buch zieht: Ist Ihnen aufgefallen, dass wir Batches aus dem `DataLoader`-Objekt erhalten und diese Batches dann auf die GPU schieben? Da die Transformationen stattfinden, wenn der `DataLoader` Batches aus dem `Dataset`-Objekt erhält, erfolgen diese immer auf der CPU. Manchmal kommt man dabei auf die verrücktesten Gedanken. Wir wenden auf jedes Bild zufälliges Rauschen an – was wäre, wenn wir das zufällige Rauschen auf jedes Bild gleichzeitig anwenden könnten?

Zunächst mag das ein wenig verwirrend erscheinen: Wir fügen einem Bild zufälliges Rauschen hinzu. Wir können das als $x + y$ formulieren, wobei x unser Bild und y unser Rauschen ist. Wir wissen, dass sowohl das Bild als auch das Rauschen dreidimensional zu betrachten sind (Breite, Höhe, Kanäle). Also ist alles, was es zu tun gilt, schlicht Matrixmultiplikation. Und pro Batch führen wir diese z-mal durch – wir iterieren einfach über jedes Bild, während wir es aus dem `DataLoader` ziehen. Doch bedenken Sie, dass die Bilder am Ende des Ladevorgangs in Tensoren umgewandelt werden, in ein Batch der Form *[z, Kanal, Höhe, Breite]*. Nun, könnten Sie nicht einfach einen zufälligen Tensor mit der Form *[z, Kanal, Höhe, Breite]* addieren und das zufällige Rauschen auf diese Weise zur Anwendung bringen? Anstatt das Rauschen nacheinander anzuwenden, würde in diesem Fall alles auf einen Schlag passieren. Wir haben jetzt eine Matrixoperation und eine sehr teure GPU, die zufälligerweise auch noch ziemlich gut für Matrixoperationen geeignet ist. Probieren Sie einfach den Unterschied zwischen einer CPU-basierten und einer GPU-basierten Tensor- bzw. Matrixoperation in Jupyter Notebook aus:

```
cpu_t1 = torch.rand(64,3,224,224)
cpu_t2 = torch.rand(64,3,224,224)
%timeit cpu_t1 + cpu_t2
>> 5.39 ms ± 4.29 µs per loop (mean ± std. dev. of 7 runs, 100 loops each)

gpu_t1 = torch.rand(64,3,224,224).to("cuda")
gpu_t2 = torch.rand(64,3,224,224).to("cuda")
%timeit gpu_t1 + gpu_t2
>> 297 µs ± 338 ns per loop (mean ± std. dev. of 7 runs, 10000 loops each)
```

Das ist knapp 20-mal schneller. Anstatt diese Umwandlung im `DataLoader`-Objekt vorzunehmen, können Sie die Matrixoperationen auch erst in dem Moment durchführen lassen, in dem das gesamte Batch zur Verfügung steht:

```
def add_gpu_noise(tensor, device):
    a = torch.randn_like(tensor).to(device)
    return tensor + a
```

Fügen Sie die folgende Zeile in unsere Trainingsschleife (im Rahmen der Iteration über die Batches des `train_loader`-Objekts) nach dem Ausdruck `input.to(device)` ein:

```
input = add_noise_gpu(input, device)
```

Entfernen Sie dann die `BadRandom`-Transformation aus der Transformationspipeline und testen Sie das Programm erneut mit `py-spy`. Das resultierende Flammendiagramm wird in Abbildung 7-11 dargestellt. Die Transformation ist so schnell, dass sie nicht einmal mehr im Rahmen unserer Sampling-Frequenz auftaucht. Wir haben den Code gerade um fast 17% beschleunigt! Zwar können nicht alle Standardtransformationen GPU-freundlich umformuliert werden, doch wenn es möglich ist und Sie von der Transformation ausgebremst werden, dann ist es definitiv eine erwägenswerte Option.

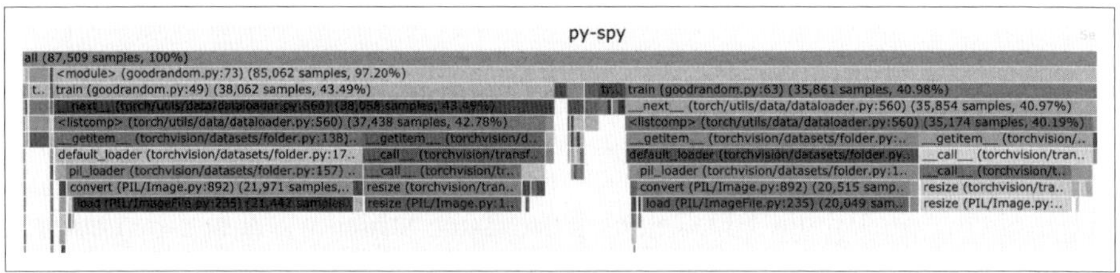

Abbildung 7-11: Flammendiagramm mit GPU-beschleunigtem Zufallsrauschen

Nachdem wir nun die Rechnerleistung genauer unter die Lupe genommen haben, ist es an der Zeit, den Blick auf einen anderen limitierenden Faktor zu richten: den Speicher, insbesondere den Speicher der GPU.

Debuggen von GPU-Problemen

In diesem Abschnitt gehen wir näher auf die GPU selbst ein. Eine Sache, die Sie beim Trainieren größerer Deep-Learning-Modelle schnell feststellen werden, ist, dass die GPU, für die Sie so viel Geld ausgegeben haben (oder, was noch klüger ist, die mit einer Cloud-basierten Instanz verbunden ist), regelmäßig in die Knie gezwungen wird und sich bitterlich darüber beklagt, dass der Speicherplatz knapp wird. Aber diese Grafikkarte hat mehrere Gigabytes an Speicherplatz! Wie kann es sein, dass der Speicher ausgeht?

Die Modelle neigen dazu, viel Speicherplatz in Anspruch zu nehmen. ResNet-152 beispielsweise verfügt über etwa 60 Millionen Aktivierungen, die alle wertvollen Speicherplatz auf Ihrer GPU beanspruchen. Sehen wir uns einmal an, wie man einen Blick in die GPU werfen kann, um festzustellen, was vor sich geht, wenn der Speicher knapp wird.

Die GPU überwachen

Angenommen, Sie verwendeten eine NVIDIA-GPU (sehen Sie auf der Treiber-Website Ihres alternativen Anbieters nach, ob dort eigene Programme zur Verfügung stehen, wenn Sie etwas anderes verwenden). Hier bietet Ihnen die CUDA-Installation ein recht nützliches Befehlszeilentool namens `nvidia-smi`. Wenn Sie den Befehl ohne Argumente ausführen, gibt Ihnen das Tool eine Momentaufnahme des auf der GPU verwendeten Speichers und – vielleicht noch besser – welche Prozesse gerade darauf laufen! Abbildung 7-12 zeigt die Ausgabe nach Eingabe des `nvidia-smi`-Befehls im Kommandozeilenfenster. Innerhalb eines Notebooks können Sie das Tool mit dem Befehl `!nvidia-smi` aufrufen.

Das Beispiel lief auf meinem Rechner, in dem eine 1080-Ti-Grafikkarte verbaut ist. Ich verwende eine Reihe von Notebooks, von denen jedes einen großen Teil des Speichers in Anspruch nimmt – aber eines verwendet ganze 4 GB! Wir erhalten die aktuelle PID eines Notebooks, indem wir `os.getpid()` eingeben. Wie sich herausstellt, ist der Prozess, der den meisten Speicher verbraucht, ein experimentelles Notebook, mit dem ich die GPU-Transformationen im vorigen Abschnitt getestet habe! Sie können sich sicherlich vorstellen, dass die Speicherressourcen mit dem Modell, den Daten-Batches und den Daten für die Vorwärts- und Rückwärtsdurchläufe ziemlich schnell knapp werden.

Bei mir laufen auch ein paar Prozesse, die, was vielleicht überraschend für Sie sein mag, grafische Arbeit leisten, nämlich den X-Server und GNOME. Solange Sie sich keinen lokalen Rechner eingerichtet haben, werden Sie mit ziemlicher Sicherheit nicht auf diese stoßen.

Hinzu kommt, dass PyTorch für sich selbst und CUDA pro Prozess einen Teil des Speichers reserviert, der etwa ein halbes Gigabyte beträgt. Das bedeutet, dass es eine bessere Idee ist, an einem Projekt nach dem anderen zu arbeiten und Jupyter Notebook nicht überall weiterlaufen zu lassen, wie ich es hier tue (Sie können das Kernelmenü benutzen, um den Python-Prozess, der mit einem Notebook verbunden ist, zu beenden).

```
ian@ubuntu:~/notebooks$ nvidia-smi
Fri Jun  7 10:27:32 2019
+-----------------------------------------------------------------------------+
| NVIDIA-SMI 396.54                 Driver Version: 396.54                    |
|-------------------------------+----------------------+----------------------+
| GPU  Name        Persistence-M| Bus-Id        Disp.A | Volatile Uncorr. ECC |
| Fan  Temp  Perf  Pwr:Usage/Cap|         Memory-Usage | GPU-Util  Compute M. |
|===============================+======================+======================|
|   0  GeForce GTX 108...  Off  | 00000000:01:00.0  On |                  N/A |
|  0%   26C    P8     9W / 250W |  8079MiB / 11176MiB  |      0%      Default |
+-------------------------------+----------------------+----------------------+

+-----------------------------------------------------------------------------+
| Processes:                                                       GPU Memory |
|  GPU       PID   Type   Process name                             Usage      |
|=============================================================================|
|    0      2006      G   /usr/lib/xorg/Xorg                              32MiB |
|    0      2413      G   /usr/bin/gnome-shell                            58MiB |
|    0      3993      C   /home/ian/anaconda3/bin/python                1407MiB |
|    0     17301      C   /home/ian/anaconda3/bin/python                 527MiB |
|    0     19205      C   /home/ian/anaconda3/bin/python                 523MiB |
|    0     31226      C   /home/ian/anaconda3/bin/python                 885MiB |
|    0     32113      C   /home/ian/anaconda3/bin/python                4633MiB |
+-----------------------------------------------------------------------------+
```

Abbildung 7-12: Ausgabe nach dem nvidia-smi-Befehl

Die Ausführung des nvidia-smi-Befehls liefert Ihnen eine aktuelle Momentaufnahme der GPU-Nutzung. Sie können auch eine kontinuierliche Ausgabe erhalten, indem Sie das Flag -l verwenden. Hier ist ein Beispielbefehl, mit dem alle fünf Sekunden der Zeitstempel, der benutzte Speicher, der freie Speicher, der Gesamtspeicher und die GPU-Auslastung ausgegeben wird:

```
nvidia-smi --query-gpu=timestamp, \
memory.used, memory.free, memory.total, utilization.gpu --format=csv -l 5
```

Falls Sie wirklich der Meinung sind, Ihre GPU verbrauche mehr Speicher, als sie sollte, können Sie versuchen, Pythons Speicherbereinigung (*Garbage Collector*) einzubeziehen. Wenn Sie einen Tensor haben, den Sie nicht mehr benötigen (tensor_to_be_deleted), und ihn von der GPU entfernt haben möchten, lautet ein Tipp aus den Tiefen der fast.ai-Bibliothek, ihn mit dem del-Befehl zu entfernen:

```
import gc
del tensor_to_be_deleted
gc.collect()
```

Haben Sie die Modelle bereits in Jupyter Notebook erstellt und ausgeführt, ist Ihnen vielleicht schon bewusst geworden, dass Sie durch Löschen von Referenzen und dem Aufruf des Garbage Collector mit `gc.collect()` etwas Speicher frei machen können. Wenn Ihr Speicher selbst dann noch nicht ausreicht, lesen Sie weiter, denn möglicherweise gibt es immer noch eine Lösung!

Gradient-Checkpointing

Trotz all der im vorigen Abschnitt vorgestellten Kniffe zum Löschen und zur Speicherbereinigung kann es dennoch passieren, dass Ihnen der Speicher ausgeht. Als Nächstes empfiehlt es sich in den meisten Anwendungsfällen, die Batchgröße der Daten zu reduzieren, die das Modell während einer Trainingsschleife durchlaufen. Das ist durchaus praktikabel, doch das Training dauert dadurch länger. Zudem ist davon auszugehen, dass das Modell nicht so gut sein wird wie ein gleichwertiges Modell, das mit einem größeren Speicher trainiert wurde: Je größer die Batches sind, desto mehr Informationen kann ein Modell pro Durchlauf aus dem Datensatz ziehen. Bei großen Modellen haben Sie in PyTorch mithilfe des sogenannten *Gradient-Checkpointing* die Möglichkeit, Rechenleistung und verfügbaren Speicher gegeneinander abzuwägen.

Eine der Schwierigkeiten im Umgang mit größeren Modellen besteht darin, dass die Vorwärts- und Rückwärtsdurchläufe zahlreiche Zwischenzustände erzeugen, die allesamt den Speicher der GPU belegen. Das Ziel des Gradient-Checkpointing besteht darin, durch eine *Segmentierung* des Modells die Menge der Zustände zu reduzieren, die sich zu einem bestimmten Zeitpunkt auf der GPU befinden. Dieser Ansatz bedeutet, dass Sie gegenüber einem nicht segmentierten Modell vier- bis zehnmal größere Batches nutzen können – dafür ist das Training jedoch rechenintensiver. Während des Vorwärtsdurchlaufs speichert PyTorch die Eingaben und die Parameter in einem Segment, führt aber nicht den eigentlichen Vorwärtsdurchlauf durch. Während des Rückwärtsdurchlaufs werden diese von PyTorch abgerufen, und der Vorwärtsdurchlauf wird für dieses Segment berechnet. Die Zwischenwerte werden an das nächste Segment übergeben, wobei diese jedoch nur eine segmentweise Abarbeitung erfordern.

Die Unterteilung eines Modells in diese Segmente wird durch die Funktion `torch.utils.checkpoint.checkpoint.checkpoint_sequential()` vorgenommen. Sie funktioniert bei `nn.Sequential`-Schichten oder vordefinierten Listen von Schichten, dann jedoch nur unter der Maßgabe, dass die Schichten in der Reihenfolge ihres Auftretens im Modell gelistet sind. So würde es beispielsweise mit dem `features`-Modul in AlexNet umgesetzt werden:

```
import torch.nn as nn
from torch.utils.checkpoint import checkpoint_sequential

class CheckpointedAlexNet(nn.Module):

    def __init__(self, num_classes=1000, chunks=2):
        super(CheckpointedAlexNet, self).__init__()
        self.features = nn.Sequential(
```

```
            nn.Conv2d(3, 64, kernel_size=11, stride=4, padding=2),
            nn.ReLU(inplace=True),
            nn.MaxPool2d(kernel_size=3, stride=2),
            nn.Conv2d(64, 192, kernel_size=5, padding=2),
            nn.ReLU(inplace=True),
            nn.MaxPool2d(kernel_size=3, stride=2),
            nn.Conv2d(192, 384, kernel_size=3, padding=1),
            nn.ReLU(inplace=True),
            nn.Conv2d(384, 256, kernel_size=3, padding=1),
            nn.ReLU(inplace=True),
            nn.Conv2d(256, 256, kernel_size=3, padding=1),
            nn.ReLU(inplace=True),
            nn.MaxPool2d(kernel_size=3, stride=2),
        )
        self.avgpool = nn.AdaptiveAvgPool2d((6, 6))
        self.classifier = nn.Sequential(
            nn.Dropout(),
            nn.Linear(256 * 6 * 6, 4096),
            nn.ReLU(inplace=True),
            nn.Dropout(),
            nn.Linear(4096, 4096),
            nn.ReLU(inplace=True),
            nn.Linear(4096, num_classes),
        )

    def forward(self, x):
        x = checkpoint_sequential(self.features, chunks, x)
        x = self.avgpool(x)
        x = torch.flatten(x, 1)
        x = self.classifier(x)
        return x
```

Wie Sie sehen können, bedarf es keiner großen Änderungen, um Gradient-Checkpointing in das Modell zu integrieren. Wir haben der neuen Version des Modells einen chunks-Parameter hinzugefügt, mit dem wir angeben können, in wie viele Segmente das Modell aufgeteilt werden soll (standardmäßig in zwei). Alles, was wir dann noch tun müssen, ist, die Funktion checkpoint_sequential mit dem features-Block aufzurufen sowie die Anzahl der Segmente und unsere Eingabedaten zu übergeben. Und das war's!

Ein kleiner Haken beim Checkpointing ist, dass es im Zusammenhang mit BatchNorm- oder Dropout-Schichten aufgrund der Art und Weise, wie sie sich im Rahmen des Vorwärtsdurchlaufs verhalten, zu Problemen kommen kann. Um das zu umgehen, können Sie einfach die anderen Teile des Modells vor und nach diesen Schichten mit Checkpoints versehen. In unserem CheckpointedAlexNet könnten wir beispielsweise den classifier-Block in zwei Teile zerlegen: einen Teil, der die Dropout-Schichten enthält, die nicht mit Checkpoints versehen sind, und daran anschließend ein nn.Sequential-Modul, das unsere Linear-Schichten enthält, die wir auf die gleiche Weise wie zuvor den features-Block mit Checkpoints versehen können.

Wenn Sie sich mit immer kleiner werdenden Batchgrößen konfrontiert sehen, um ein Modell zum Laufen bringen zu können, sollten Sie zuerst Checkpointing in Betracht ziehen und nicht gleich nach einer größeren GPU Ausschau halten!

Zusammenfassung

Hoffentlich sind Sie nun in der Lage, sich selbst auf die Ursachenforschung zu begeben, wenn das Training Ihres Modells nicht wie gewünscht verläuft. Von der Bereinigung Ihrer Daten bis hin zu dynamischen Flammendiagrammen oder TensorBoard-Visualisierungen steht Ihnen eine breite Palette an Werkzeugen zur Verfügung; Sie haben auch Möglichkeiten gesehen, wie Sie mithilfe von Checkpointing Speicher gegen Rechenleistung mittels GPU-Transformationen eintauschen können und umgekehrt.

Ausgerüstet mit einem sorgfältig trainierten und debuggten Modell, begeben wir uns nun auf den Weg in den schwierigsten aller Bereiche: den *Produktiveinsatz*.

Weiterführende Literatur

- TensorBoard-Dokumentation (*https://oreil.ly/MELKl*)
- TensorBoard-GitHub-Account (*https://oreil.ly/21bIM*)
- Fast.ai Lesson 10: Ein Blick ins Innere des Modells (Looking Inside The Model) (*https://oreil.ly/K4dz-*)
- Untersuchungen zu BatchNorm innerhalb eines ResNet-Modells (Investigation into BatchNorm within a ResNet model) (*https://oreil.ly/EXdK3*)
- Ein tieferes Verständnis für die Erstellung von Flammendiagrammen (*https://oreil.ly/4Ectg*) mit Brendan Gregg
- nvidia-smi-Dokumentation (*https://oreil.ly/W1g0n*)
- PyTorch-Gradient-Checkpointing-Dokumentation (*https://oreil.ly/v0apy*)

KAPITEL 8

PyTorch im Produktiveinsatz

Nachdem Sie nun gelernt haben, wie Sie PyTorch zur Klassifizierung von Bild-, Text- und Tondaten verwenden können, kommen wir als Nächstes darauf zu sprechen, wie PyTorch-Anwendungen in einer Produktionsumgebung eingesetzt werden können. In diesem Kapitel erstellen wir Anwendungen, bei denen wir in PyTorch erstellte Vorhersagemodelle über HTTP und gRPC bereitstellen. Diese Anwendungen packen wir dann in Docker-Container und deployen sie in einem Kubernetes-Cluster über Google Cloud.

Im zweiten Teil beschäftigen wir uns mit TorchScript, einer relativ neuen in PyTorch Version 1.0 eingeführten Technologie, die es uns ermöglicht, Just-in-Time-(JIT-)Tracing zu nutzen, um so optimierte Modelle erstellen zu können, die in C++ ausgeführt werden. Wir werfen auch einen kurzen Blick darauf, wie Modelle mittels Quantisierung komprimiert werden können. Zuallererst aber sehen wir uns an, wie wir ein Modell über einen Server bereitstellen können.

Bereitstellen eines Modells

Den Großteil des Buchs haben wir uns mit der Erstellung von Modellen in PyTorch beschäftigt. Doch die Erstellung eines Modells stellt nur einen Teil bei der Entwicklung einer Deep-Learning-Anwendung dar. Schließlich kann ein Modell zwar eine erstaunliche Genauigkeit (oder eine andere relevante Metrik) aufweisen, doch wenn es niemals dazu kommt, dass mit dem Modell auch tatsächlich Vorhersagen getroffen werden, was ist es dann wert? Dementsprechend suchen wir nach einer einfachen Möglichkeit, unsere Modelle so zu paketieren, dass sie auf Anfragen reagieren können (entweder über das Internet oder über andere Wege, wie wir noch sehen werden) und auch mit minimalem Aufwand in den Produktivbetrieb gehen können.

Glücklicherweise bietet uns Python mit dem Flask-Framework die Möglichkeit, schnell einen Webdienst zum Laufen zu bringen. In diesem Abschnitt entwickeln wir ein einfaches Programm, das unser ResNet basiertes *Katze-oder-Fisch*-Modell lädt, Anfragen entgegennimmt, die eine Bild-URL enthalten, und eine Antwort im JSON-Format zurückgibt, die Auskunft darüber gibt, ob das Bild eine Katze oder einen Fisch darstellt.

Was passiert eigentlich, wenn wir dem Modell ein Bild von einem Hund übermitteln? Das Modell würde Ihnen sagen, dass es sich entweder um einen Fisch oder um eine Katze handelt. Da es kein anderes Konzept als die verfügbaren Auswahlmöglichkeiten besitzt, wird es immer eine auswählen. Manche Fachleute ergänzen dementsprechend während des Trainings eine zusätzliche Kategorie `Unbekannt` und fügen dem Datensatz gelabelte Beispiele hinzu, die nicht den gewünschten Kategorien zuzuordnen sind. Das funktioniert zwar bis zu einem gewissen Grad, aber bei diesem Ansatz wird im Wesentlichen versucht, das neuronale Netz dazu zu bringen, »alles zu lernen, was nicht eine Katze oder ein Fisch ist«, was für Sie und mich schwierig auszudrücken ist, ganz zu schweigen von der Vielzahl von Matrixberechnungen! Eine andere Möglichkeit bestünde darin, an der Wahrscheinlichkeitsausgabe anzusetzen, die durch die abschließende `softmax`-Schicht berechnet wird. Wenn das Modell eine Vorhersage liefert, die hinsichtlich Ihrer Kategorien etwa gleichverteilt ist, beispielsweise 50% Fisch, 50% Katze, dann könnte es `Unbekannt` ausgeben.

Einrichten eines Flask-Webdiensts

Bringen wir nun eine webdienstfähige Version unseres Modells zum Laufen. *Flask* ist ein beliebtes Framework für die Einrichtung von Webdiensten mit Python, deshalb nutzen wir es in diesem Kapitel als Ausgangspunkt. Installieren Sie die Flask-Bibliothek entweder mit `pip` oder mit `conda`:

```
conda install -c anaconda flask
pip install flask
```

Erstellen Sie ein neues Verzeichnis namens *catfish* und kopieren Sie Ihre Modelldefinition in eine Datei namens *catfish_model.py*:

```
import torch.nn as nn
from torchvision import models

CatfishClasses = ["cat","fish"]

CatfishModel = models.resnet50()
CatfishModel.fc = nn.Sequential(nn.Linear(CatfishModel.fc.in_features,500),
                                nn.ReLU(),
                                nn.Dropout(), nn.Linear(500,2))
```

Beachten Sie, dass wir hier kein vortrainiertes Modell spezifizieren, da wir unsere gespeicherten Gewichte im Rahmen des Startprozesses des Flask-Servers laden möchten. Erstellen Sie nun ein weiteres Python-Skript, *catfish_server.py*, mit dem wir unseren Webdienst starten:

```
import os
import requests
import torch
from flask import Flask, jsonify, request
from io import BytesIO
from PIL import Image
from torchvision import transforms

from catfish_model import CatfishModel, CatfishClasses

def load_model():
    m = CatfishModel
    m.eval()
    return m

model = load_model()

img_transforms = transforms.Compose([
    transforms.Resize((224,224)),
    transforms.ToTensor(),
    transforms.Normalize(mean=[0.485, 0.456, 0.406],
                         std=[0.229, 0.224, 0.225])
])

def create_app():
    app = Flask(__name__)

    @app.route("/")
    def status():
        return jsonify({"status": "ok"})

    @app.route("/predict", methods=['GET', 'POST'])
    def predict():
        if request.method == 'POST':
            img_url = request.form.image_url
        else:
            img_url = request.args.get('image_url', '')

        response = requests.get(img_url)
        img = Image.open(BytesIO(response.content))
        img_tensor = img_transforms(img).unsqueeze(0)
        prediction =  model(img_tensor)
        predicted_class = CatfishClasses[torch.argmax(prediction)]
        return jsonify({"image": img_url, "prediction": predicted_class})

    return app
```

Sie können den Webserver anschließend mit nur einer Zeile Code über die Kommandozeile aufsetzen:

```
FLASK_APP=catfish_server.py FLASK_RUN_PORT=8080 flask run
```

Wenn Sie in Ihrem Webbrowser *http://127.0.0.1:8080* eingeben, sollten Sie, wie in Abbildung 8-1 gezeigt, eine Statusanzeige im JSON-Format erhalten (`status: "ok"`).

Abbildung 8-1: OK-Statusanzeige im CATFISH-Dienst

Wir gehen später im Kapitel noch ausführlicher darauf ein, aber sehen Sie davon ab, einen Flask-Dienst im Rahmen des Produktiveinsatzes zu nutzen, da der integrierte Server nicht für den Produktivbetrieb geeignet ist.

Um eine Vorhersage zu treffen, nehmen Sie sich eine URL von einem (beliebigen Katzen- oder Fisch-)Bild aus dem Internet zur Hand und senden diese als `GET`-Anfrage mit dem Parameter `image_url` an den Pfad `/predict` (hier eine Bild-URL, die auf ein Katzenbild aus Wikipedia verweist). Sie sollten eine Antwort im JSON-Format erhalten, die die URL und die vorhergesagte Kategorie enthält, wie in Abbildung 8-2 zu sehen ist.

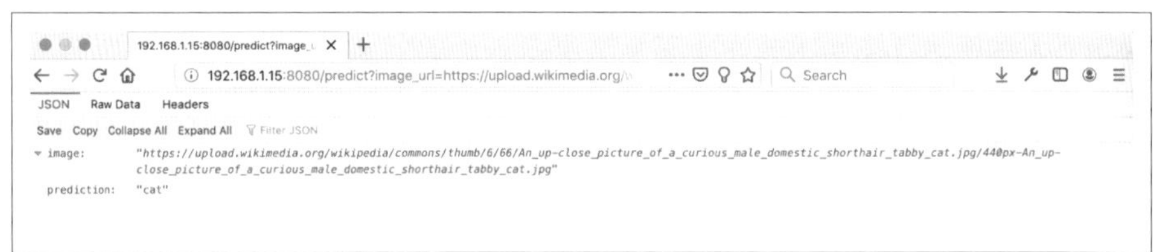

Abbildung 8-2: Vorhersage im CATFISH-Dienst

Eine der Stärken von Flask liegt in dem `@app.route()`-Dekorator begründet. Dieser erlaubt uns, normale Python-Funktionen einzubinden, die ausgeführt werden, wenn ein Benutzer auf einen bestimmten Endpunkt trifft. In unserer `predict()`-Methode ziehen wir den Parameter `img_url` entweder aus einer `GET`- oder einer `POST`-Anfrage über HTTP, öffnen diese URL als PIL-basiertes Bild und schieben es durch eine einfache `torchvision`-Transformationspipeline, um die Größe zu ändern und das Bild in einen Tensor umzuwandeln.

Das Ergebnis ist ein Tensor der Form `[3,224,224]`. Aufgrund der Art und Weise, wie unser Modell funktioniert, müssen wir ihn in ein Batch der Größe 1 – das heißt in die Form `[1,3,224,224]` – umwandeln. Hierbei kommt die `unsqueeze()`-Funktion zur Anwendung, mit der wir unseren Tensor erweitern, indem wir eine neue leere Dimension vor den bestehenden Dimensionen einfügen. Diesen Tensor schicken wir dann wie gewohnt durch das Modell und erhalten infolgedessen unseren Vorhersagetensor. Wie zuvor verwenden wir die `torch.argmax()`-Funktion, um das Tensorelement mit dem höchsten Wert zu ermitteln, und nutzen diesen, um in die Liste `CatfishClasses` zu indizieren. Schließlich erhalten wir eine Antwort im JSON-Format, die den Namen der Kategorie und die Bild-URL, für die wir die Vorhersage ermittelt haben, enthält.

Wenn Sie bereits jetzt mit dem Server experimentiert haben, sind Sie von der Klassifizierungsleistung wahrscheinlich ein wenig enttäuscht. Haben wir nicht ziemlich viel Zeit damit verbracht, das Modell für diese Aufgabe zu trainieren? Vollkommen richtig, aber bei der erneuten Erstellung des Modells haben wir die Schichten einfach mit dem standardmäßigen PyTorch-Ansatz initialisiert! Kein Wunder also, dass das Modell nicht besonders gut abschneidet. Kümmern wir uns nun um die `load_model()`-Funktion, mit der wir unsere Parameter laden.

Wir lassen uns hier nur die vorhergesagte Kategorie ausgeben, nicht die vollständigen Vorhersagen für alle Kategorien. Sie könnten sich auch den Vorhersagetensor selbst zurückgeben lassen, aber seien Sie sich darüber bewusst, dass es Angreifern aufgrund der vollständigen Tensorausgabe nicht schwerfällt, Ihr Modell durch ein *Informationsleck* (engl. Information Leakage) nachzubilden.

Modellparameter laden

In Kapitel 2 haben wir zwei Möglichkeiten begutachtet, wie wir ein Modell speichern können, nachdem wir es trainiert haben – entweder durch Speichern des gesamten Modells auf der Festplatte mit der `torch.save()`-Funktion oder durch Speichern des Dictionarys (`state_dict()`) mit allen Gewichten und Bias-Werten des Modells (aber nicht der Struktur). Für unseren praxisorientierten Dienst benötigen wir ein bereits trainiertes Modell, welches sollten wir also verwenden?

Meiner Meinung nach ist der Ansatz mit dem `state_dict`-Dictionary besser geeignet. Das Speichern des gesamten Modells mag zwar durchaus reizvoll erscheinen, Sie unterliegen aber einer unglaublichen Sensibilität hinsichtlich aller Änderungen Ihrer Modellstruktur oder der Verzeichnisstruktur des Trainings-Setups. Das dürfte wiederum zu einem Problem beim Laden bei einem anderen, an anderer Stelle laufenden Dienst führen. Wenn wir eine Migration zu einer Version mit einem leicht veränderten Layout vornehmen möchten, sollten wir jedenfalls nicht alles erneut überarbeiten müssen.

Es wäre auch ratsam, den Dateinamen des gespeicherten `state_dict()`-Dictionarys nicht festzuschreiben, damit wir Modellaktualisierungen von unserem Dienst entkoppeln können und somit den Dienst mit einem neuen Modell neu starten oder problemlos zu einem früheren Modell zurückkehren können. Wir geben den Dateinamen als Parameter an – aber wohin soll er verweisen? Für den Moment nehmen wir an, dass wir eine Umgebungsvariable namens `CATFISH_MODEL_LOCATION` setzen und diese in der `load_model()`-Funktion verwenden können:

```
def load_model():
    location = os.environ["CATFISH_MODEL_LOCATION"]
    m = CatfishModel
    m.load_state_dict(torch.load(location, map_location="cpu"))
    m.eval()
    return m
```

Kopieren Sie nun die Modellparameterdatei, die Sie zuvor in Kapitel 4 gespeichert haben, in das aktuelle Verzeichnis und setzen Sie die Umgebungsvariable `CATFISH_MODEL_LOCATION` so, dass sie auf diese Datei verweist (gegebenenfalls unter Angabe des Dateipfads):

```
export CATFISH_MODEL_LOCATION=catfishweights.pth
```

Starten Sie den Server neu – Sie sollten sehen, dass der Dienst nun wesentlich akkurater ist!

Wir haben jetzt einen funktionstüchtigen, aber dennoch minimalistischen Webdienst auf die Beine gestellt (ein wenig mehr Fehlerbehandlung wäre wünschenswert, aber das überlasse ich Ihnen als Übung!). Doch wie bringen wir den Dienst auf einem Server auf AWS oder Google Cloud zum Laufen? Oder einfach auf einem anderen Notebook? Schließlich haben wir eine Reihe von Bibliotheken installiert, um das Ganze ans Laufen zu bekommen. Wir können Docker verwenden, um alles in einen *Container* zu packen, der in jeder Linux-Umgebung (oder auf Windows mit dem neuen Windows-Subsystem für Linux) in Sekundenschnelle installiert werden kann.

Erstellen eines Docker-Containers

Docker hat sich in den letzten Jahren zu einem der De-facto-Standards im Bereich der Anwendungspaketierung entwickelt. Hochmoderne Cluster-Umgebungen für die Bereitstellung von Anwendungen wie Kubernetes basieren im Kern auf Docker (wie Sie später in diesem Kapitel sehen werden). Zudem erfreut es sich auch in Unternehmen großer Beliebtheit.

Falls Sie Docker noch nie zuvor in Betrieb gesehen haben, hier eine kurze Erklärung: Es ist der Idee des Containertransports nachempfunden. Sie geben ein Bündel von Dateien an (normalerweise unter Verwendung einer Docker-Datei), die Docker verwenden soll, um ein *Image* zu erstellen. Docker führt dieses Image dann in einem *Container* aus, einem isolierten Prozess auf Ihrem System, der nur auf die von Ihnen angegebenen Dateien und Programme zugreifen kann, die Sie ihm zur Ausführung zugewiesen haben. Sie könnten dann die Docker-Datei mit anderen teilen, sodass jeder seine eigenen Images erstellen kann. Ein gängigerer Ansatz ist jedoch, das erstellte Image in eine *Registry* zu verschieben, d. h. ein Verzeichnis mit Docker-Images, das von jedem mit entsprechenden Zugriffsrechten heruntergeladen werden kann. Solche Verzeichnisse können öffentlich oder privat sein; die Docker-Unternehmensgruppe betreibt Docker Hub (*https://hub.docker.com*), ein öffentliches Verzeichnis, das über 100.000 Docker-Images umfasst. Doch viele Unternehmen betreiben ebenfalls private Verzeichnisse für den internen Gebrauch.

Wir müssen zunächst also unsere eigene Docker-Datei schreiben. Das überfordert Sie vielleicht erst mal. Was müssen wir Docker mitteilen, damit es installiert wird? Unseren Code? PyTorch? Conda? Python? Linux selbst? Glücklicherweise können Docker-Dateien von anderen Images erben, sodass wir zum Beispiel vom Standard-

Ubuntu-Image erben und Python, PyTorch und alles andere von dort installieren könnten. Doch es geht noch besser! Es steht eine Auswahl von Conda-Images zur Verfügung, die uns eine Linux-, Python- und Anaconda-Basisinstallation zur Verfügung stellen, auf der wir relativ simpel aufbauen können. Hier ist eine beispielhafte Docker-Datei, die zur Erstellung eines Container-Images für unseren Dienst verwendet werden kann:

```
FROM continuumio/miniconda3:latest

ARG model_parameter_file=catfishweights.pth
ARG port=5000

ENV CATFISH_PORT=$port
ENV CATFISH_MODEL_LOCATION=/app/$model_parameter_file

RUN conda install -y flask \
  && conda install -c pytorch torchvision \
  && conda install waitress
RUN mkdir -p /app

COPY ./catfish_model.py /app
COPY ./catfish_server.py /app
COPY ./$model_parameter_file /app/
COPY ./run-model-service.sh /

EXPOSE $port

ENTRYPOINT ["/run-model-service.sh"]
```

Hier gehen verschiedene Dinge vor sich. In fast allen Docker-Dateien beginnt die erste Zeile mit `FROM` – an dieser Stelle ist das Docker-Image aufgeführt, von dem die Datei erben soll. In unserem Fall ist es `continuumio/miniconda3:latest`. Der erste Teil dieser Zeichenkette ist der Image-Name. Images werden versioniert, sodass alles nach dem Doppelpunkt ein *Tag* ist, das angibt, welche Version des Images wir herunterladen möchten. Es gibt auch einen magischen Tag `latest`, den wir hier verwenden, um die neueste Version des gewünschten Images herunterzuladen. Vielleicht möchten Sie Ihren Dienst an eine bestimmte Version binden, damit Sie später nicht von möglichen Änderungen des Basis-Images überrascht werden, die in Ihrer Version Probleme verursachen.

`ARG` und `ENV` beziehen sich auf Variablen. `ARG` gibt eine Variable an, die an Docker übergeben wird, wenn wir das Image erstellen, um dann später in der Docker-Datei verwendet zu werden. Mit `ENV` können Sie Umgebungsvariablen angeben, die zum Zeitpunkt des Programmaufrufs in den Container eingebunden werden. In unserem Container verwenden wir `ARG`, um z. B. anzugeben, dass der Port eine konfigurierbare Option ist, und nutzen dann `ENV`, um sicherzustellen, dass die Konfiguration unserem Skript beim Programmaufruf zur Verfügung steht.

Danach können wir das Image, von dem wir geerbt haben, mit den Befehlen `RUN` und `COPY` modifizieren. `RUN` führt Befehle innerhalb des Images aus, und alle Änderungen werden als neue *Layer* des Images separat vom Basislayer gespeichert. `COPY` kopiert etwas aus dem Erstellungskontext des Dockers (normalerweise alle Dateien aus dem Verzeichnis, das der Build-Befehl erzeugt hat, oder aus Unterverzeichnissen) und fügt es an einer Stelle im Dateisystem des Images ein. Nachdem wir das Unterverzeichnis `/app` mit `RUN` erzeugt haben, verwenden wir dann `COPY`, um unseren Code und unsere Modellparameter in das Image zu verschieben.

`EXPOSE` gibt Docker an, auf welchen Port die Anwendung in der Umgebung abgebildet werden soll. Standardmäßig sind keine Ports geöffnet. Deshalb fügen wir hier einen Port hinzu, der dem vorherigen `ARG`-Befehl entnommen wird. Zu guter Letzt gibt es noch den Standardbefehl `ENTRYPOINT`, der beim Erstellen eines Containers ausgeführt wird. Wir haben hier ein Skript spezifiziert, das wir allerdings noch nicht erstellt haben! Lassen Sie uns das tun, bevor wir unser Docker-Image erstellen:

```
#!/bin/bash
#run-model-service.sh
cd /app
waitress-serve --port ${CATFISH_PORT} --call 'catfish_server:create_app'
```

Moment, was ist hier los? Woher kommt plötzlich `waitress`? Das Problem besteht darin, dass wir einen Flask-basierten Server betrieben haben, der lediglich zu Debugging-Zwecken geeignet ist. Wenn wir diesen in Produktivbetrieb bringen möchten, benötigen wir einen Webserver, der für den Produktiveinsatz geeignet ist. Waitress genügt dieser Anforderung. Wir gehen nicht allzu sehr ins Detail, aber wenn Sie mehr darüber erfahren möchten, können Sie gern die Waitress-Dokumentation (*https://oreil.ly/x96Ir*) aufrufen.

Nach all diesen Vorbereitungen können wir endlich unser Image mit dem Befehl `docker build` erstellen:

```
docker build -t catfish-service .
```

Mit dem Befehl `docker images` überprüfen wir, ob das Image auf unserem System verfügbar ist:

```
>docker images
REPOSITORY          TAG                      IMAGE ID
catfish-service     latest                   e5de5ad808b6
```

Zum Starten unseres Vorhersage-Webdiensts benötigen wir den Befehl `docker run`:

```
docker run -d -p 5000:5000 catfish-service:latest
```

Außerdem verwenden wir das Argument `-p`, um den Port 5000 des Containers auf den Port 5000 unseres Rechners abzubilden, und die Option `-d`, um weiterhin in demselben Kommandozeilenfenster arbeiten zu können. Wie zuvor sollten Sie in der Lage sein, auf *http://localhost:5000/predict* zu gehen.

Etwas, das Ihnen vielleicht auffällt, wenn Sie `docker images` lokal ausführen, ist, dass das Docker-Image über 4 GB aufweist! Das ist ziemlich groß, wenn man bedenkt, dass wir nicht viel Code geschrieben haben. Suchen wir also nach Möglichkeiten, dieses Image einerseits kleiner und andererseits auch praktikabler für den Produktiveinsatz zu machen.

Unterschiede zwischen lokalem und Cloud-Speicher

Offensichtlich ist es am einfachsten, unsere vortrainierten Modellparameter auf dem lokalen Dateisystem zu speichern, sei es auf unserem Rechner oder auf dem Dateisystem innerhalb eines Docker-Containers. Dies birgt jedoch einige Probleme. Erstens ist das Modell fest in das Image eincodiert. Außerdem ist es durchaus üblich, dass wir das Modell aktualisieren müssen, nachdem das Image bereits erstellt und in den Produktivbetrieb übernommen wurde. Mit unserer aktuellen Docker-Datei müssten wir das Image komplett neu erstellen, auch wenn sich die Struktur des Modells nicht geändert hat! Zweitens ergibt sich die Größe unserer Images überwiegend aus der Größe der entsprechenden Parameterdatei. Möglicherweise ist Ihnen noch nicht aufgefallen, dass sie in der Regel relativ groß sind! Geben Sie einmal den folgenden Befehl ein, um die Größe der Datei zu inspizieren:

```
ls -l
total 641504
-rw------- 1 ian ian 178728960 Feb  4  2018 resnet101-5d3b4d8f.pth
-rw------- 1 ian ian 241530880 Feb 18  2018 resnet152-b121ed2d.pth
-rw------- 1 ian ian  46827520 Sep 10  2017 resnet18-5c106cde.pth
-rw------- 1 ian ian  87306240 Dec 23  2017 resnet34-333f7ec4.pth
-rw------- 1 ian ian 102502400 Oct  1  2017 resnet50-19c8e357.pth
```

Wenn wir bei jedem Build Modelle zum Dateisystem hinzufügen, fallen unsere Docker-Images nach einer gewissen Zeit wahrscheinlich ziemlich groß aus, was das Pushen und Pullen verlangsamt. Wenn Sie lokal arbeiten, empfehle ich Ihnen lokale Dateisysteme oder datenträgerbezogene Docker-Container. Möchten Sie das Deployment hingegen in der Cloud vollziehen – worauf wir hinarbeiten –, ist es sinnvoll, die Vorteile der Cloud in voller Gänze zu nutzen. Modellparameterdateien können auf Azure Blob Storage, Amazon Simple Storage Service (Amazon S3) oder Google Cloud Storage hochgeladen und beim Programmaufruf abgerufen werden.

Wir können unsere `load_model()`-Funktion umformulieren, um die Parameterdatei direkt beim Programmaufruf herunterzuladen:

```
from urllib.request import urlopen
from shutil import copyfileobj
from tempfile import NamedTemporaryFile

def load_model():
    m = CatfishModel
    if "CATFISH_MODEL_LOCATION" in os.environ:
        parameter_url = os.environ["CATFISH_MODEL_LOCATION"]
        print(f"downloading {parameter_url}")
        with urlopen(parameter_url) as fsrc, NamedTemporaryFile() as fdst:
            copyfileobj(fsrc, fdst)
            m.load_state_dict(torch.load(fdst, map_location="cpu"))
    m.eval()
    return m
```

Es gibt zweifelsohne viele Möglichkeiten, Dateien mit Python herunterzuladen; Flask beinhaltet beispielsweise das request-Modul, mit dem Dateien einfach heruntergeladen werden können. Ein potenzielles Problem besteht jedoch darin, dass bei vielen Ansätzen die gesamte Datei in den Speicher geladen wird, bevor sie auf die Festplatte geschrieben wird. Meistens ist das sinnvoll, aber beim Herunterladen von Modellparameterdateien könnten diese jedoch in den Gigabyte-Bereich kommen. In dieser neuen Version unserer `load_model()`-Funktion verwenden wir also die Funktionen `urlopen()` und `copyfileobj()`, um den Kopiervorgang vorzunehmen, und `NamedTemporaryFile()`, um für eine Zieldatei zu sorgen, die am Ende des Blocks gelöscht wird, da wir zu diesem Zeitpunkt die Parameter bereits geladen haben und die Datei daher nicht mehr benötigen! Dementsprechend können wir unsere Docker-Datei vereinfachen:

```
FROM continuumio/miniconda3:latest

ARG port=5000

ENV CATFISH_PORT=$port

RUN conda install -y flask \
  && conda install -c pytorch torchvision \
  && conda install waitress
RUN mkdir -p /app

COPY ./catfish_model.py /app
COPY ./catfish_server.py /app
COPY ./run-model-service.sh /

EXPOSE $port

ENTRYPOINT ["/run-model-service.sh"]
```

Nachdem wir erneut ein Image mit `docker build -t catfish-service .` erstellt haben, führen wir wiederum `docker run` aus und übergeben dabei zusätzlich eine Umgebungsvariable mit der URL der Parameterdatei (denken Sie daran, zuerst den Port wieder freizugeben, indem Sie den vorherigen Prozess mit `docker container stop CONTAINERNAME` beenden, oder wählen Sie einen anderen Port):

```
docker run -d -p 5000:5000 \
  --env CATFISH_MODEL_LOCATION=[URL] catfish-service:latest
```

Der Dienst extrahiert nun die Parameter aus der URL, und das Docker-Image sollte in etwa 600 bis 700 MB kleiner als das ursprüngliche sein.

In diesem Beispiel gehen wir davon aus, dass sich die Modellparameterdatei an einem frei zugänglichen Ort befindet. Wenn Sie einen modellbasierten Webdienst deployen, ist dies vermutlich keine Option für Sie. Stattdessen können Sie auf einen Cloud-Speicher wie Amazon S3, Google Cloud Storage oder Azure Blob Storage zurückgreifen. Sie müssen dazu die API des jeweiligen Anbieters verwenden, mit der Sie einen sicheren Zugriff auf Ihre Dateien (durch die

Nutzung von Zugangsdaten) erhalten und sie herunterladen können – auf beides gehen wir hier nicht näher ein.

Wir haben nun einen Webdienst entwickelt, der in der Lage ist, über HTTP im JSON-Format zu kommunizieren. Jetzt möchten wir sicherstellen, dass wir ihn überwachen können, während er Vorhersagen trifft.

Logging und Telemetrie

Eine Sache, die wir in unseren derzeitigen Dienst nicht integriert haben, ist irgendein Konzept der Protokollierung, sprich Logging. Und obwohl der Dienst unglaublich einfach ist und vielleicht kein ausgiebiges Logging benötigt (außer zur Erfassung der Fehlerzustände), wäre es für uns von Nutzen – wenn nicht sogar unerlässlich –, den Überblick darüber zu behalten, was tatsächlich vorhergesagt wird. Irgendwann möchten wir das Modell bewerten; wie ließe sich das denn ohne Daten aus dem Produktivbetrieb umsetzen?

Nehmen wir an, wir hätten eine Methode `send_to_log()`, die ein Python-Dictionary annimmt und es an eine andere Stelle übergibt (beispielsweise in ein Apache-Kafka-Cluster, das auf einem Cloud-Speicher gesichert ist). Mit diesem Vorgehen könnten wir jedes Mal, wenn wir eine Vorhersage treffen, die entsprechenden Informationen senden:

```
import logging
import uuid
logging.basicConfig(level=logging.INFO)

def predict():
    img = Image.open(BytesIO(requests.get(img_url).content))
    img_tensor = img_transforms(img).unsqueeze(0)
    start_time = time.process_time()
    prediction = model(img_tensor)
    end_time = time.process_time()
    predicted_class = CatfishClasses[torch.argmax(prediction)]
    send_to_log(
        {"image": img_url,
        "prediction": predicted_class},
        "predict_tensor": prediction,
        "img_tensor": img_tensor,
        "predict_time": end_time-start_time,
        "uuid":uuid.uuid4()
        })
    return jsonify({"image": img_url, "prediction": predicted_class})

def send_to_log(log_line):
    logging.info(log_line)
```

Mit einigen Ergänzungen wie z.B. der Berechnung, wie lange eine Vorhersage bei jeder Anfrage dauert, sendet diese Methode jetzt bei jeder Anfrage eine Nachricht an einen Logger oder eine externe Ressource, die wichtige Details wie die Bild-

URL, die vorhergesagte Kategorie, den tatsächlichen Vorhersagetensor und sogar den vollständigen Bildtensor für den Fall enthält, dass die angegebene URL nur vorübergehend gültig ist. Wir integrieren auch einen generierten Identifikator (*Universal Unique Identifier* – UUID), sodass jede Vorhersage zu einem späteren Zeitpunkt immer eindeutig referenziert werden kann, falls die vorhergesagte Kategorie korrigiert werden muss. Im realen Einsatz würden wir noch Dinge wie eine `User_id` und dergleichen einbeziehen, sodass nachgelagerte Systeme den Anwendern die Möglichkeit bieten, zu bewerten, ob die Vorhersage richtig oder falsch war, und sozusagen beiläufig noch mehr Trainingsdaten für weitere Trainingsdurchläufe des Modells erzeugen können.

Wir sind nun so weit, unseren Container in die Cloud zu schieben. Sehen wir uns an, wie Kubernetes als Host zur Skalierung unseres Diensts genutzt werden kann.

Deployment mit Kubernetes

Es würde den Rahmen dieses Buchs sprengen, allzu ausführlich auf Kubernetes einzugehen. Daher beschränken wir uns auf die Grundlagen, einschließlich der Frage, wie man schnell einen Dienst zum Laufen bringt.[1] *Kubernetes* (auch *k8s* genannt) entwickelt sich zunehmend zum wichtigsten Cluster-Framework in der Cloud. Es ist aus Googles ursprünglicher Cluster-Management-Software Borg hervorgegangen und enthält alle Elemente, um eine belastbare und auch zuverlässige Ausführung von Diensten zu gewährleisten, darunter Dinge wie Lastverteilung, Ressourcenkontingente, Skalierungsrichtlinien, Traffic-Management, das Teilen von Secrets und mehr.

Sie können Kubernetes auf Ihren lokalen Rechner oder Ihren Cloud-Account herunterladen und dort einrichten. Im Grunde empfehle ich Ihnen, einen gehosteten Dienst zu verwenden, bei dem die Verwaltung von Kubernetes durch den Cloud-Anbieter selbst übernommen wird und Sie nur noch Ihre eigenen Dienste verwalten müssen. Für unser Deployment verwenden wir den Dienst *Google Kubernetes Engine* (GKE), Sie können aber auch auf Amazon, Azure oder DigitalOcean deployen.

Einrichten der Google Kubernetes Engine

Um die GKE verwenden zu können, benötigen Sie ein Google-Cloud-Konto (*https://cloud.google.com*). Darüber hinaus ist das Ausführen von Diensten auf GKE nicht kostenlos. Wenn Sie neu bei Google Cloud sind, erhalten Sie knapp 300 US-Dollar kostenloses Guthaben. Wir benötigen wahrscheinlich nicht mehr als ein oder zwei US-Dollar.

1 *Cloud Native DevOps with Kubernetes* von John Arundel und Justin Domingus (O'Reilly) bietet einen großartigen Einstieg in dieses Thema. (*https://oreil.ly/2BaE1iq*)

Sobald Sie ein Konto haben, laden Sie das Google Cloud Software Development Kit (SDK) (*https://cloud.google.com/sdk*) für Ihr System herunter. Sobald es installiert ist, installieren wir damit `kubectl` – mit dieser Anwendung interagieren wir mit dem Kubernetes-Cluster, das wir erstellen:

```
gcloud login
gcloud components install kubectl
```

Anschließend müssen wir ein neues *Projekt* erzeugen. Auf diese Weise verwaltet Google Cloud die Rechenressourcen Ihres Kontos:

```
gcloud projects create ml-k8s --set-as-default
```

Als Nächstes erstellen wir unser Docker-Image neu und kennzeichnen es mit einem Tag, sodass es in die von Google bereitgestellte interne Registry geladen werden kann (wir benötigen `gcloud` zur Authentifizierung). Dann können wir den Befehl `docker push` verwenden, um unser Container-Image in die Cloud zu übermitteln. Zusätzlich versehen wir unseren Dienst nun mit einem Versionstag, `v1`:

```
docker build -t gcr.io/ml-k8s/catfish-service:v1 .
gcloud auth configure-docker
docker push gcr.io/ml-k8s/catfish-service:v1
```

Aufsetzen eines Kubernetes-Clusters

Jetzt können wir unser Kubernetes-Cluster aufsetzen. Mit dem folgenden Befehl erstellen wir ein Cluster mit zwei Knoten des Typs n1-standard-1, Googles billigste und leistungsmäßig schwächste Instanz. Wenn Sie Geld sparen möchten, können Sie das Cluster auch mit nur einem Knoten einrichten.

```
gcloud container clusters create ml-cluster --num-nodes=2
```

Es kann einige Minuten dauern, bis das neue Cluster vollständig initialisiert ist. Sobald es eingerichtet ist, können wir unsere Anwendung mit dem `kubectl`-Befehl bereitstellen!

```
kubectl run catfish-service \
 --image gcr.io/ml-k8s/catfish-service:v1 \
 --port 5000 \
 --env CATFISH_MODEL_LOCATION=[URL]
```

Beachten Sie, dass wir hier den Speicherort der Modellparameterdatei als Umgebungsvariablenparameter übergeben, so wie wir es bereits zuvor bei dem Befehl `docker run` auf unserem lokalen Rechner getan haben. Mit dem Befehl `kubectl get pods` können Sie sehen, welche Pods aktuell auf dem Cluster laufen. Ein *Pod* ist eine Gruppe von einem oder mehreren Containern, verknüpft mit einer Spezifikation, wie diese Container ausgeführt und verwaltet werden sollen. In unserem Fall führen wir das Modell innerhalb eines Containers in einem Pod aus. Die Ausgabe sollte wie folgt aussehen:

```
NAME                                READY STATUS   RESTARTS  AGE
gcr.io/ml-k8s/catfish-service:v1    1/1   Running 0 4m15s
```

Gut, jetzt können wir sehen, dass unsere Anwendung läuft. Doch wie können wir mit ihr interagieren? Dazu müssen wir einen *Dienst* bereitstellen, in diesem Fall einen Lastverteiler (`LoadBalancer`), der unserem internen Cluster eine externe IP-Adresse zuordnet:

```
kubectl expose deployment catfish-service \
 --type LoadBalancer \
 --port 80 \
 --target-port 5000
```

Sie können sich dann mit dem Befehl `kubectl get services` die laufenden Dienste anzeigen lassen und die externe IP einsehen:

```
kubectl get service

NAME             CLUSTER-IP     EXTERNAL-IP    PORT(S)         AGE
catfish-service  10.3.251.122   203.0.113.0    80:30877/TCP    3d
```

Nun sollten Sie die URL *http://externe-ip/predict* aufrufen können, genau wie auf Ihrem lokalen Rechner. Wir können auch ohne zusätzliche Logging-Funktionen auf die Logdateien unseres Pods zugreifen:

```
kubectl logs catfish-service-xxdsd
>> log response
```

Wir haben nun erfolgreich ein Kubernetes-Cluster aufgesetzt. Sehen wir uns an, was es zu leisten vermag.

Dienste skalieren

Angenommen, uns reiche ein Pod nicht aus, um den gesamten Traffic des Vorhersagediensts zu bewältigen. Würden wir einen konventionellen Deployment-Ansatz verfolgen, müssten wir neue Server aufstellen, sie in die Lastverteilung einbinden und für den Fall des Ausfalls eines Servers vorbeugen. Kubernetes bietet uns im Gegensatz dazu einen relativ bequemen Ansatz. Stellen wir zunächst sicher, dass drei Kopien des Diensts gleichzeitig in Betrieb sind:

```
kubectl scale deployment hello-web --replicas=3
```

Wenn Sie die Ausgabe von `kubectl get pods` betrachten, werden Sie mittlerweile sehen, dass Kubernetes zwei weitere Pods aus Ihrem Docker-Image zieht und sie in den Lastverteiler einbindet. Was geschieht nun, wenn wir einen der Pods löschen?

```
kubectl delete pod [PODNAME]
kubectl get pods
```

Sie sollten feststellen, dass der von uns angegebene Pod gelöscht wurde. Aber – Sie sollten auch sehen können, dass ein neuer Pod gestartet wurde, um ihn zu ersetzen! Wir haben Kubernetes mitgeteilt, drei Kopien des Images laufen zu lassen. Da wir eine davon gelöscht haben, startet das Cluster einen neuen Pod, um sicherzustellen, dass die Anzahl der Replikate der von uns vorgegebenen entspricht. Diese Systematik greift auch hinsichtlich der Aktualisierung unserer Anwendung – sehen wir es uns genauer an.

Aktualisierungen und Bereinigungen

Um eine Aktualisierung für unseren Dienst bereitzustellen, erzeugen wir eine neue Version des Containers mit einem Versionstag `v2`:

```
docker build -t gcr.io/ml-k8s/catfish-service:v2 .
docker push gcr.io/ml-k8s/catfish-service:v2
```

Dann teilen wir dem Cluster mit, dass es zum Deployen das neue Image verwenden soll:

```
kubectl set image deployment catfish-service \
  catfish-service=gcr.io/ml-k8s/catfish-service:v2
```

Sie können den Prozess weiterhin mit `kubectl get pods` überwachen. Sie werden sehen, dass neue Pods mit dem neuen Image ausgerollt und Pods mit dem alten Image gelöscht werden. Kubernetes kümmert sich automatisch um die Verbindungen und entfernt alte Pods aus dem Lastverteiler.

Wenn Sie nicht länger mit dem Cluster experimentieren möchten, sollten Sie den Dienst nun löschen, um unerwartete Kosten zu vermeiden:

```
kubectl delete service catfish-service
gcloud container clusters delete ml-k8s
```

Damit kommen wir zum Ende unserer kurzen Einführung in Kubernetes; Sie kennen jetzt die Grundlagen, aber sehen Sie sich für weitere Informationen auf jeden Fall die Webseite von Kubernetes (*https://kubernetes.io*) an (und glauben Sie mir: Es gibt viel mehr zu diesem Thema!).

Bisher haben wir uns ausschließlich auf Python-basierten Code beschränkt. Es mag Sie vielleicht überraschen, dass PyTorch nicht nur darauf beschränkt ist. Im nächsten Abschnitt erfahren Sie, wie Sie mit TorchScript die Möglichkeiten der Programmiersprache C++ ausschöpfen und dadurch weitere Optimierungen an unseren Python-basierten Modellen vornehmen können.

TorchScript

Wie Sie sich vielleicht erinnern werden, besteht der Hauptunterschied zwischen PyTorch und TensorFlow darin, dass TensorFlow mit einer graphenbasierten Darstellung des Modells arbeitet, während PyTorch eine Eager Execution mit bandbasierter Differenzierung zugrunde liegt. Der Modus der Eager Execution ermöglicht alle möglichen dynamischen Ansätze zur Spezifizierung und zum Trainieren von Modellen, was PyTorch insbesondere für Forschungszwecke attraktiv macht. Andererseits mag die graphenbasierte Darstellung zwar statisch sein, aber sie gewinnt dadurch an Stabilität; Optimierungen können bei einer graphenbasierten Darstellung mit der Gewissheit angewandt werden, dass sich nichts ändern wird. Und so wie bei TensorFlow in Version 2.0 dazu übergegangen wurde, die Eager Execution zu unterstützen, wurde in Version 1.0 von PyTorch TorchScript eingeführt, um so auch die Vorteile aus der Nutzung graphenbasierter Systeme zu ziehen, ohne die Flexibilität von PyTorch völlig aufzugeben. Dies geschieht auf zwei Arten, die miteinander kombiniert werden können: Tracing und die direkte Verwendung von TorchScript.

Tracing

Seit Version 1.0 verfügt PyTorch über eine JIT-(Just-in-Time-)Tracing-Engine, die ein vorhandenes PyTorch-Modul oder eine Funktion in ein TorchScript-Modul oder eine TorchScript-Funktion umwandelt. Dazu wird ein bestimmter Beispieltensor in die Engine geleitet und ein `ScriptModule` zurückgegeben, das die TorchScript-Darstellung des Originalcodes enthält.

Sehen wir uns zunächst an, wie sich der Tracing-Vorgang beim AlexNet bewerkstelligen lässt:

```
import torch
import torchvision.models

model = torchvision.models.alexnet()
traced_model = torch.jit.trace(model,
                               torch.rand(1, 3, 224, 224))
```

Nun gut, das *funktioniert* zwar, aber Sie erhalten vom Python-Interpreter eine Meldung, die für eine Unterbrechung sorgt:

```
TracerWarning: Trace had nondeterministic nodes. Nodes:
%input.15 :
Float(1, 9216) = aten::dropout(%input.14, %174, %175),
scope: AlexNet/Sequential[classifier]/Dropout[0]
%input.18 :
Float(1, 4096) = aten::dropout(%input.17, %184, %185),
scope: AlexNet/Sequential[classifier]/Dropout[3]

This may cause errors in trace checking.
To disable trace checking, pass check_trace=False to torch.jit.trace()

_check_trace([example_inputs], func, executor_options,
module, check_tolerance, _force_outplace)
/home/ian/anaconda3/lib/
python3.6/site-packages/torch/jit/__init__.py:642:
TracerWarning: Output nr 1. of the traced function does not
match the corresponding output of the Python function. Detailed error:

Not within tolerance rtol=1e-05 atol=1e-05 at input[0, 22]
(0.010976361110806465 vs. -0.005604125093668699)
and 996 other locations (99.00%)
_check_trace([example_inputs], func,
executor_options, module, check_tolerance
_force_outplace)
```

Was geht hier vor sich? Wenn wir AlexNet (oder andere Modelle) erstellen, wird das Modell im *Trainingsmodus* instanziiert. Während des Trainings verwenden wir in vielen Modellen, wie z. B. in AlexNet, eine `Dropout`-Schicht, in der Aktivierungen zufällig eliminiert werden, wenn ein Tensor das Netzwerk durchläuft. Beim Tracing wurde der von uns erzeugte Zufallstensor zweimal durch das Modell geschickt, beide Tensoren wurden miteinander verglichen, und es wurde festgestellt, dass die Werte der `Dropout`-Schichten nicht übereinstimmen. Dies offenbart einen wesentlichen Nachteil beim Tracing, da es mit Nichtdeterminismus oder Kontrollfluss nicht umgehen kann. Wenn diese Eigenschaften auch auf Ihr Modell zutreffen, müssen Sie zumindest für diesen Teil die Umwandlung in TorchScript selbst vornehmen.

Im Fall von AlexNet ist die Lösung jedoch einfach: Wir versetzen das Modell in den Inferenzmodus, indem wir die `model.eval()`-Funktion verwenden. Wenn Sie die Codezeile für das Tracing erneut ausführen, werden Sie feststellen, dass sie diesmal ohne jede Beanstandung ausgeführt wird. Wir können uns auch das getracte Modell mit `print()` ausgeben lassen, um zu sehen, aus welchen Elementen es sich zusammensetzt:

```
print(traced_model)

  AlexNet(
  original_name=AlexNet
  (features): Sequential(
    original_name=Sequential
    (0): Conv2d(original_name=Conv2d)
    (1): ReLU(original_name=ReLU)
    (2): MaxPool2d(original_name=MaxPool2d)
    (3): Conv2d(original_name=Conv2d)
    (4): ReLU(original_name=ReLU)
    (5): MaxPool2d(original_name=MaxPool2d)
    (6): Conv2d(original_name=Conv2d)
    (7): ReLU(original_name=ReLU)
    (8): Conv2d(original_name=Conv2d)
    (9): ReLU(original_name=ReLU)
    (10): Conv2d(original_name=Conv2d)
    (11): ReLU(original_name=ReLU)
    (12): MaxPool2d(original_name=MaxPool2d)
  )
  (avgpool): AdaptiveAvgPool2d(original_name=AdaptiveAvgPool2d)
  (classifier): Sequential(
    original_name=Sequential
    (0): Dropout(original_name=Dropout)
    (1): Linear(original_name=Linear)
    (2): ReLU(original_name=ReLU)
    (3): Dropout(original_name=Dropout)
    (4): Linear(original_name=Linear)
    (5): ReLU(original_name=ReLU)
    (6): Linear(original_name=Linear)
  )
)
```

Ebenso können wir uns den Code ansehen, den die JIT-Engine erstellt hat, indem wir `print(traced_model.code)` eingeben:

```
def forward(self,
    input: Tensor) -> Tensor:
  _0 = self.classifier
  _1 = (self.avgpool).forward((self.features).forward(input, ), )
  input0 = torch.flatten(_1, 1, -1)
  return (_0).forward(input0, )
```

Das Modell (Code als auch Parameter) können Sie mit `torch.jit.save` speichern:

```
torch.jit.save(traced_model, "traced_model")
```

So viel zu Tracing. Sehen wir uns nun an, wie man TorchScript einsetzt.

Scripting

Sie fragen sich vielleicht, warum wir nicht einfach alles tracen können? Der Tracer ist zwar gut in dem, was er tut, aber er hat seine Grenzen. Zum Beispiel ist es nicht möglich, eine einfache Funktion wie die folgende in einem einzigen Durchlauf zu tracen:

```
import torch

def example(x, y):
  if x.min() > y.min():
      r = x
  else:
      r = y
  return r
```

Bei einem einzelnen Trace durch die Funktion würde nur ein Pfad verfolgt werden und nicht der andere, was bedeutet, dass die Funktion nicht korrekt umgewandelt werden würde. In derartigen Fällen können wir TorchScript nutzen, das eine eingeschränkte Subversion von Python darstellt, und unseren kompilierten Code erzeugen. Wir setzen einen *Dekorator*, um PyTorch mitzuteilen, dass wir TorchScript verwenden. Die TorchScript-Implementierung sähe dementsprechend wie folgt aus:

```
@torch.jit.script
def example(x, y):
    if x.min() > y.min():
        r = x
    else:
        r = y
    return r
```

Glücklicherweise kommen in unserer Funktion keine Konstrukte vor, die nicht in TorchScript enthalten sind oder auf einen globalen Zustand verweisen, sodass sich das einfach umsetzen lässt. Würden wir uns dazu entscheiden, die Architektur anzupassen, müssten wir von `torch.jit.ScriptModule` anstatt von `nn.Module` erben.

Sie fragen sich vielleicht, wie wir andere Module (z.B. CNN-basierte Schichten) verwenden könnten, wenn alle Module von dieser anderen Klasse erben müssten. Verhält sich hier alles ein wenig anders? Die Lösung ist, dass wir beides miteinander kombinieren können, indem wir wahlweise explizites TorchScript oder getracte Objekte nutzen.

Kommen wir zurück zu unserer CNNNet- bzw. AlexNet-Struktur aus Kapitel 3 und sehen wir uns an, wie wir sie durch eine Kombination dieser beiden Methoden in TorchScript konvertieren können. Der Kürze halber implementieren wir hier nur den `features`-Block:

```
class FeaturesCNNNet(torch.jit.ScriptModule):
    def __init__(self, num_classes=2):
        super(FeaturesCNNNet, self).__init__()
        self.features = torch.jit.trace(nn.Sequential(
            nn.Conv2d(3, 64, kernel_size=11, stride=4, padding=2),
            nn.ReLU(),
            nn.MaxPool2d(kernel_size=3, stride=2),
            nn.Conv2d(64, 192, kernel_size=5, padding=2),
            nn.ReLU(),
            nn.MaxPool2d(kernel_size=3, stride=2),
            nn.Conv2d(192, 384, kernel_size=3, padding=1),
            nn.ReLU(),
            nn.Conv2d(384, 256, kernel_size=3, padding=1),
            nn.ReLU(),
            nn.Conv2d(256, 256, kernel_size=3, padding=1),
            nn.ReLU(),
            nn.MaxPool2d(kernel_size=3, stride=2)
        ), torch.rand(1,3,224,224))

    @torch.jit.script_method
    def forward(self, x):
        x = self.features(x)
        return x
```

Hier fallen zwei Besonderheiten auf. Erstens müssen wir innerhalb von Klassen einen anderen Dekorator, `@torch.jit.script_method`, nutzen, und zweitens hätten wir durchaus jede Schicht einzeln tracen können. Stattdessen haben wir uns den Vorteil der umhüllenden `nn.Sequential`-Schicht zunutze gemacht und mit dem Tracing direkt an dieser Schicht angesetzt. Sie könnten den `classifier`-Block selbst implementieren, um ein Gefühl dafür zu bekommen, wie die Kombination beider Methoden funktioniert. Denken Sie daran, dass Sie in den `Dropout`-Schichten den `eval()`-Modus aktivieren müssen (anstelle des Trainingsmodus) und dass Ihr Eingabetensor aufgrund des Downsamplings, das der `features`-Block vornimmt, beim Tracing die Form `[1, 256, 6, 6]` aufweisen muss. Und ja, so wie zuvor beim getracten Modul können Sie dieses Netzwerk speichern, indem Sie den `torch.jit.save`-Dekorator verwenden. Schauen wir uns einmal an, was TorchScript zulässt und was nicht.

Einschränkungen in TorchScript

Die größte Einschränkung in TorchScript im Vergleich zu Python ist zumindest meiner Meinung nach die geringere Anzahl der verfügbaren Typen. Tabelle 8-1 listet auf, welche Datentypen verfügbar sind und welche nicht.

Tabelle 8-1: In TorchScript verfügbare Python-Typen

Typ	Beschreibung
`Tensor`	ein PyTorch-Tensor mit beliebigem Datentyp, beliebiger Dimension oder beliebigem Backend
`Tuple[T0, T1,...]`	ein Tupel, das die Subtypen T0, T1 usw. enthält (z. B. `tuple[tensor, tensor]`)
`boolean`	boolescher Wert
`str`	Zeichenkette/String
`int`	Integer
`float`	Gleitkommazahl
`List[T]`	Liste des Typs `T`
`Optional[T]`	entweder *None* oder Typ `T`
`Dict[K, V]`	`Dictionary` mit Schlüsseln des Typs `K` und Werten des Typs `V`; `K` darf nur `str`, `int` oder `float` sein

Außerdem können Sie anders als in Python keine Funktionen mit verschiedenen Ausgabetypen verwenden. Das Folgende ist in TorchScript beispielsweise unzulässig:

```
def maybe_a_string_or_int(x):
    if x > 3:
        return "bigger than 3!"
    else:
        return 2
```

Natürlich ist das auch in Python nicht wirklich ratsam. Aber Pythons dynamische Typisierung erlaubt uns es zumindest. TorchScript wird dagegen statisch typisiert (was bei Optimierungen von Vorteil ist), sodass Sie dies bei dem mit TorchScript dekorierten Code schlichtweg nicht tun können. Außerdem geht TorchScript davon aus, dass jeder Parameter, der an eine Funktion übergeben wird, ein Tensor ist. Dies kann sicherlich zu einer gewissen Verwirrung beitragen, wenn Sie sich nicht ganz im Klaren darüber sind, was vor sich geht:

```
@torch.jit.script
def add_int(x,y):
    return x + y

print(add_int.code)
>> def forward(self,
  x: Tensor,
  y: Tensor) -> Tensor:
  return torch.add(x, y, alpha=1)
```

Um verschiedene Typen zu erzwingen, benötigen wir die Typ-Annotationen aus Python 3:

```
@torch.jit.script
def add_int(x: int, y: int) -> int:
    return x + y
print(add_int.code)
>> def forward(self,
  x: int,
  y: int) -> int:
return torch.add(x, y)
```

Wie Sie bereits gesehen haben, werden Klassen grundsätzlich unterstützt, es gibt jedoch ein paar Einschränkungen. Alle Methoden einer Klasse müssen in funktionsfähigem TorchScript formuliert sein; aber obwohl der folgende Code valide zu sein scheint, funktioniert er nicht:

```
@torch.jit.script
class BadClass:
    def __init__(self, x):
        self.x = x

    def set_y(y):
        self.y = y
```

Dies ist ebenfalls auf die statische Typisierung von TorchScript zurückzuführen. Alle Instanzvariablen müssen im Rahmen der `__init__`-Methode deklariert und können nicht an anderer Stelle eingeführt werden. Oh, und kommen Sie bitte nicht auf die Idee, irgendwelche Ausdrücke in eine Klasse einzufügen, die nicht in einer Methode genutzt werden – diese werden in TorchScript nicht berücksichtigt.

Dass TorchScript eine Subversion von Python darstellt, bringt zusätzlich eine nützliche Eigenschaft mit sich. Die Übersetzung kann so in einem schrittweisen Ansatz angegangen werden, und der Zwischencode ist immer noch gültig und ausführbar in Python. TorchScript-kompatibler Code kann nicht kompatiblen Code aufrufen. Sollten Sie nicht in der Lage sein, den gesamten nicht kompatiblen Code mit `torch.jit.save()` zu konvertieren, können Sie trotzdem alles in Python ausführen.

Dies sind meiner Meinung nach die wichtigsten Aspekte von TorchScript. Mehr dazu können Sie in der PyTorch-Dokumentation (*https://oreil.ly/sS0o7*) erfahren, die sich ausführlich mit Dingen wie Scoping beschäftigt (also überwiegend mit konventionellen pythonischen Grundsätzen). Der hier vorgestellte Überblick reicht jedoch aus, um alle Modelle konvertieren zu können, die Sie bisher in diesem Buch gesehen haben. Anstatt die gesamte Dokumentation weiter zu vertiefen, widmen wir uns der Implementierung eines unserer TorchScript-fähigen Modelle in C++.

Mit libTorch arbeiten

Zusätzlich zu TorchScript wurde mit Version 1.0 von PyTorch `libTorch` eingeführt, eine C++-Bibliothek, die der Interaktion mit PyTorch dient. Es stehen verschie dene Ebenen der C++-Interaktion zur Verfügung. Die niedrigsten Ebenen sind `ATen` und `autograd`, die C++-Implementierungen des Tensors und der automatischen Differenzierung, auf denen PyTorch selbst aufbaut. Hinzu kommen ein C++-Frontend, das die pythonische PyTorch-Schnittstelle in C++ repliziert, eine Schnittstelle zu TorchScript und schließlich eine Erweiterungsschnittstelle, die es erlaubt, neue benutzerdefinierte C++-/CUDA-Operatoren zu definieren und mit der Python-basierten Implementierung von PyTorch in Verbindung zu bringen. Wir befassen uns in diesem Buch nur mit dem C++-Frontend und der Schnittstelle zu TorchScript. Weitere Informationen zu den anderen Komponenten finden Sie ebenfalls in der PyTorch-Dokumentation (*https://oreil.ly/y6NP5*). Beginnen wir nun damit, `libTorch` zu installieren.

libTorch einrichten

Bevor wir beginnen können, benötigen wir erst noch einen C++-Compiler und eine Möglichkeit, C++-Programme auf unserem Rechner zu erstellen. Dies ist einer der wenigen Abschnitte des Buchs, in denen Tools wie Google Colab nicht geeignet sind, sodass Sie möglicherweise eine virtuelle Maschine in Google Cloud, AWS oder Azure erstellen müssen, sollten Sie keinen unmittelbaren Zugang zu einem Kommandozeilenfenster haben. (Jeder, der meinen Rat, keinen dedizierten Rechner zu bauen, ignoriert hat, klopft sich jetzt wahrscheinlich zufrieden auf die Schulter). Die Nutzung von `libTorch` setzt die Installation eines C++-Compilers und *CMake* voraus. Bei einem Debian-basierten System sollten Sie für die Installation folgenden Befehl verwenden:

```
apt install cmake g++
```

Wenn Sie ein Red-Hat-basiertes System verwenden, empfehle ich Ihnen diesen Befehl:

```
yum install cmake g++
```

Als Nächstes müssen wir `libTorch` selbst herunterladen. Um die Dinge ein wenig einfacher zu gestalten, verwenden wir im Folgenden die CPU-basierte Distribution von `libTorch`, anstatt uns mit den zusätzlichen CUDA-Abhängigkeiten zu befassen, die die GPU-fähige Distribution mit sich bringt. Erstellen Sie ein Verzeichnis namens *torchscript_export* und laden Sie die Distribution runter:

```
wget https://download.pytorch.org/libtorch/cpu/libtorch-shared-with-deps-
latest.zip
```

Verwenden Sie den `unzip`-Befehl, um die ZIP-Datei zu entpacken (es sollte ein neues *libtorch*-Verzeichnis erstellt werden), und erstellen Sie ein Verzeichnis namens *helloworld*. Diesem Verzeichnis werden wir eine minimalistisch gehaltene Datei, *CMakeLists.txt*, hinzufügen, die *CMake* zur Erstellung unserer ausführbaren Datei benötigt:

```
cmake_minimum_required(VERSION 3.0 FATAL_ERROR)
project(hello)

find_package(Torch REQUIRED)
set(CMAKE_CXX_FLAGS "${CMAKE_CXX_FLAGS} ${TORCH_CXX_FLAGS}")

add_executable(hello hello.cpp)
target_link_libraries(hello "${TORCH_LIBRARIES}")
set_property(TARGET hello PROPERTY CXX_STANDARD 14)
```

Und anschließend noch eine Datei, *helloworld.cpp*, die wie folgt aussieht:

```
#include <torch/torch.h>
#include <iostream>

int main() {
  torch::Tensor tensor = torch::ones({2, 2});
  std::cout << tensor << std::endl;
}
```

Erstellen Sie ein *build*-Verzeichnis und führen Sie **cmake** unter Angabe des *vollständigen* Pfads zur `libtorch`-Distribution aus:

```
mkdir build
cd build
cmake -DCMAKE_PREFIX_PATH=/absolute/path/to/libtorch ..
cd ..
```

Wir müssen jetzt nur noch `make` eingeben, um unsere ausführbare Datei zu erstellen:

```
make
./helloworld

1  1
1  1
[ Variable[CPUType]{2,2} ]
```

Herzlichen Glückwunsch zur Erstellung Ihres ersten C++-Programms mit `libTorch`! Lassen Sie uns das Beispiel nun erweitern und sehen, wie Sie die Bibliothek verwenden können, um ein Modell zu laden, das zuvor mit der `torch.jit.save()`-Methode gespeichert wurde.

Ein TorchScript-Modell importieren

Wir möchten nun unser vollständiges CNNNet-Modell aus Kapitel 3 exportieren und in C++ importieren. Dafür erzeugen wir in Python eine Instanz der `CNNNet`-Klasse, wechseln in den `eval()`-Modus, um Probleme im Zusammenhang mit `Dropout`-Schichten zu umgehen, tracen es und speichern es schließlich auf der Festplatte:

```
cnn_model = CNNNet()
cnn_model.eval()
cnn_traced = torch.jit.trace(cnn_model, torch.rand([1, 3, 224, 224]))
torch.jit.save(cnn_traced, "cnnnet")
```

Nun kommt C++ ins Spiel. Erstellen Sie ein neues Verzeichnis namens *load-cnn* und fügen Sie die folgende Datei, *CMakeLists.txt*, hinzu:

```
cmake_minimum_required(VERSION 3.0 FATAL_ERROR)
project(load-cnn)

find_package(Torch REQUIRED)
set(CMAKE_CXX_FLAGS "${CMAKE_CXX_FLAGS} ${TORCH_CXX_FLAGS}")

add_executable(load-cnn load-cnn.cpp)
target_link_libraries(load-cnn "${TORCH_LIBRARIES}")
set_property(TARGET load-cnn PROPERTY CXX_STANDARD 14)
```

Erstellen wir noch unser C++-Programm `load-cnn.cpp`:

```
#include <torch/script.h>
#include <iostream>
#include <memory>

int main(int argc, const char* argv[]) {

  torch::jit::script::Module  module = torch::jit::load("cnnnet");

  std::cout << "model loaded ok\n";

  std::vector<torch::jit::IValue> inputs;
  inputs.push_back(torch::rand({1, 3, 224, 224}));

  at::Tensor output = module.forward(inputs).toTensor();

  std::cout << output << '\n';
}
```

In diesem kleinen Programm gibt es zwar ein paar neue Dinge, das meiste davon sollte Sie jedoch an die Python-basierte Schnittstelle von PyTorch erinnern. Als Erstes laden wir unser TorchScript-Modell mit `torch::jit::load` (anstelle von `torch.jit.load` in Python). Wir führen eine Null-Zeiger-Überprüfung durch, um sicherzustellen, dass das Modell korrekt geladen wurde, und testen das Modell dann mit einem zufällig erstellten Tensor. Dies lässt sich ziemlich einfach mit `torch::rand` umsetzen. Aufgrund der Art und Weise, wie TorchScript in C++ implementiert ist, müssen wir wegen der Gestaltung der Modelldefinition in TorchScript keinen normalen Tensor, sondern erst einen Vektor mit `torch::jit::IValue`-Eingaben erstellen. Wenn das erledigt ist, können wir den Tensor durch unser geladenes Modell schicken und uns das Ergebnis dann schließlich in der Standardausgabe ausgeben lassen. Wir kompilieren das Programm auf die gleiche Weise wie unser vorheriges:

```
mkdir build
cd build
cmake -DCMAKE_PREFIX_PATH=/absolute/path/to/libtorch ..
cd ..
make
./load-cnn
```

```
0.1775
0.9096
[ Variable[CPUType]{2} ]
```

Et voilà! Ein C++-Programm, mit dem unser benutzerdefiniertes Modell mit relativ geringem Aufwand unsererseits ausgeführt wird. Seien Sie sich darüber im Klaren, dass sich die C++-Schnittstelle zum Zeitpunkt des Schreibens noch in der Betaphase befindet, sodass es möglich ist, dass sich einige der Details hier ändern können. Schauen Sie sich unbedingt die Dokumentation an, ehe Sie verzweifeln!

Quantisierung

Wie Sie wissen, können Modelle große, schwerfällige Ungetüme sein, die aus Millionen von Parametern (sowohl für Gewichte als auch für Aktivierungen) bestehen, die viele Matrixmultiplikationen erfordern, um vom Einlesen der Eingabe zu einer Antwort zu gelangen. Und für den Großteil unserer bisherigen Arbeit war das auch in Ordnung! Wir verfügen über mächtige GPUs, die diese Berechnungen mit Bravour bewältigen können.

Doch was wäre, wenn wir gar nicht auf sie zurückgreifen könnten? Für gewöhnlich werden die paketierten Modelle im Rahmen des Produktivbetriebs in Umgebungen genutzt, bei denen die Berechnungen ausschließlich auf einer CPU durchgeführt werden können. Was wäre nun, wenn wir unser Modell auf einem kleineren, eingebetteten System ausführen wollten? Vor diesem Hintergrund erscheinen sowohl die Größe des Modells als auch die unzähligen Fließkommaoperationen bedeutend problematischer. Glücklicherweise gibt es einen Trick, den wir anwenden können, der unser Modell sowohl kleiner *als auch* schneller macht. Allerdings geht dieser normalerweise mit gewissen Abstrichen hinsichtlich der Genauigkeit des Modells einher. Erfreulicherweise ermöglicht uns PyTorch, diesen Trick mit nur einer Zeile Code umzusetzen sowie und mit einigen anderen Mitteln, mit denen wir noch mehr Leistung herausschlagen können. Sehen wir uns kurz an, wie diese *Quantisierung* (engl. Quantization) funktioniert.

Jeder Parameter in unserem Modell ist eine 32-Bit-Fließkommazahl, die jeweils 4 Byte Speicherplatz beansprucht. Das hört sich zunächst nicht nach besonders viel an, doch es summiert sich schnell. Werfen wir einen Blick auf Googles neuestes Transformer-basiertes T5-Modell (wir kommen im nächsten Kapitel noch ausführlicher auf Transformer-basierte Modelle zurück – für den Moment genügt es, die `transformers`-Bibliothek mit `pip/conda install transformers` zu installieren). Wir bedienen uns der kleinsten vortrainierten Variante, `t5-small`:

```
import torch
from transformers import pipeline, T5ForConditionalGeneration

def count_parameters(model):
  return sum(p.numel() for p in model.parameters())

base_model = T5ForConditionalGeneration.from_pretrained("t5-small")
```

```
param_count = count_parameters(base_model)

memory = (param_count * 4) / (1024 *1024)
print(memory)
>> 230.8154296875
```

Selbst mit dem kleinstmöglichen Satz vortrainierter Gewichte umfasst das T5-Modell über 60 Millionen Parameter und kommt auf stolze 230 MB!

Was wäre, wenn wir uns dazu entschließen würden, auf einen gewissen Grad an Genauigkeit unserer Fließkommaparameter zu verzichten? Wenn unsere Parameter auf einen bestimmten Wertebereich beschränkt werden könnten, dann könnten wir eine weniger präzise Zahlendarstellung verwenden, um die Parameter zu speichern. Diese *Quantisierung* ist der Schlüssel zur Verkürzung unserer Inferenzzeit und zur Verringerung des Speicherplatzbedarfs unserer Modelle. In der Regel wird angestrebt, eine 32-Bit-Fließkommazahl in eine 8-Bit-Ganzzahl zu quantisieren bzw. zu komprimieren. Die Grundidee lautet:

$$x_{int8} = \left(\frac{x_{float32}}{x_{scale}} + x_{offset} \right)$$

Dies stellt im Wesentlichen nur die Anpassung der potenziellen Werte der Parameter eines Netzwerks an eine Gerade der Form $y = mx + c$ dar. Aufgrund der geringeren Auflösung einer 8-Bit-Ganzzahl gibt es im Gegensatz zur `float32`-Zahl nun bedeutend weniger Werte, die ein Parameter annehmen kann. PyTorch vollzieht die Quantisierung in einer etwas komplizierteren Art und Weise, die zusätzlich sicherstellt, dass der Wert null immer null ist. Doch die Grundidee ist die gleiche – wir haben einen Wertebereich, den unsere Parameter annehmen können, und suchen dann nach einem geeignetem Wertepaar, x_{scale} und x_{offset}, um die Eingangswerte auf 256 Abstufungen in diesem Unterbereich abzubilden – bzw. 255, wenn man bedenkt, dass PyTorch die Null stets beibehält.

Zum Zeitpunkt des Verfassens dieses Abschnitts (PyTorch-Version 1.5) werden quantisierte Schichten am besten im Zusammenhang mit `Conv`- und `Linear`-Schichten unterstützt. Bei genauerer Betrachtung des Modells fällt jedoch ein glücklicher Umstand auf (aus Platzgründen wurden zahlreiche (ähnliche) Schichten nicht abgebildet):

```
T5Model(
  (shared): Embedding(32128, 512)
  (encoder): T5Stack(
    (embed_tokens): Embedding(32128, 512)
    (block): ModuleList(
      (0): T5Block(
        (layer): ModuleList(
          (0): T5LayerSelfAttention(
            (SelfAttention): T5Attention(
              (q): Linear(in_features=512, out_features=512, bias=False)
              (k): Linear(in_features=512, out_features=512, bias=False)
```

```
          (v): Linear(in_features=512, out_features=512, bias=False)
          (o): Linear(in_features=512, out_features=512, bias=False)
          (relative_attention_bias): Embedding(32, 8)
        )
        (layer_norm): T5LayerNorm()
        (dropout): Dropout(p=0.1, inplace=False)
      )
      (1): T5LayerFF(
        (DenseReluDense): T5DenseReluDense(
          (wi): Linear(in_features=512, out_features=2048, bias=False)
          (wo): Linear(in_features=2048, out_features=512, bias=False)
          (dropout): Dropout(p=0.1, inplace=False)
        )
        (layer_norm): T5LayerNorm()
        (dropout): Dropout(p=0.1, inplace=False)
      )
    )
  )

    .
    .
    .
    .
    .

  (5): T5Block(
    (layer): ModuleList(
      (0): T5LayerSelfAttention(
        (SelfAttention): T5Attention(
          (q): Linear(in_features=512, out_features=512, bias=False)
          (k): Linear(in_features=512, out_features=512, bias=False)
          (v): Linear(in_features=512, out_features=512, bias=False)
          (o): Linear(in_features=512, out_features=512, bias=False)
        )
        (layer_norm): T5LayerNorm()
        (dropout): Dropout(p=0.1, inplace=False)
      )
      (1): T5LayerCrossAttention(
        (EncDecAttention): T5Attention(
          (q): Linear(in_features=512, out_features=512, bias=False)
          (k): Linear(in_features=512, out_features=512, bias=False)
          (v): Linear(in_features=512, out_features=512, bias=False)
          (o): Linear(in_features=512, out_features=512, bias=False)
        )
        (layer_norm): T5LayerNorm()
        (dropout): Dropout(p=0.1, inplace=False)
      )
      (2): T5LayerFF(
        (DenseReluDense): T5DenseReluDense(
          (wi): Linear(in_features=512, out_features=2048, bias=False)
          (wo): Linear(in_features=2048, out_features=512, bias=False)
          (dropout): Dropout(p=0.1, inplace=False)
        )
        (layer_norm): T5LayerNorm()
        (dropout): Dropout(p=0.1, inplace=False)
      )
```

```
            )
          )
        )
        (final_layer_norm): T5LayerNorm()
        (dropout): Dropout(p=0.1, inplace=False)
      )
    )
```

Stimmt, eine ganze Menge `Linear`-Schichten sogar! Wir sollten tatsächlich imstande sein, einen gewissen Mehrwert aus der Quantisierung dieses Modells zu ziehen.

Dynamische Quantisierung

Hier sehen Sie, wie Sie ein Modell in PyTorch quantisieren können:

```
import torch.quantization

quantized_model = torch.quantization.quantize_dynamic(base_model,
                                                      {torch.nn.Linear},
                                                      dtype=torch.qint8)
```

Wirklich, das war's bereits. Ende des Kapitels – auf Wiedersehen!

Na gut, wenn Sie wirklich darauf bestehen. Aber ehrlich gesagt, viel mehr steckt nicht dahinter. Eine Einschränkung bezüglich der `quantize_dynamic`-Funktion ist darauf zurückzuführen, dass diese von unseren gegebenen Parametern nur die Gewichtswerte quantisiert, nicht aber die Aktivierungswerte. Es genügt jedoch, dem zu quantisierenden Modell `model` ein Dictionary der Schichten zu übergeben, die wir durch eine quantisierte Version ersetzen möchten (in diesem Fall nur `Linear`-Schichten). Die Funktion gibt dann ein neues Modell zurück. Sie könnten auch mit dem optionalen Parameter `inplace=True` ausgeführt werden, um das Originalmodell zu überschreiben, anstatt nur eine Kopie zu erstellen.

Speichern wir das Modell und werfen wir einen Blick auf die Größe, nachdem es quantisiert wurde:

```
quantized_model.save_pretrained("t5")
!du -m t5
121 t5
```

Eine fast 50%ige Verkleinerung! Wir können die Größe nicht um das Vierfache verringern, da wir die Aktivierungen nicht als 8-Bit-Ganzzahlen speichern können. Dafür, dass wir nur eine Zeile Code schreiben mussten, sind wir dennoch ziemlich gut gefahren. Vergleichen wir beide Modelle hinsichtlich ihrer Leistungsfähigkeit unter Nutzung der `summarization`-Pipeline der `transformers`-Bibliothek, mit der wir Texte zusammenfassen lassen können.

```
base_summarizer = pipeline("summarization",
                           model=base_model,
                           tokenizer="t5-small")
quantized_summarizer = pipeline("summarization",
```

```
                          model=quantized_model,
                          tokenizer="t5-small")

test_str = "From the very beginning, Regan was seen as having series potential.
After the television film scored highly in the ratings, work began on the
development of the series proper. Ian Kennedy Martin's idea was for the series
to be mainly studio-based, with more dialogue and less action, but producer
Ted Childs disagreed, and in consequence Ian Kennedy Martin parted company with
the project."

%timeit base_summarizer(test_str)

1 loop, best of 3: 29.4 s per loop

%timeit quantized_summarizer(test_str)

1 loop, best of 3: 16.6 s per loop
```

Abgesehen davon, dass es fast halb so groß ist, ist das quantisierte Modell auch noch fast doppelt so schnell! Nun gut. Warum machen wir das dann nicht immer? Entstehen uns etwa keine Nachteile? Nun, es kommt darauf an. In einem quantisierten Modell *verlieren* wir im Rahmen des Vorhersagevorgangs Informationen, da die Werte nicht auf alle möglichen Fließkommawerte abgebildet werden können, die wir im ursprünglichen Modell vorliegen haben. Das Ergebnis aus der Verkettung der Multiplikationen wird in unserem quantisierten Modell dementsprechend weniger genau sein als im Original. Um den Genauigkeitsverlust zu ermitteln und festzustellen, ob dieser Verlust im Vergleich zu den geringeren Speicheranforderungen und der schnelleren Ausführung einen akzeptablen Kompromiss darstellt, können Sie die Modelle mit einem Referenzdatensatz vergleichen.

Weitere Quantisierungsmöglichkeiten

Zusätzlich zur dynamischen Quantisierung bietet PyTorch auch die Möglichkeit der *statischen Quantisierung*. Dabei wird ein bereits trainiertes Modell so modifiziert, dass Beobachtungsmodule (engl. Observer Modules) integriert werden und eine gewisse Auswahl an Daten in das Modell eingespeist wird. Während der Vorhersage auf diese Daten können die Beobachtungsmodule eine quantisierte Verteilung erzeugen, die am besten zu den beobachteten Daten und den daraus resultierenden Aktivierungen passt. Dies kann zu weiteren Platz- und Zeiteinsparungen führen, insbesondere bei Bildverarbeitungsmodellen wie ResNet.

Um eine noch bessere Genauigkeit in einem kleineren Modell zu erreichen, sollten Sie einmal das sogenannte *Quantization-aware Training* (QAT) in Erwägung ziehen. Bei diesem Ansatz täuscht das Modell die Quantisierung während des Trainingsvorgangs sowohl im Vorwärts- als auch im Rückwärtsdurchlauf vor; während alle Berechnungen mit Standardfließkommazahlen erfolgen, werden alle Ergebnisse auf ganzzahlige Werte gerundet, sodass Sie nach Abschluss des Trainings ein quantisiertes Modell erhalten, das sich durch eine höhere Genauigkeit auszeichnet, als Sie dies mit dynamischen oder statischen Ansätzen hätten erreichen können.

Lohnt sich das alles?

Sie fragen sich vielleicht, ob es nicht besser wäre, einfach ein kleineres Modell zu trainieren, als sich all die Mühe zu machen, größere Modelle zu komprimieren. In der kürzlich erschienenen Veröffentlichung Train Large, Then Compress (*https://arxiv.org/abs/2002.11794*) gibt es zahlreiche Belege dafür, dass Transformer-basierte Modelle wirklich von diesem Ansatz profitieren. Da größere Modelle schneller konvergieren als kleinere, werden Sie wahrscheinlich genauere Ergebnisse erhalten, wenn Sie ein großes Modell trainieren und es dann komprimieren und nicht die gleiche Rechenzeit auf ein kleineres Modell verwenden würden. Fahren Sie also fort und komprimieren Sie Ihre Modelle ohne Bedenken!

Zusammenfassung

Hoffentlich haben Sie jetzt verinnerlicht, wie Sie Ihr trainiertes (und bereits debuggtes!) Modell in einen dockerisierten Webdienst verwandeln können, der über Kubernetes bereitgestellt wird. Sie haben auch gesehen, wie man die JIT- und TorchScript-Features verwendet, um seine Modelle zu optimieren, und wie man TorchScript-Modelle in C++ lädt, wodurch neuronale Netze sowohl im Low-Level-Bereich als auch in Python programmiert werden können.

Es liegt auf der Hand, dass wir mit nur einem Kapitel nicht alles über den Produktiveinsatz von Modelldiensten behandeln können. Wir sind so weit gekommen, dass wir unseren Dienst bereitgestellt haben, aber das ist noch nicht das Ende der Geschichte. Was bleibt, ist eine ständige Überwachung des Diensts, um sicherzustellen, dass er die Genauigkeit beibehält, das Nachtrainieren und das Testen auf Basis von Baselines, sowie kompliziertere Versionierungsschemata als die, die ich hier sowohl für den Dienst als auch für die Modellparameter vorgestellt habe. Ich empfehle Ihnen, so viele Details wie möglich zu loggen und diese Logdaten sowohl für weitere Trainings- als auch für Überwachungszwecke zu nutzen.

Was TorchScript anbelangt, so ist es noch in den Anfängen. Ein paar Bindings für andere Sprachen (z.B. Go und Rust) sind bereits erschienen, bis Ende des Jahres 2020 sollte es problemlos möglich sein, PyTorch-Modelle in jede gebräuchliche Programmiersprache einzubinden.

Ich habe absichtlich ein paar Stellen ausgelassen, die den Rahmen des Buchs sprengen würden. In der Einleitung hatte ich versprochen, dass Sie alles, was im Buch steht, mit einer GPU umsetzen können. Wir haben jedoch nicht über die Unterstützung von PyTorch für verteiltes Training und verteilte Inferenz gesprochen. Wenn Sie sich weiter in die Funktionsweise von PyTorch-Modellexporten einlesen, werden Sie mit ziemlicher Sicherheit auf eine Vielzahl von Verweisen auf den *Open Neural Network Exchange* (ONNX) stoßen. Dieser Standard, der gemeinsam von Microsoft und Facebook entwickelt wurde, war vor der Einführung von TorchScript die wichtigste Methode zum Export von Modellen. Modelle können über eine ähnliche Tracing-Methode wie TorchScript exportiert und dann in andere Frameworks wie Caffe2, Microsoft Cognitive Toolkit und MXNet importiert werden. ONNX wird in PyTorch in den Versionen 1.*x* immer noch unterstützt und läuft stabil. Es scheint jedoch so, dass TorchScript der bevorzugte Weg für den Modellexport zu werden scheint. Weitere Einzelheiten über ONNX finden Sie im Abschnitt »Weiterführende Literatur«.

Nachdem wir unsere Modelle erfolgreich erstellt, debuggt und nun auch deployt haben, werden wir uns im letzten Kapitel damit beschäftigen, was einige Unternehmen mit PyTorch realisieren konnten.

Weiterführende Literatur

- Flask-Dokumentation (*http://flask.pocoo.org*)
- Waitress-Dokumentation (*https://oreil.ly/bnelI*)
- Docker-Dokumentation (*https://docs.docker.com*)
- Kubernetes-(k8s-)Dokumentation (*https://oreil.ly/jMVcN*)
- TorchScript-Dokumentation (*https://oreil.ly/sSOo7*)
- Open Neural Network Exchange (*https://onnx.ai*)
- ONNX in PyTorch nutzen (*https://oreil.ly/UXz5S*)
- Verteiltes Training PyTorch (*https://oreil.ly/Q-Jao*)
- Quantisierung in PyTorch (*https://pytorch.org/docs/stable/quantization.html*)

KAPITEL 9

Praxiserprobte PyTorch-Modelle in Aktion

In unserem letzten Kapitel sehen wir uns an, wie PyTorch von Personen und Unternehmen rund um den Globus genutzt wird. Dabei lernen Sie auch einige neue Methoden kennen, unter anderem wie man die Bildgröße ändern, Textabschnitte erzeugen und Bilder erstellen kann, die sogar dazu in der Lage sind, neuronale Netzwerke zu täuschen. Abweichend vom Vorgehen in den vorherigen Kapiteln, beschränken wir uns darauf, Modelle mit bereits zur Verfügung stehenden Bibliotheken zum Laufen zu bekommen, anstatt in PyTorch jedes Mal bei null anzufangen. Ich hoffe, dass dies für Sie einen guten Ausgangspunkt für weitere Experimente bietet.

Beginnen wir damit, einige der neuesten Ansätze zu untersuchen, mit denen wir noch mehr aus unseren Daten herausholen können.

Datenaugmentation: Vermischen und Glätten

Im Rahmen von Kapitel 4 haben wir verschiedene Möglichkeiten der Datenaugmentation betrachtet, um die Überanpassung des Modells an den Trainingsdatensatz zu reduzieren. Die Fähigkeit, mit weniger Daten mehr zu erreichen, ist natürlich ein Bereich, der in der Deep-Learning-Forschung besonders rege erforscht wird. In diesem Abschnitt beschäftigen wir uns mit zwei immer beliebter werdenden Methoden, mit denen man aus seinen Daten jedes letzte Quäntchen Signal herausquetschen kann. Bei beiden Ansätzen ändern wir auch die Art und Weise, mit der wir unsere Verlustfunktion berechnen. Fassen Sie diese Aufgabe gern als Bewährungsprobe auf – schließlich müssen wir anstelle unserer bisherigen eine noch flexiblere Trainingsschleife formulieren.

Mixup

Zuerst widmen wir uns einer weiteren, ebenfalls faszinierenden Augmentationstechnik namens *Mixup*. Bei diesem Ansatz modifizieren wir ein wenig den Grundgedanken dazu, was unser Modell leisten soll. Normalerweise verstehen wir ein

Modell so, dass wir ihm ein Bild wie das in Abbildung 9-1 übermitteln und erwarten, dass uns das Modell als Ergebnis liefert, dass auf dem Bild ein Fuchs abgebildet ist.

Abbildung 9-1: Ein Fuchs

Aber wie Sie wissen, erhalten wir nicht nur das aus unserem Modell; wir erhalten einen Tensor mit allen möglichen Kategorien, und das Element dieses Tensors mit dem höchsten Wert entspricht hoffentlich der Kategorie *Fuchs*. Tatsächlich hätten wir im Idealfall einen Tensor, der bis auf eine Eins für die Kategorie *Fuchs* ausschließlich Nullen enthält.

Nur ist das für ein neuronales Netzwerk schwierig zu bewerkstelligen! Es wird immer einen gewissen Grad an Unsicherheit geben, und Aktivierungsfunktionen wie `softmax` erschweren es den Tensoren, auf Werte von exakt 1 oder 0 zu kommen. Mixup setzt genau dort an, indem es die Frage aufwirft: Wie lautet die Kategorie in Abbildung 9-2?

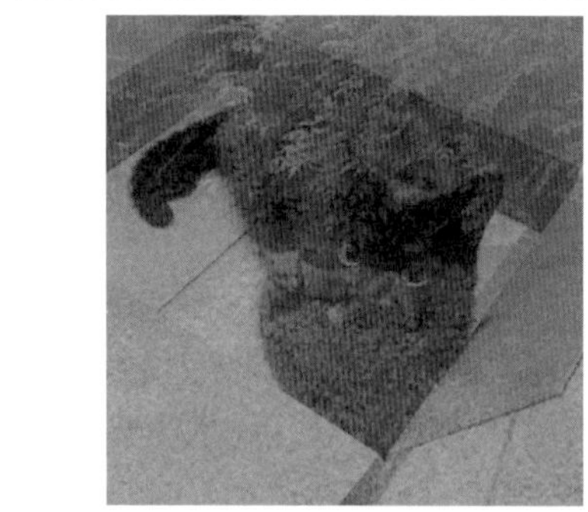

Abbildung 9-2: Eine Mischung aus Katze und Fuchs

In unseren Augen mag das ein ziemliches Durcheinander sein, aber es ist einfach eine Mischung aus Katze und Fuchs im Verhältnis 60 : 40. Was wäre, wenn wir versuchten, unser Modell nicht auf eine endgültige Schätzung zu begrenzen, sondern es auf zwei Kategorien abzielen lassen? Dies würde bedeuten, dass unser Ausgabetensor nicht mit dem Problem konfrontiert wäre, dass er sich im Training zwar dem Wert 1 annähert, diesen aber nie erreicht. Außerdem könnten wir jedes »vermischte« Bild sukzessive um einen gewissen Bruchteil verändern und so die Fähigkeit unseres Modells zu verallgemeinern verbessern.

Aber wie berechnen wir die Verlustfunktion dieses vermischten Bilds? Nun, wenn *p* der prozentuale Anteil des ersten Bilds im zusammengesetzten Bild ist, dann erhalten wir eine einfache Linearkombination wie die folgende:

```
p * loss(image1) + (1-p) * loss(image2)
```

Unser Modell soll beide Bilder vorhersagen, nicht wahr? Damit diese neue Verlustfunktion Sinn ergibt, müssen wir die Einzelverluste entsprechend dem Verhältnis der Bilder im endgültigen vermischten Bild gewichten. Um *p* zu wählen, könnten wir einfach Zufallszahlen verwenden, die aus einer Normal- oder Gleichverteilung gezogen werden, wie wir es in vielen anderen Fällen tun würden. Die Verfasser des Forschungsartikels stellten jedoch fest, dass Stichproben aus der *Beta*-Verteilung in der Praxis bedeutend besser funktionieren.[1] Sie wissen nicht, wie die Beta-Verteilung aussieht? Nun, das wusste ich auch nicht, bis ich die Veröffentlichung gelesen hatte! Abbildung 9-3 zeigt, wie sie aussieht, wenn man die im Artikel beschriebenen Charakteristika berücksichtigt.

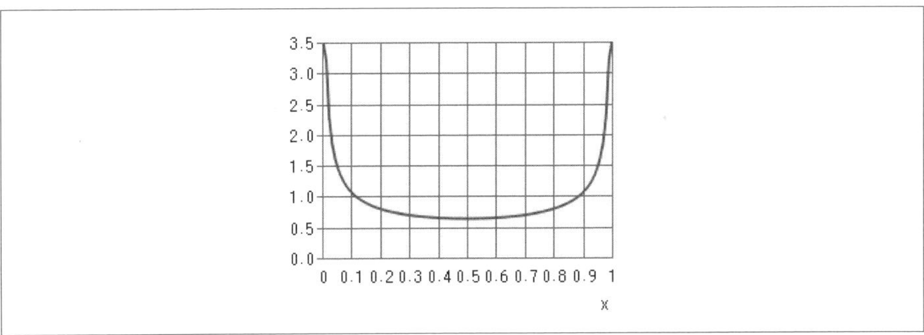

Abbildung 9-3: Beta-Verteilung mit $\alpha = \beta$

Die U-Form ist interessant, da sie uns vor Augen führt, dass unser gemischtes Bild in den meisten Fällen hauptsächlich aus dem einen oder dem anderen Bild bestehen wird. Auch das ergibt intuitiv Sinn. Man kann sich vorstellen, dass es für das Netzwerk schwieriger sein wird, eine Vermischung im Verhältnis 50 : 50 auszuarbeiten als eine Vermischung im Verhältnis 90 : 10.

Modifizieren wir die Trainingsschleife so, dass sie eine neue zusätzliche `DataLoader`-Instanz, `mix_loader`, verwendet und die Batches miteinander vermischt:

1 Siehe »mixup: Beyond Empirical Risk Minimization« (*https://arxiv.org/abs/1710.09412*) von Hongyi Zhang et al. (2017).

```
def train(model, optimizer, loss_fn,
          train_loader, val_loader, mix_loader,
          device, epochs=20):
  for epoch in range(epochs):
    model.train()
    for batch in zip(train_loader, mix_loader):
      ((inputs, targets),(inputs_mix, targets_mix)) = batch
      optimizer.zero_grad()
      inputs = inputs.to(device)
      targets = targets.to(device)
      inputs_mix = inputs_mix.to(device)
      target_mix = targets_mix.to(device)

      distribution = torch.distributions.beta.Beta(0.5, 0.5)
      beta = distribution.expand(torch.zeros(batch_size).shape) \
                         .sample().to(device)

      # Wir müssen die Form von beta so verändern,
      # dass er die gleiche Form wie unser Eingabetensor
      # [batch_size, channels, height, width] hat.

      mixup = beta[:, None, None, None]

      inputs_mixed = (mixup * inputs) + (1-mixup * inputs_mix)

      # Die Labels können mit beta gemischt werden,
      # da sie die gleiche Form haben.

      targets_mixed = (beta * targets) + (1-beta * target_mix)

      output_mixed = model(inputs_mixed)

      # Verluste mit beta und 1-beta multiplizieren, Summe und
      # dann Durchschnitt der beiden gemischten Verluste ermitteln.

      loss = (loss_fn(output, targets) * beta
             + loss_fn(output, targets_mixed)
             * (1-beta)).mean()

      # Von hier an ist die Trainingsschleife wie üblich.

      loss.backward()
      optimizer.step()
      ...
```

Nachdem wir beide Batches erhalten haben, benutzen wir die `torch.distribution.Beta`-Methode, um eine Reihe von Vermischungsparametern zu erzeugen. Dabei kommt die expand-Methode zum Einsatz, um einen Tensor der Form `[1, batch_size]` zu erzeugen. Wir könnten auch über die Batches iterieren und einen Parameter nach dem anderen generieren. Doch führen Sie sich erneut vor Augen, dass GPUs Matrixmultiplikationen besonders gut meistern, weshalb es am Ende schneller ist, alle Berechnungen über die Batches hinweg auf einmal durchzuführen (das hatten wir bereits in Kapitel 7 gesehen, als wir unsere BadRandom-Transformation korrigiert haben). Wir multiplizieren jeweils erst das unvermischte Batch mit diesem Tensor (`mixup/beta`) und dann das zu vermischende Batch mit `1 - mixup` bzw. `1 - beta` unter Verwendung von Broadcasting (das kennen wir aus Kapitel 1).

Wir nehmen dann die Verluste der Vorhersagen, die wir durch den Vergleich der Bilder mit den tatsächlichen Label-Werten erhalten, und bilden den Mittelwert der Summe dieser Verluste, um den endgültigen Verlust zu erhalten. Wie haben wir das bewerkstelligt? Nun, wenn Sie sich den Quellcode der `CrossEntropyLoss`-Funktion ansehen, stoßen Sie auf den Kommentar `Die Verluste werden über die Beobachtungen für jedes Minibatch gemittelt`. Es ist auch ein Parameter `reduction` implementiert, der auf eine Mittelwertbildung (`mean`) voreingestellt ist (da wir bisher immer die Voreinstellung verwendet haben, sahen Sie ihn noch nicht!). Wir behalten diesen Parameter so bei, da wir den Mittelwert unserer kombinierten Verluste erhalten möchten.

Nun, zwei `DataLoader` zu integrieren, ist nicht allzu schwierig, macht den Code jedoch etwas komplizierter. Wenn Sie diesen Code ausführen, kann es zu Fehlermeldungen kommen, da die Batches nicht ausgewogen (»balanced«) sein könnten, wenn die finalen Batches aus den Loader-Objekten kommen. Das bedeutet, dass Sie zusätzlichen Code schreiben müssten, um diesen Fall zu behandeln. Die Autoren des Mixup-Forschungsbeitrags schlagen vor, den `Mix-DataLoader` dadurch zu ersetzen, dass man die eingehenden Batches zufällig vermischt. Dazu können wir die `torch.randperm()`-Funktion verwenden:

```
shuffle = torch.randperm(inputs.size(0))
inputs_mix = inputs[shuffle]
targets_mix = targets[shuffle]
```

Wenn Sie Mixup auf diese Weise einsetzen, sollten Sie sich darüber im Klaren sein, dass die Wahrscheinlichkeit von *Kollisionen* bedeutend größer ist. Wenn Sie letztendlich denselben Parameter auf denselben Satz von Bildern anwenden, wird die Genauigkeit des Trainings möglicherweise verringert. Sie könnten zum Beispiel das Bild Katze_1 mit dem Bild Fisch_1 vermischen und einen Beta-Parameter von 0,3 heranziehen. Danach ziehen Sie später aus demselben Batch erneut das Bild Fisch_1, und es wird mit dem Bild Katze_1 unter Verwendung eines Parameters von 0,7 vermischt – also in derselben Zusammensetzung! Einige Mixup-Implementierungen – insbesondere die von fast.ai – lösen dieses Problem, indem sie die Vermischungsparameter durch die folgenden ersetzen:

```
mix_parameters = torch.max(mix_parameters, 1 - mix_parameters)
```

Dadurch wird sichergestellt, dass das nicht vermischte Batch immer den größeren Anteil ausmacht, wenn es mit dem vermischten Batch zusammengeführt wird. Insofern bereitet uns dieses potenzielle Problem also keine Kopfschmerzen mehr.

Ach ja, und noch etwas: Wir haben die Mixup-Transformation *nach* unserer Bildtransformationspipeline in Anwendung gebracht. An diesem Punkt bestehen unsere Batches lediglich aus Tensoren, die wir addiert haben. Das bedeutet, dass es keinen Anlass gibt, das Mixup-Training ausschließlich auf Bilddaten zu beschränken. Wir könnten es für jeden Datentyp einsetzen, solange die Daten zuvor in Tensoren umgewandelt wurden, seien es Text-, Bild-, Tondaten oder Sonstiges.

Wir können auch noch ein wenig mehr aus unseren Labels herausholen. Widmen wir uns einem anderen Ansatz, der derzeit eine wesentliche Triebkraft bei modernsten Modellen darstellt: die *Label-Glättung* (engl. Label Smoothing).

Label-Glättung

Ähnlich wie beim Mixup trägt die *Label-Glättung* dazu bei, die Modellleistung zu verbessern, indem das Modell hinsichtlich seiner Vorhersagen unsicherer gestaltet wird. Anstatt zu versuchen, es dazu zu bringen, den Wert `1` für die vorhergesagte Kategorie vorherzusagen (was all die Probleme mit sich bringt, über die wir im vorigen Abschnitt gesprochen haben), ändern wir es stattdessen so, dass es `1` abzüglich eines kleinen Werts, *Epsilon*, vorhersagt. Wir können eine neue Verlustfunktion implementieren, die unsere bestehende `CrossEntropyLoss`-Funktion mit dieser zusätzlichen Funktionalität umhüllt. Wie sich herausstellt, können wir eine benutzerdefinierte Verlustfunktion mittels einer weiteren Unterklasse von `nn.Module` formulieren:

```
import torch.nn as nn
import torch.nn.functional as F

class LabelSmoothingCrossEntropyLoss(nn.Module):
    def __init__(self, epsilon=0.1):
        super(LabelSmoothingCrossEntropyLoss, self).__init__()
        self.epsilon = epsilon

    def forward(self, output, target):
        num_classes = output.size()[-1]
        log_preds = F.log_softmax(output, dim=-1)
        loss = (-log_preds.sum(dim=-1)).mean()
        nll = F.nll_loss(log_preds, target)
        final_loss = self.epsilon * loss / num_classes \
                     + (1-self.epsilon) * nll
        return final_loss
```

Bei der Berechnung der Verlustfunktion ermitteln wir den Kreuzentropieverlust entsprechend der Implementierung der `CrossEntropyLoss`-Klasse. Unser endgültiger Verlust, `final_loss`, wird aus der negativen `log`-Wahrscheinlichkeit gebildet, die mit 1 minus Epsilon (unser *geglättetes* Label) multipliziert und zum Verlust addiert wird, multipliziert mit Epsilon und dividiert durch die Anzahl der Kategorien. Der Hintergrund dabei ist, dass wir nicht nur das Label für die vorhergesagte Kategorie auf 1 minus Epsilon glätten möchten, sondern auch die anderen Labels, sodass sie nicht in Richtung null gedrückt werden, sondern stattdessen einen Wert zwischen null und Epsilon erhalten.

Diese neue benutzerdefinierte Verlustfunktion kann im Training die `CrossEntropyLoss`-Verlustfunktion überall dort ersetzen, wo wir sie im Buch verwendet haben. Insbesondere dann, wenn sie mit Mixup kombiniert wird, bietet sie eine unglaublich effektive Möglichkeit, um das gewisse Quäntchen mehr aus Ihren Eingabedaten herauszuholen.

Kommen wir nun von der Datenaugmentation zu einem weiteren öffentlichkeitswirksamen Thema aus den aktuellen Trends im Deep Learning: Super-Resolution-Modelle.

Computer, einmal in scharf bitte!

Die zunehmende Leistungsfähigkeit von Deep-Learning-Modellen bringt schon kuriose Begleiterscheinungen mit sich. Jahrzehntelang haben wir Programmierer über Fernsehkrimisendungen gespottet, in denen ein Detektiv mit einem einfachen Knopfdruck ein verschwommenes Kamerabild in ein gestochen scharfes Bild verwandelt. Was haben wir gelacht und uns bei Shows wie CSI prächtig amüsiert. Und auf einmal ist das tatsächlich möglich, zumindest bis zu einem gewissen Grad. In den Abbildungen 9-4 und 9-5 sehen Sie ein Beispiel für diese Zauberei, bei dem ein 256 × 256 Pixel großes Bild auf eine Größe von 512 × 512 Pixeln hochskaliert wurde.

Abbildung 9-4: Briefkasten bei einer Auflösung von 256 × 256

Abbildung 9-5: Mit ESRGAN vergrößerter Briefkasten bei einer Auflösung von 512 × 512

Das neuronale Netzwerk lernt, wie es neue Details *halluziniert*, um das auszufüllen, was nicht vorhanden ist. Der Effekt kann beeindruckend sein. Wie aber funktioniert das?

Einführung in die Super-Resolution

Hier ist der erste Teil eines sehr einfachen Super-Resolution-Modells. Zunächst einmal hat es so ziemlich den gleichen Aufbau wie jedes andere Modell, das wir uns zuvor angesehen haben:

```
class OurFirstSRNet(nn.Module):

  def __init__(self):
      super(OurFirstSRNet, self).__init__()
      self.features = nn.Sequential(
          nn.Conv2d(3, 64, kernel_size=8, stride=4, padding=2),
          nn.ReLU(inplace=True),
          nn.Conv2d(64, 192, kernel_size=2, padding=2),
          nn.ReLU(inplace=True),
          nn.Conv2d(192, 256, kernel_size=2, padding=2),
          nn.ReLU(inplace=True)
      )

  def forward(self, x):
      x = self.features(x)
      return x
```

Wenn wir einen zufälligen Tensor durch das Netzwerk leiten, erhalten wir einen Tensor der Form `[1, 256, 62, 62]`; die Bilddarstellung wurde zu einem viel kleineren Vektor komprimiert. Wir führen nun einen neuen Schichttyp, `torch.nn.ConvTranspose2d`, ein (eine transponierte Konvolution). Mit dieser Schicht können Sie im Grunde eine normale `Conv2d`-Transformation (samt den trainierbaren Parametern) rückgängig machen. Wir definieren eine neue `nn.Sequential`-Schicht, `upsample`, und integrieren eine Reihe dieser neuen Schichten und `ReLU`-Aktivierungsfunktionen. In der `forward()`-Methode werden die Eingaben durch diese konsolidierte Schicht geleitet, nachdem sie den vorherigen Schichtblock durchlaufen haben:

```
class OurFirstSRNet(nn.Module):
  def __init__(self):
      super(OurFirstSRNet, self).__init__()
      self.features = nn.Sequential(
          nn.Conv2d(3, 64, kernel_size=8, stride=4, padding=2),
          nn.ReLU(inplace=True),
          nn.Conv2d(64, 192, kernel_size=2, padding=2),
          nn.ReLU(inplace=True),
          nn.Conv2d(192, 256, kernel_size=2, padding=2),
          nn.ReLU(inplace=True)

      )
      self.upsample = nn.Sequential(
          nn.ConvTranspose2d(256, 192, kernel_size=2, padding=2),
```

```
            nn.ReLU(inplace=True),
            nn.ConvTranspose2d(192, 64, kernel_size=2, padding=2),
            nn.ReLU(inplace=True),
            nn.ConvTranspose2d(64, 3, kernel_size=8, stride=4, padding=2),
            nn.ReLU(inplace=True)
        )

    def forward(self, x):
        x = self.features(x)
        x = self.upsample(x)
        return x
```

Wenn Sie nun das Modell mit einem zufälligen Tensor testen, erhalten Sie einen Tensor zurück, der genau die gleiche Form besitzt wie der, der hineingegangen ist! Was wir hier entwickelt haben, ist als *Autoencoder* bekannt – eine Art Netzwerk, das seine Eingaben wiederherstellt, normalerweise im Anschluss an eine Komprimierung in eine kleinere Dimension. Genau das haben wir hier getan; die sequenzielle `features`-Schicht ist ein *Encoder*, der ein Bild in einen Tensor der Form `[1, 256, 62, 62]` umwandelt, und die `upsample`-Schicht ist unser *Decoder*, der es in die ursprüngliche Form zurück überführt.

Zum Trainieren stehen uns als Labels in diesem Fall nur unsere Eingabebilder selbst zur Verfügung. Das aber bedeutet, dass wir keine Verlustfunktionen wie die relativ gängige `CrossEntropyLoss` verwenden können, weil wir schlichtweg keine Kategorien vorliegen haben! Was wir benötigen, ist eine Verlustfunktion, die uns angibt, wie sehr sich unser Ausgabebild von unserem Eingabebild unterscheidet. Dafür wird üblicherweise der mittlere quadratische Verlust oder der mittlere absolute Verlust zwischen den Pixeln der Bilder herangezogen.

Obwohl die Berechnung des Verlusts auf Basis von Pixeln sehr sinnvoll ist, zeigt sich, dass viele der erfolgreichsten Super-Resolution-Netzwerke erweiterte Verlustfunktionen verwenden. Diese versuchen zu erfassen, wie sehr ein erzeugtes Bild dem Original ähnelt, wobei ein gewisser Pixelverlust toleriert wird, um dafür eine bessere Leistung in Bereichen wie Textur- und Inhaltsverlust zu erzielen. Einige der in »Weiterführende Literatur« auf Seite 236 aufgeführten Materialien gehen hierzu noch tiefer ins Detail.

Wir haben es also geschafft, zur gleichen Größe wie bei unserer Eingabe zurückzugelangen. Was aber, wenn wir noch eine weitere `ConvTranspose2d`-Schicht in unserem Beispiel hinzufügen?

```
self.upsample = nn.Sequential(
    ...
    ...
    nn.ConvTranspose2d(3,3, kernel_size=2, stride=2)
    nn.ReLU(inplace=True))
```

Probieren Sie es aus! Sie sollten feststellen, dass der Ausgabetensor dann doppelt so groß wie der Eingabetensor ist. Wenn wir Zugang zu einem Satz von Bildern einer bestimmten Größe haben, können diese als unsere Grundwahrheit fungieren und uns als Labels dienen, sodass wir beim Trainieren des Netzwerks Bilder mit einer Größe *x* einspeisen und Bilder mit einer Größe *2x* erzeugen. In der Praxis wird dieses sogenannte Upsampling üblicherweise so umgesetzt, dass die Eingaben zunächst doppelt so hoch wie gewünscht skaliert werden und dann zu Reskalierungszwecken eine normale Konvolutionsschicht hinzugefügt wird, in etwa so:

```
self.upsample = nn.Sequential(
    ...
    ...
    nn.ConvTranspose2d(3,3, kernel_size=2, stride=2),
    nn.ReLU(inplace=True),
    nn.Conv2d(3,3, kernel_size=2, stride=2),
    nn.ReLU(inplace=True))
```

Der Grund dafür ist, dass bei einer transponierten Konvolution im Rahmen der Vergrößerung des Bilds tendenziell Muster hinzugefügt werden, die sowohl auf den Treppen- als auch auf den Moiré-Effekt zurückzuführen sind. Indem wir das Bild zweifach vergrößern und dann wieder auf unsere erforderliche Größe verkleinern, liefern wir dem Netzwerk hoffentlich ausreichend Informationen, um diese Muster zu glätten und die Ausgabe realistischer aussehen zu lassen.

So weit zu den Grundlagen der Super-Resolution. Die meisten aktuellen leistungsfähigen Super-Resolution-Netzwerke werden mit einem Ansatz trainiert, der als Generative Adversarial Networks bezeichnet wird und in den letzten Jahren die Welt des Deep Learning nachhaltig geprägt hat.

Einführung in Generative Adversarial Networks (GANs)

Eines der grundlegenden Hindernisse beim Deep Learning (oder jeder anderen Anwendung im Bereich des maschinellen Lernens) ist, dass Kosten für die Erstellung von gelabelten Daten anfallen. In diesem Buch haben wir das Problem weitestgehend vermieden, indem wir Beispieldatensätze verwendet haben, die alle sorgfältig gelabelt sind (sogar einige, die bequemerweise in einfache Trainings-/Validierungs-/Testdatensätze vorverpackt sind). In der Praxis gilt es jedoch zuerst, große Mengen gelabelter Daten zu erstellen. In der Tat ging es bei den bisher aufgezeigten Methoden, wie z.B. Transfer Learning, vordergründig teilweise darum, mit weniger mehr zu erreichen. Doch manchmal benötigt man nun mal mehr (Daten) – *Generative Adversarial Networks* (GANs) bieten eine ausgezeichnete Möglichkeit, Abhilfe zu schaffen.

GANs wurden in einem von Ian Goodfellow verfassten Artikel im Jahr 2014 vorgestellt und bieten eine neuartige Möglichkeit, mehr Daten für das Training neuronaler Netzwerke bereitzustellen. Der Ansatz dabei lautet insbesondere: »Wir wissen, dass Sie neuronale Netzwerke lieben, also haben wir einfach noch ein weiteres konzipiert.«[2]

2 Siehe »Generative Adversarial Networks« (*https://arxiv.org/abs/1406.2661*) von Ian J. Goodfellow et al. (2014).

Der Fälscher und sein Kritiker

Der Aufbau eines GAN sieht wie folgt aus. Zwei neuronale Netze werden gemeinsam trainiert. Das erste ist der *Generator*, der aus dem Vektorraum der Eingabetensoren Zufallsrauschen erzeugt und als Ausgabe gefälschte Daten generiert. Das zweite Netz ist der *Diskriminator*, auch Kritiker genannt, der zwischen den erzeugten gefälschten Daten und den echten Daten unterscheidet. Konkret besteht seine Aufgabe darin, die eingehenden Eingaben zu begutachten und zu entscheiden, ob sie echt oder gefälscht sind. Ein einfaches konzeptionelles Schema eines GAN ist in Abbildung 9-6 dargestellt.

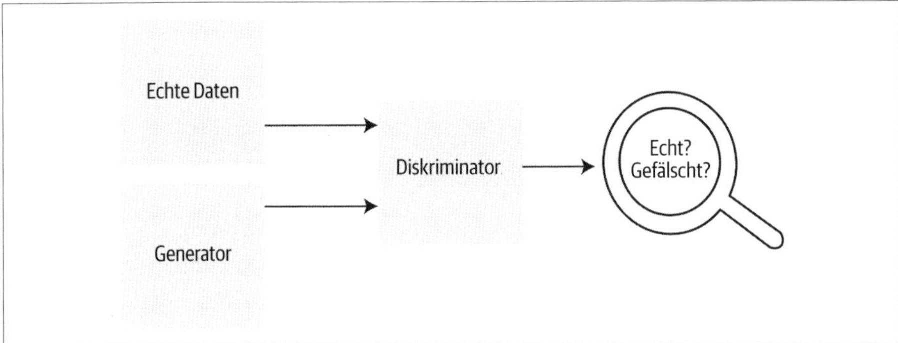

Abbildung 9-6: Ein einfaches konzeptionelles Schema eines GAN

Das Schöne an GANs ist, dass die allgemeine Idee leicht zu vermitteln ist, obwohl die Details am Ende doch etwas kompliziert werden: Die beiden Netzwerke stehen in Konkurrenz zueinander und arbeiten während des Trainings so hart wie möglich daran, das andere zu bezwingen. Am Ende des Vorgangs sollte der *Generator* Daten erzeugen, die der *Verteilung* der tatsächlichen Eingabedaten entsprechen, um so den *Diskriminator* zu überlisten. Sobald Sie an diesem Punkt angelangt sind, können Sie den Generator dazu einsetzen, mehr Daten für all Ihre Zwecke zu generieren, während der Diskriminator damit seinen Dienst erfüllt hat.

Trainieren eines GAN

Der Trainingsvorgang beim GAN gestaltet sich etwas komplizierter als bei traditionellen Netzwerken. Im Rahmen der Trainingsschleife müssen wir zunächst echte Daten einspeisen, um mit dem Training des Diskriminators zu beginnen. Wir berechnen den Verlust des Diskriminators, und zwar unter Verwendung der binären Kreuzentropie (engl. *Binary Cross Entropy*, BCE), da uns nur zwei Kategorien vorliegen: echte oder gefälschte Daten. Anschließend führen wir einen Rückwärtsdurchlauf durch, um wie üblich die Parameter des Diskriminators zu aktualisieren. In diesem Fall verzichten wir allerdings zunächst darauf, zur Aktualisierung den Optimierer aufzurufen. Stattdessen erzeugen wir mit unserem Generator ein

Datenbatch und leiten dieses durch das Modell. Wir berechnen den Verlust und führen einen weiteren Rückwärtsdurchlauf durch, sodass die Trainingsschleife zu diesem Zeitpunkt die Verluste von zwei Modelldurchläufen berechnet hat. Erst jetzt rufen wir den Optimierer auf, um das Netzwerk auf Grundlage dieser *kumulierten* Gradienten zu aktualisieren.

In der zweiten Trainingshälfte widmen wir uns dem Generator. Wir gewähren diesem Zugang zum Diskriminator, erzeugen dann ein neues Datenbatch (wobei der Generator darauf besteht, dass alle Daten echt sind!) und lassen dieses vom Diskriminator überprüfen. Auf Basis dieser Ausgabedaten ermitteln wir einen Verlust, wobei jeder Datenpunkt, von dem der Diskriminator sagt, er sei gefälscht, als *falsche* Antwort angesehen wird – schließlich versuchen wir, ihn zu täuschen. Abschließend führen wir noch einen gewöhnlichen Rückwärts- bzw. Optimierungsdurchlauf durch.

Sehen wir uns an, wie eine Implementierung in PyTorch allgemein aussehen kann. Denken Sie daran, dass sowohl der Generator als auch der Diskriminator nichts anderes als gewöhnliche neuronale Netzwerke sind. Theoretisch könnten sie also Bild-, Text- oder Tondaten (oder welche Daten auch immer) erzeugen und aus jedem der bisher vorgestellten Netzwerktypen konstruiert sein:

```
import torch

generator = Generator()
discriminator = Discriminator()

# Einrichten separater Optimierer für jedes Netzwerk.
generator_optimizer = ...
discriminator_optimizer = ...

def gan_train(generator, discriminator, criterion,
              real_train_loader, num_epochs):
  for epoch in num_epochs:
    for batch in real_train_loader:
      discriminator.train()
      generator.eval()
      discriminator.zero_grad()

      preds = discriminator(batch)
      real_loss = criterion(preds, torch.ones_like(preds))
      discriminator.backward()

      fake_batch = generator(torch.rand(batch.shape))
      fake_preds = discriminator(fake_batch)
      fake_loss = criterion(fake_preds, torch.zeros_like(fake_preds))
      discriminator.backward()

      discriminator_optimizer.step()

      discriminator.eval()
      generator.train()
      generator.zero_grad()
```

```
forged_batch = generator(torch.rand(batch.shape))
forged_preds = discriminator(forged_batch)
forged_loss = criterion(forged_preds, torch.ones_like(forged_preds))

generator.backward()
generator_optimizer.step()
```

Dabei hilft uns die Flexibilität von PyTorch sehr. Aufbauend auf unserer dedizierten Trainingsschleife, die hauptsächlich auf unseren üblichen Trainingsprozess ausgelegt ist, ist der Aufbau einer neuen Trainingsschleife etwas, womit wir bereits vertraut sind. Und wir kennen alle Schritte, die wir dazu einbeziehen müssen. In einigen anderen Frameworks erweist sich das Trainieren eines GAN hingegen oft als ein etwas umständlicher Prozess. Gerade weil das Trainieren von GANs bereits schwierig genug ist, ist es wichtig, dass uns das Framework dabei nicht in die Quere kommt.

Die Gefahr des Mode Collapse

Idealerweise läuft das Training so ab, dass der Diskriminator anfangs gut im Erkennen von Fälschungen ist, da er mit echten Daten trainiert wird, während der Generator nur Zugriff auf den Diskriminator und nicht auf die echten Daten selbst hat. Irgendwann lernt der Generator, wie er den Diskriminator täuschen kann. Dann wird er sich schnell verbessern, um sich der Verteilung der Daten anzupassen und immer wieder Fälschungen zu erzeugen, die dem Diskriminator entgehen.

Aber es gibt etwas, das vielen GAN-Architekturen zu schaffen macht: der sogenannte *Mode Collapse*. Wenn unsere echten Daten drei Arten von Daten haben, dann beginnt der Generator vielleicht damit, die erste Art von Daten zu erzeugen, und vielleicht fängt er an, ziemlich gut darin zu werden. Der Diskriminator kann nun entscheiden, dass alles, was wie der erste Typ aussieht, in Wirklichkeit gefälscht ist, sogar das echte Beispiel selbst. Der Generator startet dann damit, etwas zu erzeugen, das wie der dritte Typ aussieht. Der Diskriminator beginnt, alle Samples des dritten Typs zurückzuweisen, und der Generator wählt ein weiteres der echten Beispiele aus, um es zu erzeugen. Der Zyklus setzt sich endlos fort; der Generator schafft es nie, sich in eine Position zu bringen, in der er Samples aus der gesamten Verteilung erzeugen kann.

Aufgrund der damit verbundenen Leistungseinbußen bei der Verwendung von GANs ist die Verringerung des Mode Collapse derzeit ein zentrales Forschungsanliegen. Einige Ansätze umfassen das Hinzufügen einer Ähnlichkeitsbewertung zu den generierten Daten, sodass ein möglicher Mode Collapse erkannt und vermieden werden kann. Andere befürworten wiederum die Bereithaltung eines Wiedergabepuffers mit den erzeugten Bildern, sodass das Diskriminatornetzwerk nicht nur auf das aktuellste Batch der erzeugten Bilder überanpassen kann, wodurch dem Generatornetzwerk auch tatsächliche Labels aus dem echten Datensatz zugespielt werden können, und so weiter.

Runden wir diesen Abschnitt ab, indem wir uns als Nächstes ein GAN in Aktion ansehen, das uns eine Super-Resolution liefert.

ESRGAN

Das *Enhanced Super-Resolution Generative Adversarial Network* (ESRGAN) ist ein im Jahr 2018 entwickeltes Netzwerk, das beeindruckende Super-Resolution-Ergebnisse liefert. Der Generator besteht aus einer Reihe von Konvolutionsblöcken mit einer Kombination aus residualen und dichten Schichtverbindungen (also einer Mischung aus ResNet und DenseNet), wobei die `BatchNorm`-Schichten entfernt werden, da sie in hochaufgelösten Bildern Artefakte zu erzeugen scheinen. Mit dem Diskriminator wird nicht einfach ein Ergebnis mit der Aussage »dies ist echt« oder »dies ist gefälscht« erzeugt, sondern es wird die Wahrscheinlichkeit vorhergesagt, dass ein echtes Bild relativ gesehen realistischer aussieht als ein gefälschtes. Dies trägt dazu bei, dass das Modell realistischere Ergebnisse liefert.

ESRGAN zum Laufen bringen

Um uns ein genaueres Bild von ESRGAN zu verschaffen, nehmen wir den Code aus dem ESRGAN-GitHub-Repository (*https://github.com/xinntao/ESRGAN*) und laden ihn herunter. Klonen Sie das Repository mit `git clone`:

```
git clone https://github.com/xinntao/ESRGAN
```

Anschließend laden Sie die Gewichte herunter, damit Sie das Modell ohne vorheriges Training verwenden können. Benutzen Sie den Google-Drive-Link in der README-Datei, laden Sie die Datei *RRDB_ESRGAN_x4.pth* herunter und legen Sie sie im Verzeichnis *./models* ab. Wir skalieren eine herunterskalierte Version der Katze Helvetica in ihrem Karton hoch. Fühlen Sie sich dennoch frei, ein beliebiges Bild in das Verzeichnis *./LR* zu kopieren. Führen Sie abschließend das mitgelieferte Skript *test.py* aus – Sie werden sehen, dass hochaufgelöste Bilder erzeugt und im Verzeichnis *results* gespeichert werden.

Das genügt uns zum Thema Super-Resolution. Wir bleiben der Bildverarbeitung jedoch weiter treu und sehen uns noch weitere interessante Aspekte an.

Weitere Einblicke in die Bilderkennung

Unsere Bildklassifizierungen in den Kapiteln 2 bis 4 hatten alle eines gemeinsam: Wir haben ermittelt, ob ein Bild zu einer einzigen Kategorie, Katze oder Fisch, gehörte. Natürlich würde dies in der Praxis auf eine viel größere Anzahl von Kategorien ausgeweitet werden. Aber wir würden auch erwarten, dass die Bilder möglicherweise sowohl eine Katze als auch einen Fisch (was für den Fisch eine schlechte Nachricht sein könnte) oder beliebige andere unserer vordefinierten Kategorien enthalten. Es könnten zwei Personen, ein Auto und ein Boot auf dem Bild abgebildet sein – und wir möchten nicht nur feststellen, *dass* sie auf dem Bild vorhanden sind, sondern am besten auch *wo* sie sich auf dem Bild befinden. Dazu gibt es im Wesentlichen zwei Möglichkeiten: *Objekterkennung* (engl. Object Detection) und *Segmentierung*. Wir befassen uns im Folgenden mit beidem. Dazu werfen wir auch einen Blick auf die PyTorch-Implementierungen von Faster R-CNN und Mask R-CNN von Facebook, um auf konkrete Beispiele Bezug zu nehmen.

Objekterkennung

Kommen wir wieder zu unserem Bild mit der Katze im Karton. Im Rahmen der Objekterkennung möchten wir erreichen, dass das Netzwerk die Katze in einen *Begrenzungsrahmen* (engl. Bounding Box) setzt. Dieser soll, wie in Abbildung 9-7 zu sehen ist, alles eingrenzen, was von dem Modell als *Katze* erkannt wird.

Abbildung 9-7: Katze im Karton, in einen Begrenzungsrahmen gesetzt

Aber wie lässt sich das mit unseren Netzwerken umzusetzen? Führen Sie sich vor Augen, dass Sie mit diesen Netzwerken grundsätzlich alles Mögliche vorhersagen können. Was wäre, wenn wir uns zusätzlich zu den Ausgaben für die Vorhersage einer Kategorie einfach noch vier weitere Ausgaben erzeugen lassen? In unserem Katze-oder-Fisch-Modell würde die finale Ausgabe der Klassifizierungsschicht (`Linear`) dann eine Größe von `6` anstelle von `2` aufweisen. Die zusätzlichen vier Ausgaben definieren ein Rechteck mit x_1, x_2, y_1, y_2-Koordinaten. Anstatt lediglich Bilder als Trainingsdaten einzuspeisen, müssen wir sie nun zuvor noch mit Begrenzungsrahmen versehen – sonst würden wir unserem Modell natürlich keine Informationen zur Verfügung stellen, die es zum Trainieren nutzen könnte. Unsere Verlustfunktion setzt sich nunmehr aus einer Kombination des Kreuzentropieverlusts unserer Kategorievorhersage und einem mittleren quadratischen Verlust für die Begrenzungsrahmen zusammen.

Hier geht wirklich keine Zauberei vonstatten! Wir konzipieren das Modell einfach so, dass es uns das liefert, was wir benötigen. Dazu speisen wir passende Daten ein, die auch ausreichend Informationen enthalten, um das Modell trainieren und Vorhersagen treffen zu können. Zudem integrieren wir eine Verlustfunktion, die unserem Netzwerk vermittelt, wie gut oder schlecht es abschneidet.

Eine Alternative zur weitverbreiteten Verwendung von Begrenzungsrahmen ist die *Segmentierung* (engl. Segmentation). Anstatt Rahmen zu erzeugen, gibt unser Netzwerk ein maskiertes Bild in der gleichen Größe der Eingabe aus; die Pixel in der Maskierung werden je nachdem, in welche Kategorie sie eingeordnet wurden, eingefärbt. Zum Beispiel könnte Gras grün sein, Straßen könnten violett sein, Autos rot und so weiter.

Da wir erneut ein Bild ausgeben lassen möchten, lägen Sie richtig, wenn Sie annehmen würden, dass wir am Ende wahrscheinlich eine ähnliche Art von Architektur wie im Abschnitt zur Super-Resolution verwenden werden. Es gibt tatsächlich viele Überschneidungen zwischen den beiden Themen, und eine Modellart, die in den letzten Jahren populär geworden ist, ist die *U-Net*-Architektur, dargestellt in Abbildung 9-8.[3]

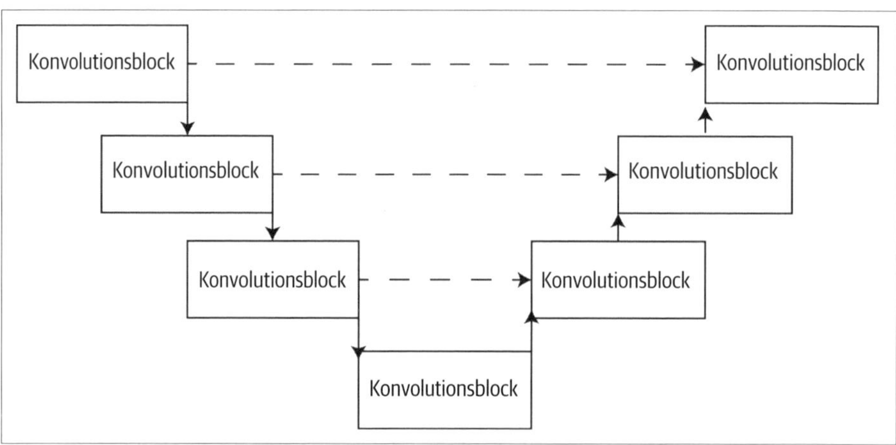

Abbildung 9-8: Vereinfachte U-Net-Architektur

Wie Sie sehen können, besteht die klassische U-Net-Architektur aus einer Reihe von Konvolutionsblöcken, die das Bild verkleinern, und einer weiteren Reihe von Konvolutionen, die es wieder auf die Zielgröße zurückskalieren. Die Schlüsselelemente des U-Net sind jedoch die horizontalen Linien, die zwischen den linken Blöcken und ihren Pendants auf der rechten Seite verlaufen und die mit den Ausgabetensoren verkettet werden, während das Bild wieder hochskaliert wird. Diese Verbindungen ermöglichen die Übertragung von Informationen aus übergeordneten Konvolutionsblöcken, wobei Details erhalten bleiben, die ansonsten möglicherweise entfernt worden wären, wenn die Konvolutionsblöcke das Eingangsbild verkleinern.

3 Siehe »U-Net: Convolutional Networks for Biomedical Image Segmentation« (*https://arxiv.org/abs/1505.04597*) von Olaf Ronneberger et al. (2015).

U-Net-basierte Architekturen sind in allen möglichen Segmentierungswettbewerben bei Kaggle zu finden, was in gewisser Weise bestätigt, dass diese Struktur gut zur Segmentierung geeignet ist. Eine andere Methode, die diesen grundlegenden Aufbau nutzt, beruht auf unserem bereits bewährten Transfer Learning. Bei diesem Ansatz wird der erste Teil des U aus einem vortrainierten Modell wie ResNet oder Inception übernommen, und die andere Seite des U sowie Skip-Verbindungen werden hinter das bereits trainierte Netzwerk angefügt und wie üblich fein abgestimmt.

Werfen wir einen Blick auf einige bereits vortrainierte und von Facebook bereitgestellte Modelle, die zum Zeitpunkt des Verfassens mit zu den modernsten im Bereich der Objekterkennung und Segmentierung zählen.

Faster R-CNN und Mask R-CNN

Facebook AI Research stellt die *maskrcnn-benchmark*-Bibliothek bereit, die Referenzimplementierungen sowohl von Objekterkennungs- als auch von Segmentierungsalgorithmen enthält. Wir installieren die Bibliothek und fügen noch ein wenig Code hinzu, um uns Vorhersagen erzeugen zu lassen. Zum Zeitpunkt des Verfassens dieses Artikels ist der einfachste Weg zur Erstellung der Modelle die Verwendung von Docker.[4] Klonen Sie das Repository von *https://github.com/facebookresearch/maskrcnn-benchmark* und fügen Sie das folgende Skript, *predict.py*, in das Verzeichnis *demo* ein, um eine Vorhersagepipeline unter Verwendung eines ResNet-101-Grundgerüsts einzurichten:

```
import matplotlib.pyplot as plt
import numpy as np
import sys
from PIL import Image

from maskrcnn_benchmark.config import cfg
from predictor import COCODemo

config_file = "../configs/caffe2/e2e_faster_rcnn_R_101_FPN_1x_caffe2.yaml"

cfg.merge_from_file(config_file)
cfg.merge_from_list(["MODEL.DEVICE", "cpu"])

coco_demo = COCODemo(
    cfg,
    min_image_size=500,
    confidence_threshold=0.7,
)
```

4 Anm. d. Übersetzers: Mittlerweile hat Facebook mit detectron2 (*https://github.com/facebookresearch/detectron2*) eine neue Bibliothek bereitgestellt, in die die maskrcnn-benchmark-Bibliothek integriert wurde. Die Modelle der hier genutzten originären maskrcnn-benchmark-Bibliothek laufen problemlos mit PyTorch-Version 1.0. Für die Nutzung der Modelle mit höheren Versionen von PyTorch, aktuell Version 1.6, nutzen Sie bitte direkt die detectron2-Bibliothek.

```
pil_image = Image.open(sys.argv[1])
image = np.array(pil_image)[:, :, [2, 1, 0]]
predictions = coco_demo.run_on_opencv_image(image)
predictions = predictions[:,:,::-1]

plt.imsave(sys.argv[2], predictions)
```

Mit diesem kurzen Skript richten wir den COCODemo-Prädiktor ein und spielen eine Konfigurationsdatei ein, mit der wir sicherstellen, dass wir auf das Faster R-CNN anstelle des Mask R-CNN (das eine segmentierte Ausgabe erzeugt) zurückgreifen. Anschließend öffnen wir über die Kommandozeile einen Bilddatensatz, wobei wir diesen noch in das BGR-Format und nicht in das RGB-Format umwandeln müssen, da der Prädiktor mit OpenCV-Bildern und nicht mit den bisher verwendeten PIL-basierten Bildern trainiert wird. Schließlich verwenden wir die imsave-Funktion, um das predictions-Array (das Originalbild mitsamt Begrenzungsrahmen) in eine neue Datei zu schreiben, die wir ebenfalls über die Kommandozeile spezifizieren. Kopieren Sie eine beliebige Bilddatei in das *demo*-Verzeichnis, und schon können Sie das Docker-Image erstellen:

```
docker build docker/
```

Wir führen das Skript innerhalb des Docker-Containers aus und erhalten eine Ausgabe, die aussieht wie die in Abbildung 9-7 (ich habe die Bibliothek tatsächlich zur Erstellung dieses Bilds benutzt). Versuchen Sie, mit verschiedenen confidence_threshold-Werten und unterschiedlichen Bildern zu experimentieren. Sie können auch zur Konfigurationsdatei e2e_mask_rcnn_R_101_FPN_1x_caffe2.yaml wechseln, um das Mask R-CNN auszuprobieren und stattdessen Segmentierungsmaskierungen zu erhalten.

Um die Modelle auf Ihren eigenen Daten zu trainieren, benötigen Sie einen eigenen Datensatz, der Labels für die Begrenzungsrahmen in jedem Bild enthält. Die Bibliothek stellt dafür eine Hilfsfunktion namens BoxList zur Verfügung. Hier ist ein Grundgerüst einer Dataset-Klassenimplementierung, die Sie als Ausgangspunkt verwenden können:

```
from maskrcnn_benchmark.structures.bounding_box import BoxList

class MyDataset(object):
    def __init__(self, path, transforms=None):
        self.images = # Liste mit Bildern einrichten
        self.boxes = # Begrenzungsrahmen einlesen
        self.labels = # Labels einlesen
        self.transforms = transforms

    def __getitem__(self, idx):
        image = # PIL-basiertes Bild aus self.images holen
        boxes = # eine Liste von Arrays erstellen,
                # eins pro Rahmen im Format x1, y1, x2, y2
        labels = # Labels für jeweilige Rahmen

        boxlist = BoxList(boxes, image.size, mode="xyxy")
        boxlist.add_field("labels", labels)
```

```
        if self.transforms:
            image, boxlist = self.transforms(image, boxlist)

        return image, boxlist, idx

    def get_img_info(self, idx):
        return {"height": img_height, "width": img_width}
```

Sie müssen dann Ihre neu erstellte Dataset-Klasse zu *maskrcnn_benchmark/data/datasets/init.py* und *maskrcnn_benchmark/config/paths_catalog.py* hinzufügen. Das Training kann dann mit dem mitgelieferten Skript *train_net.py* aus dem Repository vorgenommen werden. Es kann durchaus passieren, dass Sie die Batchgröße verringern müssen, um die Netzwerke auf einer einzigen GPU trainieren zu können.

So weit zur Objekterkennung und -segmentierung. Weitere Ideen, einschließlich der wunderbar betitelten *You Only Look Once*-Architektur (YOLO), finden Sie im Abschnitt »Weiterführende Literatur« auf Seite 236. In der Zwischenzeit beschäftigen wir uns damit, wie man ein Modell böswillig überlisten kann.

Adversarial Samples

Wahrscheinlich haben Sie im Internet Artikel über Bilder gelesen, die die Bilderkennung auf irgendeine Weise daran hindern können, richtig zu funktionieren. Sobald eine Person ein Bild in die Kamera hält, denkt das neuronale Netzwerk, dass sie einen Pandabären oder dergleichen wahrnimmt. Diese Bilder sind als *Adversarial Samples* bekannt. Sie bieten interessante Möglichkeiten, die Grenzen Ihrer Architektur zu entdecken und herauszufinden, wie Sie sich am besten vor derartigen Angriffen schützen.

Die Erstellung eines Adversarial Samples ist nicht allzu schwierig, insbesondere dann nicht, wenn Sie Zugang zu dem Modell haben. Wir nehmen ein einfaches neuronales Netz, das Bilder aus dem beliebten CIFAR-10-Datensatz klassifiziert. Es gibt keinen besonderen Grund für dieses Modell – fühlen Sie sich also frei, es durch AlexNet, ResNet oder jedes andere bisher im Buch vorgestellte Netzwerk zu ersetzen:

```
class ModelToBreak(nn.Module):
    def __init__(self):
        super(ModelToBreak, self).__init__()
        self.conv1 = nn.Conv2d(3, 6, 5)
        self.pool = nn.MaxPool2d(2, 2)
        self.conv2 = nn.Conv2d(6, 16, 5)
        self.fc1 = nn.Linear(16 * 5 * 5, 120)
        self.fc2 = nn.Linear(120, 84)
        self.fc3 = nn.Linear(84, 10)

    def forward(self, x):
        x = self.pool(F.relu(self.conv1(x)))
        x = self.pool(F.relu(self.conv2(x)))
        x = x.view(-1, 16 * 5 * 5)
        x = F.relu(self.fc1(x))
```

```
        x = F.relu(self.fc2(x))
        x = self.fc3(x)
        return x
```

Sobald das Netzwerk auf CIFAR-10 trainiert wurde, können wir eine Vorhersage für das Bild in Abbildung 9-9 erhalten. Bleibt zu hoffen, dass das Training so weit gediehen ist, dass wir erkennen können, dass es sich um einen Frosch handelt (wenn nicht, sollten Sie vielleicht noch etwas länger trainieren!). Wir möchten unser Bild mit dem Frosch gerade so stark verändern, dass das neuronale Netz verwirrt wird und denkt, es sei etwas anderes, obwohl wir immer noch erkennen können, dass es sich eindeutig um einen Frosch handelt.

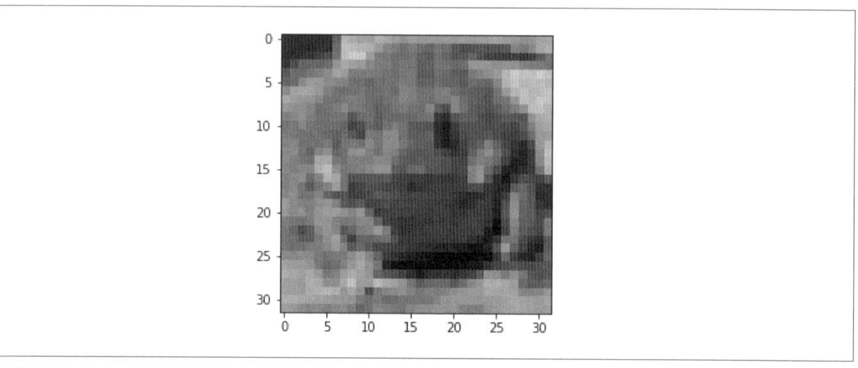

Abbildung 9-9: Unser Frosch-Beispiel

Dazu verwenden wir eine Angriffsmethode namens *Fast Gradient Sign Method*.[5] Die Idee dabei ist, das Bild, das wir fehlerhaft klassifizieren möchten, wie gewohnt durch das Modell laufen zu lassen und zunächst einen Ausgabetensor zu erhalten. Typischerweise würden wir unsere Vorhersagen dadurch erhalten, dass wir mit der `argmax()`-Funktion den höchsten Wert des Tensors und dessen Index ermitteln, um die Kategorie ausgeben zu können. Diesmal werden wir jedoch so tun, als würden wir das Netzwerk erneut trainieren und die Ergebnisse durch das Modell zurückpropagieren, wodurch wir die Gradientenänderungen des Modells in Bezug auf die ursprüngliche Eingabe (in unserem Fall ein Bild eines Froschs) erhalten.

Anschließend erstellen wir einen neuen Tensor, der die Gradienten nimmt und die Einträge durch +1 ersetzt, wenn der Gradient positiv ist, und durch –1, wenn der Gradient negativ ist. Dadurch erhalten wir die Richtung, in die die Entscheidungsgrenzen des Modells durch das Bild verschoben werden. Dann multiplizieren wir ihn mit einem kleinen Skalar (im Beitrag *Epsilon* genannt), um unsere überlistende Maskierung zu erzeugen. Diese wird dann dem Originalbild hinzugefügt, und somit wird ein Adversarial Example kreiert.

5 Siehe »Explaining and Harnessing Adversarial Examples« (*https://arxiv.org/abs/1412.6572*) von Ian Goodfellow et al. (2014).

Sehen wir uns eine einfache PyTorch-Methode an, die jeweils Tensoren mit den Vorzeichen der Gradienten für ein eingeführtes Batch zurückgibt unter der Voraussetzung, dass Labels für das Batch bereitgestellt wurden. Außerdem haben wir unser Modell und die Verlustfunktion, die zur Bewertung des Modells verwendet wird:

```
def fgsm(input_tensor, labels, loss_function, model, epsilon=0.02):
    outputs = model(input_tensor)
    loss = loss_function(outputs, labels)
    loss.backward(retain_graph=True)
    fsgm = torch.sign(inputs.grad) * epsilon
    return fgsm
```

Epsilon wird normalerweise durch Experimentieren ermittelt. Indem ich mit verschiedenen Bildern herumgespielt habe, fand ich heraus, dass bei diesem Modell der Wert `0.02` recht gut funktionierte. Man könnte aber auch so etwas wie eine Raster- (engl. Grid Search) oder eine Zufallssuche heranziehen, um den Wert zu bestimmen, der den Frosch in ein Schiff verwandeln lässt!

Wenn wir diese Funktion auf das Bild mit dem Frosch und unser Modell anwenden, erhalten wir eine Bildmaskierung, die wir dann zu unserem Originalbild hinzufügen können, um unser Adversarial Sample zu erhalten. Schauen Sie sich Abbildung 9-10 an, um zu sehen, wie es letztendlich aussieht!

```
model_to_break = # Laden des ModelToBreak-Modells
adversarial_mask = fgsm(frog_image.unsqueeze(-1),
                        batch_labels,
                        loss_function,
                        model_to_break)
adversarial_image = adversarial_mask.squeeze(0) + frog_image
```

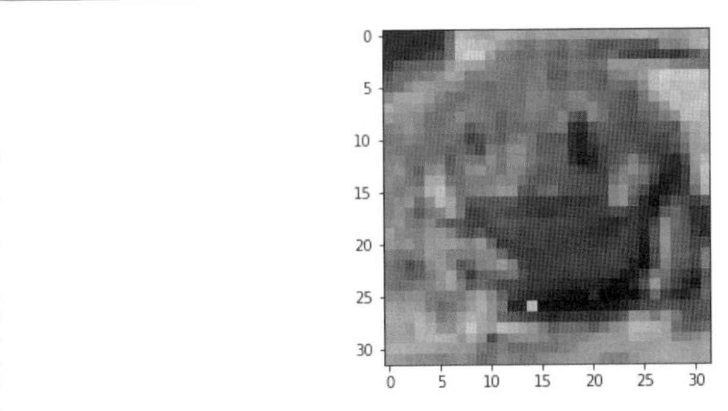

Abbildung 9-10: Adversarial Sample eines Froschs

Offenbar erscheint unser neu kreiertes Bild dem menschlichen Auge immer noch wie ein Frosch. (Wenn es für Sie nicht wie ein Frosch aussieht, sind Sie vielleicht ein neuronales Netz. Melden Sie sich sofort für einen Voight-Kampff-Test an). Wie aber sieht es aus, wenn wir unser Modell zur Vorhersage heranziehen?

```
model_to_break(adversarial_image.unsqueeze(-1))
# Extrahieren des Labels mithilfe der argmax()-Funktion.
>> 'cat'
```

Wir haben das Modell überlistet. Doch ist dieses Problem tatsächlich so schwerwiegend, wie es zunächst erscheint?

Black-Box-Angriffe

Sie haben vielleicht bemerkt, dass wir im Rahmen der Erzeugung des Adversarial Samples viel über das verwendete Modell wissen müssen, um den Klassifikator zu täuschen. Wir haben Einblick in die gesamte Struktur des Modells sowie Kenntnis über die Verlustfunktion, die zum Trainieren des Modells verwendet wurde. Zudem benötigen wir im Modell sowohl Vorwärts- als auch Rückwärtsdurchläufe, um unsere Gradienten zu erhalten. Dies ist ein klassisches Beispiel dafür, was in der Computersicherheit als *White-Box-Angriff* (engl. White-Box Attack) bekannt ist. In diesem Fall haben wir Einblick in jeden Teil des Codes. Wir können dadurch herausfinden, was vor sich geht, und dies ausnutzen.

Spielt das tatsächlich eine große Rolle? Schließlich erlauben die meisten Modelle, die Sie im Internet finden können, keinen Blick ins Innere. Ist ein *Black-Box-Angriff*, bei dem Sie nur die Ein- und Ausgabe beobachten können, wirklich möglich? Nun, leider ja. Bedenken Sie, dass wir eine Reihe von Eingaben und Ausgaben haben, die miteinander abgeglichen werden können. Die Ausgaben stellen *Labels* dar, und es ist durchaus möglich, gezielte Abfragen eines Modells dafür einzusetzen, mit ihnen ein neues Modell zu trainieren, das Sie lokal als Nachahmung verwenden und Angriffe in White-Box-Manier durchführen können. Wie Sie beim Transfer Learning gesehen haben, können die Angriffe auf das nachgebildete Modell effektiv sein und somit auf das eigentliche Modell übertragen werden.

Abwehr adversarialer Angriffe

Wie können wir uns vor solchen Angriffen schützen? Bei der Klassifizierung eines Bilds als Katze oder Fisch ist ein Angriff vermutlich nicht gleichbedeutend mit dem Ende der Welt. Bei selbstfahrenden Systemen, Krebserkennungsprogrammen usw. könnte es aber buchstäblich den Unterschied zwischen Leben und Tod bedeuten. Die erfolgreiche Abwehr aller Arten adversarialer Angriffe ist immer noch Gegenstand der Forschung, zu den bisherigen Forschungsschwerpunkten gehören jedoch die Destillation (engl. Distilling) und die Validierung (engl. Validation).

Die *Destillation*, bei der ein Modell zum Trainieren eines anderen Modells verwendet wird, scheint Abhilfe zu schaffen. Die Verwendung der zuvor beschriebenen Label-Glättung für das neue Modell scheint ebenfalls zu helfen. Wenn das Modell hinsichtlich seinen Entscheidungen weniger sicher ist, scheinen die Gradienten etwas geglättet zu werden, wodurch ein gradientenbasierter Angriff, den wir in diesem Kapitel skizziert haben, weniger effektiv sein wird.

Ein noch wirksamerer Ansatz reicht bis in die frühen Tage der Computer Vision zurück. Wenn wir für die eingehenden Daten eine Eingabevalidierung vornehmen, können wir möglicherweise verhindern, dass das Bild, mit dem der Angriff vollzogen wird, überhaupt erst in das Modell gelangt. Im vorhergehenden Beispiel hat das generierte Angriffsbild einige wenige Pixel, die stark von dem abweichen, was unsere Augen erwarten, wenn wir einen Frosch sehen. Je nach Bereich könnten wir einen Filter einsetzen, der nur bestimmte Bilder durchlässt, die bestimmte Tests bestehen. Theoretisch könnten Sie dazu auch ein neuronales Netz aufbauen, denn dann müssten die Angreifer versuchen, zwei verschiedene Modelle mit demselben Bild zu überlisten!

Wir sind nun am Ende damit angelangt, Bilder mit PyTorch zu verarbeiten. Werfen wir noch einen Blick auf einige Entwicklungen im Bereich textbasierter Netzwerke, die in den letzten Jahren für Furore gesorgt haben.

Die Transformer-Architektur

Das Transfer Learning hat wesentlich dazu beigetragen, dass bildbasierte Netzwerke in den letzten zehn Jahren so effektiv geworden sind und zunehmend Bekanntheit erlangt haben. Bei Textdaten erwies sich diese Entwicklung als schwieriger zu knackende Nuss. In den letzten Jahren wurden jedoch einige wichtige Fortschritte erzielt, die das Potenzial des Einsatzes von Transfer Learning bei Textdaten für alle möglichen Aufgaben, wie z.B. bei der Generierung, Klassifizierung und der Beantwortung von Fragen, zu erschließen begannen. Dabei ist eine neue Art von Architektur in den Mittelpunkt gerückt: das *Transformer-Netzwerk*. Diese Netzwerke stammen nicht etwa von Cybertron, dem Planeten im Transformers-Spielfilm. Die Transformer-Architektur bildet die Grundstruktur für die mächtigsten textbasierten Netzwerke, die wir je gesehen haben. Dazu zählt unter anderem OpenAIs GPT-2-Modell, das im Jahr 2019 veröffentlicht wurde und in seinem generierten Text eine beängstigend beeindruckende Qualität aufweist – und zwar in dem Maße, dass OpenAI die größere Version des Modells zunächst zurückhielt, um zu verhindern, dass es für ruchlose Zwecke verwendet wird. Sehen wir uns die allgemeine Theorie hinter den Transformer-Modellen an und tauchen wir dann direkt in die Verwendung der Hugging-Face-Implementierungen von GPT-2 und BERT ein.

Aufmerksamkeitsmechanismus

Der erste Schritt auf dem Weg zur Transformer-Architektur war der *Aufmerksamkeitsmechanismus* (engl. Attention Mechanism), der ursprünglich in RNNs eingeführt wurde, um bei Sequenz-zu-Sequenz-Anwendungen wie der Übersetzung zu helfen.[6]

6 Siehe »Neural Machine Translation by Jointly Learning to Align and Translate« (*https://arxiv.org/abs/1409.0473*) von Dzmitry Bahdanau et al. (2014).

Das Problem, das mit dem Konzept der *Aufmerksamkeit* zu lösen versucht wurde, war die Schwierigkeit, Sätze wie »Die Katze saß auf der Matte und sie schnurrte« zu übersetzen. Wir wissen, dass sich »sie« in diesem Satz auf die Katze bezieht. Für ein normales RNN stellt das jedoch ein schwieriges Unterfangen dar. Es mag zwar den verborgenen Zustand erfassen, den wir bereits aus Kapitel 5 kennen, aber wenn es bei »sie« angelangt, sind bereits mehrere Zeitschritte verstrichen – und somit auch mehrere verborgene Zustände!

Durch den *Aufmerksamkeitsmechanismus* fügen wir einen zusätzlichen Satz trainierbarer Gewichte hinzu, und zwar für jeden Zeitschritt. Dadurch bringen wir das Netzwerk dazu, sich auf einen bestimmten Teil des Satzes zu fokussieren. Die Gewichte werden üblicherweise durch eine `softmax`-Schicht geleitet, um Wahrscheinlichkeiten für jeden Zeitschritt zu erhalten. Anschließend wird das Skalarprodukt der Aufmerksamkeitsgewichte mit dem vorherigen verborgenen Zustand berechnet. Abbildung 9-11 zeigt eine vereinfachte Version des Mechanismus in Bezug auf unseren Satz.

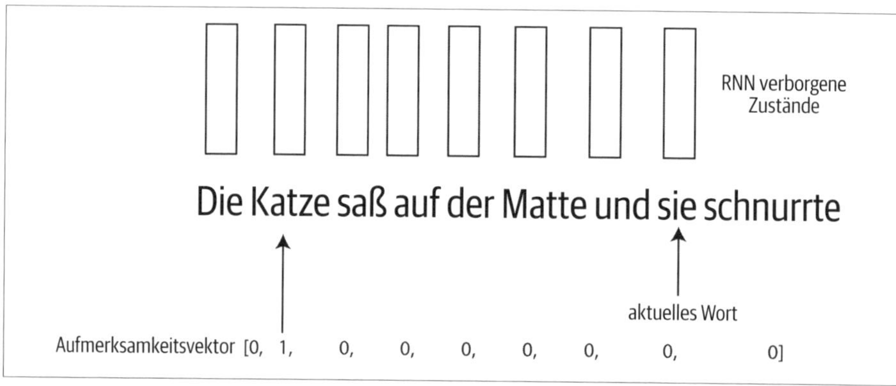

Abbildung 9-11: Ein Aufmerksamkeitsvektor, der auf das Wort Katze zeigt

Die Gewichte stellen sicher, dass, wenn der verborgene Zustand mit dem aktuellen Zustand kombiniert wird, das Wort »Katze« ein wichtiger Teil der Bestimmung des Ausgangsvektors zum Zeitpunkt des Worts »sie« sein wird, was beispielsweise einen nützlichen Kontext für die Übersetzung ins Französische liefert!

Wir gehen nicht auf alle Details dazu ein, wie der *Aufmerksamkeitsmechanismus* in einer konkreten Umsetzung konzipiert sein kann. Wie wir wissen, war das Konzept bereits Mitte der 2010er-Jahre leistungsfähig genug, Google Translate zu einem eindrucksvollen Wachstum und einer imposanten Genauigkeit zu verhelfen.

Attention Is All You Need

In dem bahnbrechenden Fachartikel »Attention Is All You Need«[7] wiesen Forscher von Google darauf hin, dass das Augenmerk darauf lag, den Aufmerksamkeitsme-

7 Siehe »Attention Is All You Need« (*https://arxiv.org/abs/1706.03762*) von Ashish Vaswani et al. (2017).

chanismus in ein ohnehin schon langsames RNN-basiertes Netzwerk zu integrieren (im Vergleich zu CNNs oder dicht verbundenen Schichtblöcken jedenfalls). Was wäre, wenn wir gar nicht auf das RNN zurückgreifen müssten? Der Artikel zeigte, dass man mit hintereinandergeschalteten aufmerksamkeitsbasierten Encodern und Decodern ein Modell konzipieren könnte, das sich überhaupt nicht auf den verborgenen Zustand des RNN stützt. Das machte den Weg frei für noch größere und schnellere Transformer-Modelle, die mittlerweile das textbasierte Deep Learning dominieren.

Die zentrale Idee war die Verwendung dessen, was die Autoren als *Multihead Attention* bezeichneten, also etwa »mehrköpfige Aufmerksamkeit«. Dieser Schritt ermöglicht die parallele Ausführung des Aufmerksamkeitsmechanismus über alle Eingaben durch die Verwendung einer Reihe von `Linear`-Schichten. Mit diesen Schichten und einigen residualen Verbindungen, die zuvor bereits beim ResNet genutzt wurden, begannen die Transformer schnell, RNNs bei vielen textbasierte Anwendungen abzulösen. Zwei wichtige Transformer-Versionen, BERT und GPT-2, bilden – zum Zeitpunkt des Verfassens – den aktuellen Stand der Forschung ab.[8]

Erfreulicherweise können wir auf die bereits in Kapitel 8 verwendete `transformers`-Bibliothek (*https://oreil.ly/xpDzq*) von Hugging Face zurückgreifen, in der beide Modelle in PyTorch implementiert sind. Falls noch nicht geschehen, müssten Sie sie mit `pip install transformers` oder `conda install transformers` installieren. Zudem sollten Sie auch das Repository selbst mit dem Befehl `git clone` herunterladen, da wir später einige der Hilfsskripte benötigen!

Schauen wir uns zunächst einmal BERT an.

BERT

Googles im Jahr 2018 veröffentlichtes Modell *Bidirectional Encoder Representations from Transformers* (BERT) war eines der ersten erfolgreichen Beispiele für die Anwendung von Transfer Learning im Rahmen eines leistungsfähigen Modells. BERT selbst ist ein riesiges Transformer-basiertes Modell (mit 110 Millionen Parametern in seiner kleinsten Version), das auf Wikipedia-Artikeln und dem BookCorpus-Datensatz vortrainiert wurde. Das Problem, das sowohl Transformer- als auch Konvolutionsnetzwerke traditionell bei der Anwendung auf Textdaten haben, besteht darin, dass es für diese Netzwerke schwierig ist, die zeitliche Struktur von Sprache zu erfassen, da sie alle Daten auf einmal sehen. BERT umgeht dies, indem es im Rahmen seines (Vorab-)Trainings 15% der Texteingaben nach dem Zufallsprinzip maskiert und das Modell zwingt, die maskierten Teile vorherzusagen. Obwohl es konzeptionell relativ einfach ist, führte die Kombination der beträchtlichen Größe (mit 340 Millionen Parametern im größten Modell) mit der

8 Anm. d. Übersetzers: Mittlerweile hat OpenAI eine weitere Version, GPT-3, entwickelt. Diese wird jedoch (vorerst) nur kommerziell genutzt und ausschließlich ausgewählten Partnern zur Verfügung gestellt (siehe *https://openai.com/blog/openai-api/*).

Transformer-Architektur zu einer ganzen Reihe von neuen textbezogenen Benchmark-Bestwerten.

Obwohl BERT von Google mit TensorFlow erstellt wurde, gibt es natürlich auch Implementierungen von BERT in PyTorch. Nehmen wir nun kurz eine davon unter die Lupe.

FastBERT

Eine einfache Möglichkeit, mit der Verwendung des BERT-Modells in Ihren eigenen Klassifizierungsanwendungen zu beginnen, ist die Verwendung der *FastBERT*-Bibliothek, die das Repository von Hugging Face mit der fast.ai-Schnittstelle kombiniert (die Sie noch ausführlicher kennenlernen werden, wenn wir in Kürze zu ULMFiT kommen). Wie üblich, kann sie über pip installiert werden:

```
pip install fast-bert
```

Hier nun ein Skript, das zur Feinabstimmung von BERT auf unseren Sentiment140-Twitter-Datensatz, den wir bereits in Kapitel 5 verwendet haben, herangezogen werden kann:

```
import logging
import numpy as np
import pandas as pd
import torch

from transformers import BertTokenizer
from fast_bert.data_cls import BertDataBunch
from fast_bert.learner_cls import BertLearner
from fast_bert.metrics import accuracy

# Zuvor Verzeichnisse erstellen - mkdir twitterdata labels
PATH_TO_DATA = "./twitterdata/"
PATH_TO_LABELS = "./labels/"
OUTPUT_DIR = "./"

# Daten aus Kapitel 5 einlesen, splitten (60/20/20) & in Verzeichnis speichern
# - auch Ansatz aus Kapitel 5 möglich (torchtext.data.TabularDataset().split())

df = pd.read_csv('../chapter5/train-processed.csv', encoding='latin-1')
df = df.drop(df.columns[[0, 1, 2, 3, 4, 6]], axis=1)
df.columns = ['text', 'label']

# https://stackoverflow.com/questions/38250710/
# how-to-split-data-into-3-sets-train-validation-and-test/38251213#38251213

train, valid, test = \
              np.split(df.sample(frac=1), [int(.6*len(df)), int(.8*len(df))])

train.to_csv('./twitterdata/train.csv', index=False)
valid.to_csv('./twitterdata/valid.csv', index=False)
test.to_csv('./twitterdata/test.csv', index=False)
```

```
# Modell
device = torch.device('cuda')
logger = logging.getLogger()
metrics = [{'name': 'accuracy', 'function': accuracy}]

tokenizer = BertTokenizer.from_pretrained('bert-base-uncased',
                                          do_lower_case=True)

databunch = BertDataBunch(PATH_TO_DATA,
                          PATH_TO_LABELS,
                          tokenizer,
                          train_file="train.csv",
                          val_file="valid.csv",
                          test_data="test.csv",
                          text_col=0, label_col=1,
                          batch_size_per_gpu=32,
                          max_seq_length=140,
                          multi_gpu=False,
                          multi_label=False,
                          model_type="bert")

learner = BertLearner.from_pretrained_model(databunch,
                                            'bert-base-uncased',
                                            metrics=metrics,
                                            device=device,
                                            logger=logger,
                                            output_dir=OUTPUT_DIR,
                                            is_fp16=False,
                                            multi_gpu=False,
                                            multi_label=False)

learner.fit(3, lr=1e-2)
```

Nach unseren Importen richten wir die Objekte `device`, `logger` und `metrics` ein, die für das `BertLearner`-Objekt erforderlich sind. Dann erstellen wir einen `BERT Tokenizer` zur Tokenisierung unserer Eingabedaten. In diesem Fall verwenden wir das `BertBase-uncased`-Modell (das 12 Schichten und 110 Millionen Parameter hat). Als Nächstes benötigen wir ein `BertDataBunch`-Objekt, das Verzeichnisse zu den Trainings-, Validierungs- und Testdatensätzen benötigt, Angaben darüber, wo die Label-Spalte zu finden ist, unsere Batchgröße und die maximale Länge unserer Eingabedaten (was in unserem Fall einfach ist, da es nur die Länge eines Tweets sein kann, zu diesem Zeitpunkt 140 Zeichen). Anschließend richten wir das BERT-Modell mit der Methode `BertLearner.from_pretrained_model` ein. Diese übergibt unsere Eingabedaten, unseren BERT-Modelltyp, die `device`-, `logger`- und `metrics`-Objekte, die wir zu Beginn des Skripts eingerichtet haben, und schließlich einige Flags zum Deaktivieren von Trainingsoptionen, die wir nicht benötigen, aber denen wir keine Vorgabewerte in der Methode gegeben haben.

Schließlich sorgt die `fit()`-Methode für die Feinabstimmung des BERT-Modells auf unsere Eingabedaten. Diese wird in einer eigenen internen Trainingsschleife vorgenommen. In diesem Beispiel trainieren wir das Modell über drei Epochen mit einer Lernrate von `1e-2`. Auf das trainierte PyTorch-Modell können wir anschließend mit `learner.model` zugreifen.

Wie Sie gesehen haben, bekommt man BERT auf diese Weise schnell zum Laufen. Kommen wir nun zur Konkurrenz.

GPT-2

Während Google im Stillen an BERT arbeitete, forschte OpenAI an einer eigenen Version eines Transformer-basierten Textmodells. Anstatt eine Maskierung zu verwenden, um das Modell zum Erlernen der Sprachstruktur zu bewegen, beschränkt das Modell von OpenAI den Aufmerksamkeitsmechanismus innerhalb der Architektur darauf, einfach das nächste Wort in einer Sequenz vorherzusagen, ähnlich wie die RNNs in Kapitel 5. Im Ergebnis wurde GPT von der beeindruckenden Leistung von BERT etwas abgehängt. Doch im Jahr 2019 schlug OpenAI mit *GPT-2* zurück, einer neueren Version des Modells, die neue Maßstäbe für die Textgenerierung setzte.

Die Magie hinter GPT-2 ist vor allem auf seine Größe zurückzuführen: Das Modell wurde auf Textpassagen von über 8 Millionen Webseiten trainiert, und die größte Variante von GPT-2 umfasst sagenhafte 1,5 Milliarden Parameter. Und obwohl es BERT bei bestimmten Benchmarks bei Aufgabenstellungen wie der Beantwortung von Fragen und anderen nicht ablösen konnte, führte seine Fähigkeit, aus einer einfachen Eingabeaufforderung einen unglaublich realistischen Text zu erstellen, dazu, dass OpenAI das Modell in Originalgröße zunächst hinter verschlossenen Türen hielt aus Sorge, es könnte als Waffe eingesetzt werden. Die kleineren Versionen des Modells mit 117 und 340 Millionen Parametern wurden jedoch gleich freigegeben und später dann auch größere Versionen.

Hier ist ein Beispiel für eine Ausgabe, die mithilfe von GPT-2 erzeugt wurde. Alles in Kursivschrift wurde von dem 340 Millionen Parameter umfassenden Modell von GPT-2 generiert:

> Jack and Jill went up the hill *on a bike ride. The sky was a grey white and the wind was blowing, causing a heavy snowfall. It was really difficult to drive down the hill, I had to lean forward on a bit of gear to get it on. But then there was a moment of freedom that I would never forget: The bike was at a complete stop on the mountain side and I was in the middle of it. I didn't have time to say a word, but I did lean forward and touch the brakes and the bike started to go.*

Abgesehen vom Wechsel von »Jack und Jill« zur Ich-Form ist dies ein beeindruckendes Beispiel dafür, was bereits im Rahmen der Textgenerierung möglich ist. Bei kurzen Textpassagen kann es manchmal nicht von einem von Menschen verfassten Text unterschieden werden. Je weiter man liest, desto bemerkbarer macht es sich zwar, dass der Text von einer Maschine geschrieben wurde, dennoch ist es eine durchaus beeindruckende Leistung. Bereits jetzt sind wir damit in der Lage, echt aussehende Tweets und Reddit-Kommentare zu schreiben. Sehen wir uns an, wie sich das mit PyTorch umsetzen lässt.

GPT-2 vorbereiten

In diesem und im nächsten Abschnitt bringen wir GPT-2 dazu, neue Tweets auf Basis seines Datenmodells zu erstellen. Und wir gehen noch einen Schritt weiter. Wir möchten es so erweitern, dass wir dem Modell ausdrücklich mitteilen können, neue Tweets zu erzeugen, die einer gewissen Spezifizierung unterliegen. Hierfür fügen wir unserem fein abgestimmten GPT-2-Modell einen neuen »Kontrollstring« hinzu. Wenn wir das nicht täten, würden wir nur eine gewöhnliche GPT-2-Ausgabe erhalten. Wir fügen gleich *mehrere* Kontrollstrings hinzu. Wenn Sie beispielsweise verschiedene synthetische Datensätze erzeugen möchten, können Sie diese Strings verwenden, um zu bestimmen, in welcher Art der Text erzeugt werden soll, z.B. wenn Sie *positiv* oder *negativ* konnotierten Text erzeugen möchten.

Zuerst benötigen wir einen Datensatz für die Feinabstimmung des vortrainierten Modells. Wir möchten wie erwähnt Tweets erzeugen – nehmen wir einfach erneut den Sentiment140-Datensatz zur Hand. Sie können aber auch jede andere Sammlung von Tweets verwenden, auf die Sie Zugriff haben, vielleicht ja sogar Ihre eigene!

```
import csv
import logging
import os
import random
import torch
import torch.nn.functional as F

from torch.utils.data import Dataset, DataLoader
from transformers import (GPT2Tokenizer, GPT2LMHeadModel, AdamW,
                          get_linear_schedule_with_warmup)
from tqdm import tqdm, trange


class CSVTwitter(Dataset):

  def __init__(self, control_code,
               truncate=False, gpt2_type="gpt2", max_length=768):

    self.tokenizer = GPT2Tokenizer.from_pretrained(gpt2_type)
    self.tweets = []

    with open('../chapter5/train-processed.csv', newline='') as csvfile:
      tweet_csv = csv.reader(csvfile)
      for row in tweet_csv:
        self.tweets.append(torch.tensor(
            self.tokenizer.encode(f"<|{control_code}|>"
                                  f"{row[5][:max_length]}<|endoftext|>")
        ))

    if truncate:
      self.tweets = self.tweets[:20000]
    self.tweet_count = len(self.tweets)

  def __len__(self):
    return self.tweet_count
```

```
def __getitem__(self, item):
  return self.tweets[item]
```

Sie fragen sich vielleicht, warum wir sicherstellen, dass wir unsere Zeichenketten (Strings) auf eine maximale Länge von 768 Zeichen begrenzen. Wir möchten die `gpt2-small`-Version verwenden, die eine Längenbegrenzung aufgrund ihrer verborgenen Dimensionalität von 768 besitzt (wenn Sie größere vortrainierte Modelle einsetzen möchten, können Sie diese erhöhen: `gpt2-medium` kann 1.024 Zeichen aufnehmen, `gpt2-large` 1.280, und `gpt2-xl` akzeptiert 1.600 Zeichen). Da es sich bei diesem Datensatz lediglich um Tweets handelt, stoßen wir natürlich nie an diese Grenze. Doch seien Sie sich dieser Einschränkung bewusst.

Wie Sie noch sehen werden, fügen wir unseren Kontrollstring `<||tweet|>` am Anfang eines jeden Eintrags und den String `<||endoftext|>` jeweils am Ende ein – dies ist nämlich ein String, den GPT-2 bereits während seines ursprünglichen Trainings gelernt hat, um das Ende eines Texts zu markieren. Er wird später im Training nützlich werden, wenn wir zu unseren Trainingstensoren kommen.

Der letzte Teil der `Dataset`-Klasse sorgt für die *Codierung* (engl. Encoding). Diese geht ähnlich wie die Textcodierung vonstatten, die wir bereits in Kapitel 5 vorgenommen haben, jedoch mit einem kleinen Unterschied. Anstatt alle Wörter einfach einem Dictionary zuzuordnen, verwenden wir einen *Byte-Paar-Codierungstokenisierer* (engl. *Byte Pair Encoding Tokenizer*, BPE). Dieser funktioniert anders als zuvor, da er ein Dictionary erstellt, in dem er gemeinsame Paare von Bytes registriert und sie durch ein Byte ersetzt, das in der Codierung nicht vorhanden ist.

Nehmen Sie zum Beispiel diese sinnlose Zeichenkette:

```
aabaabdeaa
```

Beim ersten Durchlauf des Bytepaar-Encoders würden unsere aa-Sequenzen ersetzt werden:

```
AbAbdeA
A = aa
```

Wir haben nun neue Byte-Paare, sodass wir erneut ersetzen können:

```
BBdeA
A = aa
B = Ab
```

Beim Aufbau eines Wortschatzes aus einem Datensatz funktioniert die Bytepaar-Codierung in Sprachmodellen heutzutage eher in die entgegengesetzte Richtung. Sie beginnt mit einem bestimmten Satz von Zeichen in dieser Sprache. Diese werden übergeben, und dabei werden *Subwörter* aufgebaut, indem die im Datensatz vorhandenen Paare gefunden und dann zusammengeführt werden, um größere Paare zu finden, und so weiter. Auf diese Weise lernt der Tokenizer einen Wortschatz direkt aus dem Datensatz selbst und nicht durch manuelle Eingabe aus einer externen Quelle (wie bei uns).

Glücklicherweise können wir den BPE-Tokenizer verwenden, der bereits auf dem Datensatz von GPT-2 trainiert wurde, und müssen uns nicht selbst darum kümmern (wenn Sie jedoch eine neue Sprache trainieren möchten, wird Ihnen Huggingface' Tutorial zum Erlernen von Esperanto (*https://huggingface.co/blog/how-to-train*) alles mit auf den Weg geben, was Sie für den Anfang brauchen). Wir erstellen eine vortrainierte Version mittels der `GPT2Tokenizer.from_pretrained(gpt2_type)`-Methode, die die entsprechenden Dateien für die Version von GPT-2, mit der wir arbeiten möchten, herunterladen wird. Dann codieren wir den Datensatz und erzeugen Tensoren, wobei wir wiederum wie üblich einen bestimmten Tensor im Rahmen der `__getitem__()`-Methode zurückgeben.

Wir benötigen erneut ein `DataLoader`-Objekt, das wir auf die übliche Art und Weise einrichten:

```
DataLoader(dataset, batch_size=1, shuffle=True)
```

Wir kommen noch später darauf zurück, warum wir die `batch_size` auf 1 festsetzen. Doch zuerst einmal: Wie trainieren wir GPT-2? Nun, wie sich zeigt, ist es eigentlich viel einfacher, als man annimmt. Wir haben bereits ein vortrainiertes Modell – folglich müssen wir nur noch die Feinabstimmung vornehmen (wir frieren hierbei keine Schichten ein, aber Sie können gern damit experimentieren). Eine Sache noch – benötigen wir etwa keine Labels?

Für das Training von GPT-2 wird zunächst unser Eingabetext in das Transformer-Modell eingespeist – und dann wird das Modell darauf trainiert, den Text als Ausgabe wiederherzustellen. Auf diese Weise lernt das Modell etwas darüber, wie Text strukturiert ist, und entwickelt schließlich ein *Sprachmodell*, das zur Erzeugung von weiterem Text verwendet werden kann. Unsere Labels entsprechen also dem Eingabetext selbst!

Um das Modell dazu zu bringen, etwas zu generieren, das dem Englischen oder der Sprache, in der Sie es trainieren, ähnelt, ist eine gigantische Menge an Text erforderlich (wie erwähnt, trainierte OpenAI GPT-2 auf 8 Millionen Webseiten). Da wir jedoch ein vortrainiertes Modell heranziehen können, ist all diese harte Arbeit bereits erledigt, sodass wir mit einem wesentlich kleineren Datensatz auskommen können. Der vortrainierte GPT-2-Transformer lässt sich mit nur einer Zeile Code erstellen:

```
model = GPT2LMHeadModel.from_pretrained(gpt2_type)
```

Hinsichtlich unserer Trainingsschleife müssen wir lediglich sicherstellen, dass die Labels unserer Texteingabe entsprechen:

```
outputs = model(input)
loss = loss_function(output, input)
loss.backward()
optimizer.step()
```

Doch es gibt einen kleinen Haken. Sie erinnern sich, dass GPT-2 groß ist, oder? Sehr groß sogar. Es ist sehr wahrscheinlich, dass Sie nicht alle Parameter und alle

Gradientenaktualisierungen auf einer einzigen GPU platzieren können. Es gibt verschiedene Ansätze, mit denen wir dieses Problem umgehen können, wie z.B. verteiltes Training oder etwa Gradient-Checkpointing (behandelt in Kapitel 7).

Allerdings gibt es noch eine einfachere Option, die wir nutzen können. Wir *kumulieren* unsere Gradienten für eine ganze Reihe von Batches und führen die Aktualisierung dann alle *x* Batches statt wie bisher für jedes Batch durch. Wir dividieren die aktualisierten Verluste durch die *kumulierte* Batchgröße (im Code später `accumulating_batch_count`, da die `batch_size` 1 ist), um den Gesamtverlust, den wir zugrunde legen, zu mitteln.

Eine der Besonderheiten einer transformatorbasierten Architektur besteht darin, dass GPT-2 im Gegensatz zu den RNN-basierten Modellen, die wir aus Kapitel 5 kennen, alle Eingaben auf einmal »sieht«. Und wir übergeben aus Zeichenketten (maximal 140 Zeichen) codierte Tensoren. Nun ja, das bedeutet jedoch, dass viele unserer Eingaben im Grunde auf null gesetzt werden würden. Bietet sich das in dieser Form für das Training an? Wahrscheinlich eher nicht, denn unser Netzwerk würde nicht viele Informationen erhalten, die vorwärts und rückwärts hindurchströmen. Kommen wir zunächst zu einer Methode, die wir als `pack_tensor()` bezeichnen!

```
def pack_tensor(new_tensor, packed_tensor, max_seq_len):
  if packed_tensor is None:
    return new_tensor, True, None
  if new_tensor.size()[1] + packed_tensor.size()[1] > max_seq_len:
    return packed_tensor, False, new_tensor
  else:
    packed_tensor = torch.cat([new_tensor, packed_tensor[:, 1:]], dim=1)
    return packed_tensor, True, None
```

Dies ist eine sehr einfache Methode, bei der versucht wird, so viele Textstücke wie möglich in einem Eingabetensor unterzubringen. Deshalb haben wir den `DataLoader ` mit einer `batch_size` von 1 gewählt. So können wir in unserer Trainingsschleife über die Daten iterieren, bis wir einen Tensor gefüllt haben, und ihn dann durch unser Modell schieben. Dadurch wird natürlich die Beziehung zwischen den Batches, die sich aus dem `Dataset`-Objekt ergeben, und dem, was wir an das Modell zum Trainieren senden, aufgelöst. Deshalb integrieren wir noch einen zusätzlichen Zähler, `accumulating_batch_count`, um herauszufinden, wann wir unsere kumulierten Gradienten trainieren müssen.

Im Code unserer `train()`-Funktion werden Sie eine Abweichung feststellen. Wir verwenden nicht das sonst übliche Muster:

```
outputs = model(input)
loss = loss_function(output, input)
```

Stattdessen nutzen wir Folgendes:

```
outputs = model(input, labels=input)
loss = outputs[0]
```

Hier geht nichts allzu Kompliziertes vor sich; um die Dinge einfacher zu gestalten, ist im GPT-Modell lediglich Code enthalten, der den Verlust berechnet. (Es handelt sich nur um einen einfachen Kreuzentropieverlust (`CrossEntropyLoss`), wie aus den vorherigen Kapiteln bekannt).

Unser Optimierer und unsere Lernrate stammen ebenfalls aus der `transformers`-Bibliothek. Wir verwenden den AdamW-Optimierer (Adam und Weight Decay (*https://www.fast.ai/2018/07/02/adam-weight-decay/*)) mit Warm-up und einem linearen Abklingverhalten (engl. Linear Decay). Alternative Optimierungsalgorithmen können Sie der Huggingface-Dokumentation (*https://huggingface.co/transformers/main_classes/optimizer_schedules.html*) entnehmen. Des Weiteren richten wir unser Modell so ein, dass die Gewichte zum Ende jeder Epoche gespeichert werden können.

```
def train(
        dataset,
        model,
        tokenizer,
        batch_size=16,
        epochs=4,
        lr=2e-5,
        max_seq_len=400,
        warmup_steps=5000,
        gpt2_type="gpt2",
        device="cuda",
        output_dir=".",
        output_prefix="wreckgar",
        test_mode=False,
        save_model_on_epoch=False,
):

  acc_steps = 100

  model = model.to(device)
  model.train()

  optimizer = AdamW(model.parameters(), lr=lr)
  scheduler = get_linear_schedule_with_warmup(
      optimizer, num_warmup_steps=warmup_steps, num_training_steps=-1
  )

  train_dataloader = DataLoader(dataset, batch_size=1, shuffle=True)

  accumulating_batch_count = 0
  input_tensor = None

  for epoch in range(1, epochs+1):

    print(f"Training epoch {epoch}")
    for idx, entry in tqdm(enumerate(train_dataloader)):
      (input_tensor, carry_on, remainder) = pack_tensor(entry,
                                                       input_tensor,
                                                       768)
      if carry_on and idx != len(train_dataloader) - 1:
        continue
```

```
        input_tensor = input_tensor.to(device)
        outputs = model(input_tensor, labels=input_tensor)
        loss = outputs[0]
        loss.backward()

        if (accumulating_batch_count % batch_size) == 0:
          optimizer.step()
          scheduler.step()
          optimizer.zero_grad()
          model.zero_grad()

        accumulating_batch_count += 1
        input_tensor = None
      if save_model_on_epoch:
        torch.save(
            model.state_dict(),
            os.path.join(output_dir, f"{output_prefix}-{epoch}.pth"),
        )
    return model
```

Texte mit GPT-2 erzeugen

Um Texte aus unserem fein abgestimmten Modell zu erzeugen, können wir verschiedene Ansätze wählen: die *Beam-Suche*, die *Top-k-Filterung* und denjenigen, den wir verwenden, nämlich *Nucleus Sampling* (auch *Top-p-Filterung* genannt). Zunächst nehmen wir unsere Eingabe, in diesem Fall unseren neuen Kontrollstring `<||tweet|>`, und speisen sie dann in das Modell ein, um eine neue Sequenz zu erzeugen. Dabei sind wir vor allem an dem nächsten Wort interessiert, insbesondere an den Wahrscheinlichkeiten aller möglichen Wörter, für die das Modell vorhersagt, dass sie dort vorkommen könnten.

Natürlich werden viele Wörter, die das Modell vorhersagt, keinen Sinn ergeben. Genau hier setzt *Nucleus sampling* an. Bei diesem Ansatz summieren wir alle Wahrscheinlichkeiten, die vorhanden sind (absteigend sortiert), bis die Gesamtsumme (die kumulative Verteilungsfunktion) über einem vordefinierten Wert des Hyperparameters `p` liegt, der normalerweise zwischen den Werten `0.7` und `0.9` gewählt wird. Es gibt einen weiteren Parameter, `temperature`, der verwendet werden kann, um die Wahrscheinlichkeiten unterschiedlich zu skalieren bzw. zu gewichten, bevor sie in der kumulativen Verteilungsfunktion summiert werden.

Sobald die kumulative Verteilungsfunktion erstellt ist, eliminieren wir alles, was jenseits unseres Werts `p` liegt, indem wir die entsprechenden Wahrscheinlichkeitswerte auf minus unendlich setzen. Indem wir zuerst die Wahlmöglichkeiten mit den höchsten Wahrscheinlichkeiten summieren, ist es möglich, dass, sofern es mehrere Wahlmöglichkeiten mit relativ hoher Wahrscheinlichkeit gibt, diese die einzigen sind, die berücksichtigt werden. Und das ergibt durchaus Sinn. Führen Sie sich zum Beispiel den folgenden Satz vor Augen:

```
The dog lifted up its ____
```

Der Satz bedeutet übersetzt in etwa »Der Hund hob seine __«. Im Englischen gibt es mehrere Wörter, die den Satz beenden können, beispielsweise paw (Pfote), tail (Schwanz) oder tongue (Zunge). Man würde erwarten, dass Pfote und Schwanz bedeutend häufiger vorkommen als Zunge. Durch unseren Ansatz fühlt sich unsere Stichprobennahme natürlicher an, bietet aber gleichzeitig einen gewissen Spielraum für Überraschungen, wenn die Wahrscheinlichkeiten weiter gestreut sind.

Der größte Teil des Codes in der folgenden generate-Methode stammt aus dem run_generation.py-Skript (*https://github.com/huggingface/transformers/blob/master/examples/run_generation.py*) von Hugging Face' transformers-Repository. Sobald wir das nächste Wort erhalten haben, gehen wir in der Schleife zurück zum Anfang. Doch dieses Mal geben wir den Satz mit dem neu hinzugefügten Wort ein und bestimmen das folgende Wort auf die gleiche Weise. Wir fahren fort, bis wir entweder entry_length erreichen oder bis das Modell eine <|endoftext|>-Markierung erzeugt. Danach geht es zurück zur äußeren Schleife, um unseren nächsten Satz zu generieren, bis wir die gewünschte Anzahl von Sätzen erstellt haben.

```
def generate(
  model,
  tokenizer,
  prompt,
  entry_count=10,
  entry_length=100,
  top_p=0.8,
  temperature=1.,
):

 model.eval()

 generated_num = 0
 generated_list = []

 filter_value = -float("Inf")

 with torch.no_grad():

  for entry_idx in trange(entry_count):

   entry_finished = False

   generated = torch.tensor(tokenizer.encode(prompt)).unsqueeze(0)

   # Top-p (Nucleus Sampling):
   # https://github.com/huggingface \
   #  /transformers/blob/master/examples/run_generation.py ###

   for i in range(entry_length):
    outputs = model(generated, labels=generated)
    loss, logits = outputs[:2]
    logits = logits[:, -1, :] / (temperature if temperature > 0 else 1.0)
```

```
        sorted_logits, sorted_indices = torch.sort(logits, descending=True)
        cumulative_probs = torch.cumsum(
            F.softmax(sorted_logits, dim=-1), dim=-1
        )

        sorted_indices_to_remove = cumulative_probs > top_p
        sorted_indices_to_remove[..., 1:] = sorted_indices_to_remove[..., :-1] \
                                            .clone()
        sorted_indices_to_remove[..., 0] = 0

        indices_to_remove = sorted_indices[sorted_indices_to_remove]
        logits[:, indices_to_remove] = filter_value

        next_token = torch.multinomial(F.softmax(logits, dim=-1),
                                       num_samples=1)
        generated = torch.cat((generated, next_token), dim=1)

        if next_token in tokenizer.encode("<|endoftext|>"):
          entry_finished = True

        if entry_finished:

          generated_num = generated_num + 1
          output_list = list(generated.squeeze().numpy())
          output_text = tokenizer.decode(output_list)
          generated_list.append(output_text)
          break

    if not entry_finished:
      output_list = list(generated.squeeze().numpy())
      output_text = f"{tokenizer.decode(output_list)}<|endoftext|>"
      generated_list.append(output_text)

  return generated_list
```

Beispielhafte Ausgabe

Und hier sehen Sie nun einige Ausgaben unseres trainierten Modells infolge des Aufrufs der generate-Methode.

```
generated_tweets = generate(model.to('cpu'),
                            GPT2Tokenizer.from_pretrained(gpt2_type),
                            "<|tweet|>",
                            entry_count=10)

for tweet in generated_tweets:
    print(tweet)

"<|tweet|>Casa the fifth Monday afternoons in the summer. Stay for one more -
you'll be much better at finding a workplace than you would at the office.\n\
nThe Hours\n\n14:00 - 15:00, Hot and Cold\n\n18:00 - 19:00, Cafe Oktoberfest\n\
n19:00 - 21:00, More Information<|endoftext|>",
'<|tweet|>Tweet what you like.<|endoftext|>',
```

```
'<|tweet|>Sigh. Hope to see ya in there.<|endoftext|>',
'<|tweet|> | The Walking Dead ends, '10 hours after everybody gets killed!
I'm sick of zombies. pic.twitter.com/tsxhXdGLuGx.<|endoftext|>'
```

BERT und GPT-2 sind die derzeit wohl bekanntesten Vertreter im Bereich des textbasierten Lernens; kommen wir noch zu einem Modell, dass trotz seiner Modernität im Vergleich dazu eher ein Schattendasein pflegt: ULMFiT.

ULMFiT

Im Gegensatz zu BERT und GPT-2 basiert *ULMFiT* auf einem guten alten RNN. Kein Transformer in Sicht, nur die AWD-LSTM-Architektur, die ursprünglich von Stephen Merity entwickelt wurde. Auf dem WikiText-103-Datensatz trainiert, hat es sich im Rahmen des Transfer Learning als anpassungsfähig erwiesen, und trotz des »alten« Architekturtyps hat es im Bereich der Klassifizierung seine Konkurrenzfähigkeit mit BERT und GPT-2 unter Beweis stellen können.

Während ULMFiT im Grunde genommen nur ein weiteres Modell ist, das wie jedes andere in PyTorch geladen und verwendet werden kann, ist sein natürliches Zuhause die fast.ai-Bibliothek. Diese setzt bekanntermaßen auch auf PyTorch und bietet viele nützliche Abstraktionen, um schnell mit Deep Learning zurechtzukommen und produktiv zu sein. Deshalb bietet es sich an, ULMFiT mit der fast.ai-Bibliothek zu verwenden. Als Datensatz greifen wir wieder auf den Twitter-Datensatz zurück, den wir in Kapitel 5 genutzt haben.

Wir verwenden zunächst die Data-Block-Schnittstelle von fast.ai, um unsere Daten für die Feinabstimmung des LSTM vorzubereiten.

```
from fastai.text import *

data_lm = (TextList
           .from_csv("./twitter-data/", "train-processed.csv", cols=5)
           .split_by_rand_pct()
           .label_for_lm()
           .databunch(bs=32))
```

Diese ist den `torchtext`-Hilfsmethoden aus Kapitel 5 ziemlich ähnlich und erzeugt das, was fast.ai als einen `databunch` bezeichnet. Aus diesem können die Modelle und Trainingsroutinen leicht die Daten entnehmen. Als Nächstes erstellen wir das Modell, was in der fast.ai jedoch ein wenig anders umgesetzt wird. Wir rufen zunächst ein `learner`-Objekt auf, mit dem wir interagieren, um das Modell zu trainieren, anstatt das Modell selbst zu erstellen (wobei wir dieses als Parameter übergeben). Zusätzlich stellen wir auch einen Dropout-Wert bereit (wir verwenden den, der in den fast.ai-Schulungsmaterialien vorgeschlagen wird):

```
learn = language_model_learner(data_lm, AWD_LSTM, drop_mult=0.3)
```

Sobald wir das `learner`-Objekt initialisiert haben, können wir die optimale Lernrate ermitteln. Hierzu gehen wir mit der gleichen Methode vor wie in Kapitel 4, außer dass sie bereits in der Bibliothek integriert ist und einen exponentiellen gleitenden Durchschnitt verwendet, um die Kurve zu glätten. Wie Sie sehen konnten, verlief diese in unserer Implementierung ziemlich spitz:

```
learn.lr_find()
learn.recorder.plot()
```

In Abbildung 9-12 sieht es so aus, als würde die Kurve beim Wert `1e-2` am stärksten abzufallen beginnen – dementsprechend nehmen wir diesen Wert als unsere Lernrate. fast.ai verwendet eine Methode namens `fit_one_cycle`, die einen sogenannten 1cycle-Lernratenplaner (siehe »Weiterführende Literatur« auf Seite 236 für Details zu 1cycle) und sehr hohe Lernraten verwendet, um ein Modell in weniger Epochen trainieren zu können.

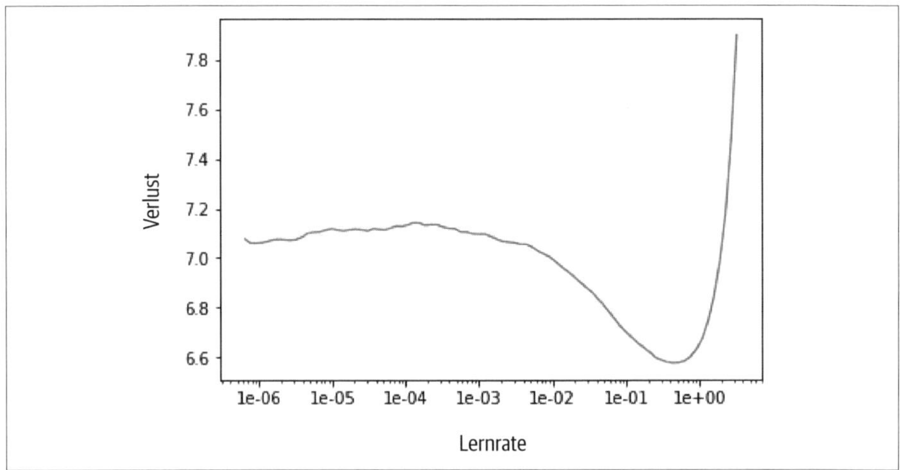

Abbildung 9-12: ULMFiT-Lernraten-Plot

Hier trainieren wir das Netzwerk nur für eine Epoche und speichern den fein abgestimmten Teil des Netzwerks ab (den *Encoder*):

```
learn.fit_one_cycle(1, 1e-2)
learn.save_encoder('fine_tuned_enc')
```

Nachdem die Feinabstimmung des Sprachmodells vollzogen ist (Sie möchten vielleicht mit mehr Epochen im Training experimentieren), stellen wir für die eigentliche Klassifizierungsaufgabe ein neues `databunch`-Objekt bereit:

```
twitter_classifier_bunch = (TextList
            .from_csv("./twitter-data/", "train-processed.csv",
                      cols=5, vocab=data_lm.vocab)
            .split_by_rand_pct()
            .label_from_df(cols=0)
            .databunch()
)
```

Der einzige Unterschied besteht darin, dass wir hier die eigentlichen Labels durch die Verwendung von `label_from_df` bereitstellen und ein `vocab`-Objekt, das aus dem Training des Sprachmodells resultiert, übergeben. Mit Letzterem stellen wir sicher, dass exakt die gleiche Zuordnung von Wörtern zu Zahlen verwendet wird. Anschließend können wir ein neues `text_classifier_learner`-Objekt erstellen, bei dem die Bibliothek hinter den Kulissen die gesamte Modellerstellung für Sie übernimmt. Wir laden den fein abgestimmten Encoder zu diesem neuen Modell hinzu und beginnen erneut mit dem Trainingsprozess:

```
learn = text_classifier_learner(twitter_classifier_bunch, AWD_LSTM,
                                drop_mult=0.5)
learn.load_encoder('fine_tuned_enc')

learn.lr_find()
learn.recorder.plot()

learn.fit_one_cycle(1, 2e-2, moms=(0.8,0.7))
```

Trotz des geringen Aufwands haben wir einen Klassifikator erstellt, der eine Genauigkeit von 76% aufweist. Wir könnten diesen noch ohne Weiteres verbessern, indem wir das Sprachmodell über mehrere Epochen trainieren, differenzielle Lernraten hinzufügen oder Teile des Modells während des Trainings einfrieren. Dies ließe sich leicht umsetzen, da diese Methoden im Rahmen der fast.ai-Bibliothek bereits für das `learner`-Objekt vordefiniert sind.

Welches Modell verwenden?

Nach dieser kleinen Einführung in die aktuellsten Textmodelle im Bereich des Deep Learning stellt sich Ihnen wahrscheinlich eine Frage: »Das ist alles großartig, aber welches davon sollte ich eigentlich *verwenden*?« Für Klassifizierungsaufgaben schlage ich im Allgemeinen vor, dass Sie mit ULMFiT beginnen. BERT mag zwar beeindruckend sein, aber ULMFiT ist in Bezug auf die Genauigkeit durchaus mit BERT konkurrenzfähig. Und es hat den zusätzlichen Vorteil, dass Sie nicht erst TPU-Guthaben kaufen müssen, um das Beste aus ihm herauszuholen. Eine einzige GPU zur Feinabstimmung von ULMFiT sollte für die meisten Anwendungen ausreichend sein.

Bei Klassifizierungsaufgaben dürfte es schwer werden, mit GPT-2 die gleiche Leistung wie mit ULMFiT oder BERT zu erreichen. Wenn Sie jedoch Text erzeugen möchten, ist GPT-2 besser geeignet. Meines Erachtens könnte es zum Beispiel interessant sein, GPT-2 im Rahmen der Datenaugmentation einzusetzen; wenn Sie einen Datensatz wie den zuvor verwendeten Sentiment140-Datensatz haben, warum sollten Sie dann nicht ein GPT-2-Modell auf diesen fein abstimmen und zur Erzeugung weiterer Daten verwenden?

Selbstüberwachtes Training mit PyTorch Lightning auf Basis von Bildern

Im Deep Learning steht das Thema *Selbstüberwachung* (engl. Self-Supervision) derzeit besonders hoch im Kurs. Ja, Deep Networks und Transfer Learning sind heute schon wieder alte Hüte – um an das große Wagniskapital zu kommen, sollte irgendwo in Ihrem Pitch-Deck das Schlagwort *Self-Supervision* auftauchen. Wie Transfer Learning basiert es im Kern auf einer sehr einfachen Idee: Es gibt so viele Daten auf der Welt – wie können wir sie labeln, ohne dafür den menschlichen Annotationsaufwand und die damit verbundenen Kosten in Kauf nehmen zu müssen? Und die Antwort kommt einem so vor, als ginge es dabei nicht mit rechten Dingen zu. *Selbstüberwachung* ist im Wesentlichen nichts anderes, als sich »einen Computer zu besorgen, um automatisch Labels zu all Ihren Daten hinzuzufügen, ein Netzwerk auf *diese* Daten zu trainieren und dann Transfer Learning auf die Aufgabe anzuwenden, die Sie tatsächlich lösen möchten«. Das war's. Interessant ist nur, wie man entscheidet, welche Labels man in der sogenannten »Pretext Task« hinzufügt. Die Methode ist überraschend effektiv, vor allem bei bild- und textbasierten Aufgabenstellungen, für die das Internet einen schier endlosen Vorrat an Daten bereitstellt.

Werfen wir einen Blick auf die beiden derzeit sehr beliebten Hauptansätze beim bildbasierten selbstüberwachten Lernen: einerseits, wie wir eine ursprüngliche Eingabe aus einer verzerrten Eingabe wiederherstellen, und andererseits, wie es möglich ist, unseren Daten automatisch Labels hinzuzufügen und das Modell dann unter Nutzung dieser synthetischen Labels zu trainieren.

Rekonstruieren und Erweitern der Eingabe

Erinnern Sie sich an unsere Super-Resolution-Architekturen zurück – sie nehmen ein kleines Bild entgegen und erzeugen ein größeres, verbessertes Bild. Für unsere vorliegende Aufgabe können wir ziemlich einfach einen selbstüberwachten Datensatz erhalten, und zwar indem wir das Prinzip hinter den Super-Resolution-Architekturen einfach umkehren: Wir sammeln erst Bilder aus dem Internet und erstellen dann kleinere Versionen davon. Dementsprechend haben wir sowohl Trainingsbilder als auch die zugrunde liegenden Labels (die Originalbilder). Wenn Sie ein Modell erstellen möchten, das Bilder einfärbt, nehmen Sie einfach Farbbilder und wandeln sie anschließend in Schwarz-Weiß-Bilder um!

Dies lässt sich auf ein allgemeineres Prinzip ausweiten: Dafür nehmen Sie ein Bild zur Hand, wenden eine Reihe von Transformationen auf dieses Bild an und trainieren dann ein neuronales Netzwerk, um von dem veränderten Bild zum Original zu gelangen. Am Ende erhalten Sie eine Art U-Net-Architektur. Sobald Sie das Netzwerk trainiert haben, können Sie die *Decoder*-Hälfte ausrangieren und den *Encoder*-Teil für Ihre eigentliche Aufgabe verwenden, indem Sie die Aktivierungen des Blocks am unteren Rand des *U* in eine oder zwei Linear-Schichten einführen.

Sicherlich interessieren Sie sich auch für Augmentationstechniken, die die Architektur zwingen, gewisse Dinge zu lernen, wie z. B. die Strukturierung von Bildelementen, das Einmalen fehlender Bildteile, die Bildausrichtungskorrektur und so weiter. Hier sind für den Anfang ein paar Beispiele.

CutOut und RandomErasing

Am einfachsten ist es vielleicht, nur einen Teil eines Bilds zu entfernen und das Modell dazu zu bringen, es wiederherzustellen. Dieser Ansatz ist allgemein als `CutOut` bekannt. Wie in dem Forschungsartikel »Improved Regularization of Convolutional Neural Networks with Cutout« (*https://arxiv.org/abs/1708.04552*) gezeigt wurde, führt er zu einer Verbesserung der Modellleistung bei Klassifizierungsaufgaben.

Außerdem ist er ziemlich einfach zu implementieren, da seit PyTorch-Version 1.5 standardmäßig die entsprechende `torchvision`-Transformation enthalten ist. Sie können sie wie folgt verwenden:

```
torchvision.transforms.RandomErasing(p, scale, ratio value, inplace)
```

Dieser Code kann problemlos in eine Transformationspipeline eingebunden werden, wie wir es im Verlauf des Buchs schon oft gesehen haben. Die Parameter, die Sie dabei festsetzen können, sind:

- `p` – die Wahrscheinlichkeit, dass die Transformation erfolgt.
- `scale` – mögliche Bandbreite für den Anteil des gelöschten Bereichs in Relation zum gesamten Eingabebild.
- `ratio` – mögliche Bandbreite für das Seitenverhältnis des gelöschten Bereichs.
- `value` – der Wert, der in dem gelöschten Rechteck verwendet wird. Der Standardwert ist 0. Wird eine einzelne Ganzzahl angegeben, wird diese Ganzzahl verwendet. Ein Tupel der Länge 3 bewirkt, dass im Rahmen der Transformation die Werte der R-, G- und B-Kanäle ersetzt werden. Wenn der String `"random"` übergeben wird, wird jedes Pixel in dem Rechteck durch einen Zufallswert ersetzt.
- `inplace` – boolesche Variable, die angibt, ob die Transformation `inplace` vollzogen werden soll (d. h., ob der Tensor dabei verändert werden soll, ohne eine Kopie zu erstellen). Die Standardeinstellung ist `False`.

Im Allgemeinen sollten Sie wahrscheinlich die zufällige Strategie (`random`) zum Löschen von Details aus einem Bild verwenden.

Verunstalten

Crappify ist eine lustige Idee aus einem Projekt von fast.ai, bei der Ihre Bilder buchstäblich *verunstaltet* werden. Das Konzept ist einfach: Erstellen Sie eine Transformationsfunktion mit Augmentationen wie Größenänderung, Hinzufügen von Text und JPEG-Artefakten oder etwas anderem, das Sie hinzufügen möchten, um das Bild zu verunstalten, und trainieren Sie anschließend das Netzwerk, um alles wieder in den Originalzustand zu überführen.

Daten automatisch labeln

Die vollständig bildbasierte Selbstüberwachung funktioniert sehr gut. Man könnte jedoch argumentieren, dass sie bei einer Klassifizierungsaufgabe ein wenig verschwenderisch ist; am Ende trainiert man ein komplettes U-Net und wirft die Hälfte davon weg. Gibt es eine Möglichkeit, weniger Aufwand zu betreiben und dennoch selbstüberwachtes Training zu ermöglichen?

Ja! Tatsächlich werden wir im weiteren Verlauf dieses Abschnitts genau das umsetzen. Betrachten Sie dieses Bild:

Abbildung 9-13: Selbstüberwachte Katze Helvetica

Okay, es ist ein weiteres Bild von Helvetica, der Katze. Aber es würde einer Person bedürfen, die uns das Bild annotiert und das Label `Katze` hinterlegt. Allerdings können wir dieses Bild nehmen, es *transformieren* und ihm gleichzeitig automatisch ein aussagekräftiges Label geben.

Abbildung 9-14: Selbstüberwachte Katze Helvetica, um 90 Grad gedreht

Wir benennen das neue Bild einfach `image_90`, um zu kennzeichnen, dass es um 90 Grad gedreht wurde. Aber um dieses (triviale) Label zu erhalten, war kein menschliches Zutun erforderlich. Wir können eine vollständig synthetische Klassifizierungsaufgabe erstellen, bei der wir einen Trainingsdatensatz und entsprechende Labels vollständig programmgesteuert erzeugen können. Wir müssen auch keinen U-Net-Block erstellen. Wir möchten unser Modell lediglich für einfache Klassifizierungsaufgaben trainieren, nicht für eine Bildrekonstruktion. Aber um zu lernen, wie man richtig klassifiziert, muss das Modell lernen, wie eine Katze normalerweise aussieht, wenn sie aufrecht steht. Und dieses vortrainierte Modell kann dann für unsere eigentliche Klassifizierungsaufgabe verwendet werden.

Wir sind im Begriff, genau diesen Ansatz zur Selbstüberwachung umzusetzen. Dafür nutzen wir jedoch ein anderes Framework, das auf PyTorch aufbaut – PyTorch Lightning!

PyTorch Lightning

PyTorch Lightning (*https://github.com/PyTorchLightning/pytorch-lightning*) ist ein PyTorch-Wrapper, der einen großen Teil des standardmäßigen PyTorch-Grundgerüsts handhabt, das Sie am Ende für jedes Projekt benötigen (z.B. Training, Test- und Validierungsschleifen, die Bestimmung, ob ein Modell im `eval`-Modus sein soll oder nicht, das Einrichten von Daten und so weiter). Wie fast.ai hat es ein erweiterbares Callback-System, das es Ihnen erlaubt, in fast jedem Teil des Trainingsvorgangs benutzerdefinierten Code einzubinden. So können Sie am Ende fast die ganze Leistungsfähigkeit PyTorchs nutzen, ohne dass Sie bei jedem neuen Projekt erneut die `train()`-Funktion schreiben müssen. PyTorch Lightning ermöglicht uns, ein benutzerdefiniertes Modell mit nur ein paar Zeilen Code zu trainieren:

```
from pytorch_lightning import Trainer

model = LightningModel()
trainer = Trainer(gpus=1, num_nodes=1)
trainer.fit(model)
```

Einige Menschen ziehen es vor, die ganze Zeit ausschließlich auf PyTorch zu setzen, aber ich sehe definitiv einen großen Wert in PyTorch Lightning, da es einen großen Teil des fehleranfälligen Trainingscodes beseitigt und trotzdem für Forschungszwecke flexibel genug bleibt. Ich persönlich schreibe den größten Teil meines Deep-Learning-Codes entweder mit Lightning oder fast.ai und nicht in bloßem PyTorch (die neue fast.ai2-Bibliothek hat sogar eine differenzierte Schnittstelle, die es Ihnen ermöglicht, bei Bedarf tiefer in die Materie einzudringen, aber dennoch ihre leistungsstarken Abstraktionen auf höherer Ebene für den größten Teil Ihrer Arbeit zu verwenden).

Machen Sie sich aber keine Sorgen. Denn wie wir sehen werden, unterscheidet sich der Bau eines Modells mit PyTorch Lightning nicht allzu sehr von dem, was wir im

Rest des Buchs gemacht haben. Wir brauchen uns nur nicht so sehr um die Ausgestaltung des Trainings zu kümmern!

Der Imagenette-Datensatz

Zur Veranschaulichung des selbstüberwachten Trainingsvorgangs verwenden wir eine kleinere Version von ImageNet mit dem Namen *Imagenette* (*https://github.com/fastai/imagenette*). Dieser Datensatz enthält Bilder aus zehn Kategorien des größeren Satzes und wurde von Jeremy Howard erstellt. Mit ihm können neue Ideen schnell an einer repräsentativen Stichprobe des ImageNet-Datensatzes getestet werden, da wir im Vergleich zur Verwendung des gesamten Datensatzes weniger Zeit zum Trainieren benötigen. Wir verwenden für unser Modell die Vollversion des Imagenette-Datensatzes, was einem Download von 300 MB entspricht. Deklarieren wir zunächst unsere Importe und laden wir den Imagenette-Datensatz herunter.

```
pip install pytorch-lightning
wget https://s3.amazonaws.com/fast-ai-imageclas/imagenette2-320.tgz
tar xvzf imagenette2-320.tgz

import pytorch_lightning as pl
import random
import torch
import torch.nn as nn
import torch.nn.functional as F
import torchvision
import torchvision.transforms.functional as TF

from pathlib import Path
from PIL import Image
from torch.utils.data import DataLoader
from torchvision import models, transforms
from torchvision.datasets import ImageFolder
```

Einen selbstüberwachten Datensatz erstellen

Auch wenn wir PyTorch Lightning verwenden, konstruieren wir unsere Datensätze auf die übliche Weise mit der `Dataset`-Klasse. Wird ein Bild angefordert, geben wir entweder einfach eine Tensorversion des Bilds mit dem Label `0` zurück, oder wir wenden zufällig eine Rotationstransformation um 90, 180 oder 270 Grad an. Oder wir spiegeln die Bildachse entweder horizontal oder vertikal. Jede dieser möglichen Transformationen hat ein separates Label, sodass wir für jedes Bild sechs mögliche Labels erhalten. Beachten Sie, dass wir in dieser Pipeline keine Normalisierung vornehmen, um die Dinge relativ einfach zu halten. Es steht Ihnen frei, die übliche ImageNet-Normalisierung hinzuzufügen, wenn Sie es wünschen.

```
class RotationalTransform:
    def __init__(self, angle):
        self.angle = angle
```

```
    def __call__(self, x):
        return TF.rotate(x, self.angle)

class VerticalFlip:
    def __init__(self):
        pass
    def __call__(self, x):
        return TF.vflip(x)

class HorizontalFlip:
    def __init__(self):
        pass
    def __call__(self, x):
        return TF.hflip(x)
```

Wir packen diese Transformationen dann in eine `Dataset`-Klasse, die die gewünschte Transformation ausführt, sobald die `__getitem__`-Methode aufgerufen wird und das entsprechende Label der jeweils vollzogenen Transformation zurückgibt.

```
class SelfSupervisedDataset(object):
    def __init__(self, image_path=Path("imagenette2-320/train")):
        self.imgs = list(image_path.glob('**/*.JPEG'))
        self.class_transforms = [RotationalTransform(0),
                                 RotationalTransform(90),
                                 RotationalTransform(180),
                                 RotationalTransform(270),
                                 HorizontalFlip(),
                                 VerticalFlip()]
        self.to_tensor = transforms.Compose([transforms.ToTensor()])
        self.classes = len(self.class_transforms)

    def __getitem__(self, idx):
        img = Image.open(self.imgs[idx])
        label = random.choice(range(0, self.classes))
        img = img.convert("RGB")
        # Zuerst Größe ändern, dann unsere ausgewählte Transformation
        # anwenden und schließlich in Tensor umwandeln.
        transformed_image = self.to_tensor(self.class_transforms[label](
                                    transforms.Resize((224,224))(img)))
        return transformed_image, label

    def __len__(self):
        return len(self.imgs)
```

Ein Modell mit PyTorch Lightning erstellen

Nachdem unser Datensatz fertiggestellt ist, sind wir nun bereit, eine `LightningModule`-Klasse zu formulieren, die das Modell abbildet, das wir mit diesen Daten trainieren. Das Schreiben eines Modells in PyTorch Lightning unterscheidet sich nicht allzu sehr vom herkömmlichen PyTorch-Ansatz, den wir im ganzen Buch verfolgt haben. Es gibt jedoch einige Ergänzungen, die die Klasse in sich geschlossener machen und es PyTorch Lightning ermöglichen, Dinge wie das Trainieren des Modells für uns zu erledigen. Hier ist ein Grundgerüst einer LightningModule-Klasse:

```
class SkeletonModel(pl.LightningModule):
    def __init__(self):
        pass
    def forward(self, x):
        pass
    def train_dataloader(self):
        pass
    def training_step(self, batch, batch_idx):
        pass
    def configure_optimizers(self):
        pass
    def prepare_data(self):
        pass
```

Wie Sie sehen können, gibt es auch hier die uns bereits bekannten Methoden __init__ und forward(), die genauso wie in PyTorch funktionieren. Darüber hinaus stehen uns jetzt auch Methoden für verschiedene Aspekte des Trainingsvorgangs zur Verfügung, einschließlich der Einrichtung von DataLoader-Objekten und der Ausführung von Trainings- und Validierungsroutinen. Ferner gibt es eine prepare_data-Methode, mit der eine beliebige Vorverarbeitung des Datensatzes durchgeführt werden kann, sowie eine configure_optimizer-Methode, mit der wir den Optimierungsalgorithmus in unserem Modell einrichten.

PyTorch Lightning stellt zudem Hooks für viele andere Komponenten des Trainingsprozesses bereit (z. B. für die Handhabung von Validierungsroutinen und DataLoader-Objekten, das Ausführen von Code zu Beginn oder am Ende von Trainingsepochen und vieles mehr). Jedoch kommen diese seltener zum Einsatz.

Nachdem wir nun den strukturellen Aufbau der Klasse vor Augen haben, können wir ein Modell auf Grundlage der ResNet-34-Architektur erstellen. Dabei verändern wir lediglich den letzten Abschnitt des Modells. Beachten Sie, dass wir hier kein vortrainiertes ResNet-Modell verwenden, sondern eins von Grund auf trainieren. Wir fügen auch eine weitere Methode hinzu, validation_epoch_end, die die Statistiken für Verlust und Genauigkeit auf unseren Validierungsdatensatz am Ende jeder Epoche aktualisiert.

```
class SelfSupervisedModel(pl.LightningModule):
    def __init__(self, hparams=None, num_classes=6, batch_size=64):
        super(SelfSupervisedModel, self).__init__()
        self.resnet = models.resnet34(pretrained=False)
        self.resnet.fc = nn.Sequential(
                                      nn.Linear(512, 256),
                                      nn.ReLU(),
                                      nn.Linear(256, num_classes)
        )
        self.batch_size = batch_size
        self.loss_fn = nn.CrossEntropyLoss()
        if "lr" not in hparams:
```

```
            hparams["lr"] = 0.001
        self.hparams = hparams

    def forward(self, x):
        return self.resnet(x)

    def training_step(self, batch, batch_idx):
        inputs, targets = batch
        predictions = self(inputs)
        loss = self.loss_fn(predictions, targets)
        return {'loss': loss}

    def configure_optimizers(self):
        return torch.optim.Adam(self.parameters(), lr=self.hparams["lr"])

    def prepare_data(self):
        self.training_dataset = SelfSupervisedDataset()
        self.val_dataset = SelfSupervisedDataset(Path("imagenette2-320/val"))

    def train_dataloader(self):
        return DataLoader(self.training_dataset,
                  batch_size=self.batch_size, num_workers=4, shuffle=True)

    def val_dataloader(self):
        return DataLoader(self.val_dataset,
                  batch_size=self.batch_size, num_workers=4)

    def validation_step(self, batch, batch_idx):
        inputs, targets = batch
        predictions = self(inputs)
        val_loss = self.loss_fn(predictions, targets)
        _, preds = torch.max(predictions, 1)
        acc = torch.sum(preds == targets.data) / (targets.shape[0] * 1.0)
        return {'val_loss': val_loss, 'val_acc': acc}

    def validation_epoch_end(self, outputs):
        avg_loss = torch.stack([x['val_loss'] for x in outputs]).mean()
        avg_acc = torch.stack([x['val_acc'].float() for x in outputs]).mean()
        logs = {'val_loss': avg_loss, 'val_acc': avg_acc}
        return {'progress_bar': logs}
```

Nachdem wir das Modell definiert haben, können wir mit dem Trainieren beginnen. Hierfür verwenden wir die Trainer-Klasse von PyTorch Lightning. Wir übergeben den Parameter max_epochs, um das Modell nur fünf Epochen lang mit einer Lernrate von 0.001 zu trainieren (auch wenn es in dem Framework ebenfalls eine lr_finder-Methode gibt, um eine angemessene Lernrate zu finden – sie verwendet den gleichen Ansatz, den wir zuvor im Buch verfolgt haben bzw. den Sie aus der fast.ai-Bibliothek kennen). Wir müssen der Trainer-Methode auch mitteilen, wie viele GPUs wir zur Verfügung haben; wenn mehr als eine vorhanden und verfügbar ist, verwendet die Klasse nur so viele GPUs gleichzeitig, wie Sie angeben.

```
model = SelfSupervisedModel({'lr': 0.001})
trainer = pl.Trainer(max_epochs=5, gpus=1)
```

```
trainer.fit(model)
trainer.save_checkpoint("selfsupervised.pth")
```

Wir haben das Modell nun fünf Epochen lang vortrainiert und gespeichert. Widmen wir uns jetzt dem eigentlichen Training. Diesmal möchten wir keine Rotationen oder Spiegelungen klassifizieren, sondern die ImageNet-Kategorie bestimmen, zu der ein Bild gehört. Das können wir relativ einfach bewerkstelligen, indem wir die aktuellen `DataLoader`-Objekte gegen solche austauschen, die die Bilder und Labels für den bereitgestellten Imagenette-Datensatz zurückgeben. Dafür nutzen wir die bereits bekannte `ImageFolder`-Klasse:

```
tfms = transforms.Compose([
            transforms.Resize((224,224)),
            transforms.ToTensor()
        ])

imagenette_training_data = ImageFolder(root="imagenette2-320/train/",
                                       transform=tfms)

imagenette_training_data_loader = DataLoader(imagenette_training_data,
                                             batch_size=64,
                                             num_workers=4,
                                             shuffle=True)

imagenette_val_data = ImageFolder(root="imagenette2-320/val/",
                                  transform=tfms)

imagenette_val_data_loader = DataLoader(imagenette_val_data,
                                        batch_size=64,
                                        num_workers=4)
```

Wir laden dann unseren gespeicherten Checkpoint und verändern den letzten Abschnitt des Klassifikators, sodass dieser nun die zehn Labels aus dem ImageNet-Datensatz anstelle unserer selbstüberwachten Labels vorhersagt. Anschließend trainieren wir das Modell für fünf weitere Epochen mit den selbstüberwachten Trainingsdaten.

```
model = model.load_from_checkpoint("selfsupervised.pth")
model.resnet.fc[2] = nn.Linear(256,12)
```

Wir führen das Training erneut mit der `Trainer`-Klasse durch. Aber dieses Mal führen wir die neuen Trainings- und Validierungs-`DataLoader` ein, die wir kurz zuvor definiert haben (dadurch wird `prepare_data` während des Trainingsvorgangs nicht von PyTorch Lightning aufgerufen).

```
trainer = pl.Trainer(max_epochs=5, gpus=1)
trainer.fit(model,
            train_dataloader=imagenette_training_data_loader,
            val_dataloaders=imagenette_val_data_loader)
```

Die Genauigkeit des Modells lag nach der letzten (zehnten) Trainingsepoche meines Testlaufs bei etwa 54 % – was gar nicht so schlecht ist, wenn man bedenkt, dass wir nur fünf Epochen mit den Daten selbst trainiert haben (und in dieser Pipeline keine Augmentation vorgenommen haben). Aber war es diesen Aufwand wirklich wert? Nun, überprüfen wir es! Wenn wir unser Modell von Grund auf neu erstellen, einfach die unüberwachten `DataLoader`-Objekte im Rahmen des Trainings- und Validierungsvorgangs übergeben und das Modell für zehn Epochen trainieren, können wir einen Vergleich zwischen diesem Ergebnis und dem von unserem selbstüberwachten Modell anstellen.

```
standard_model = SelfSupervisedModel({'lr': 0.001}, num_classes=12)
trainer = pl.Trainer(max_epochs=10, gpus=1)
trainer.fit(standard_model,
            train_dataloader=imagenette_training_data_loader,
            val_dataloaders=imagenette_val_data_loader)
```

Im Rahmen meines Trainingsdurchlaufs schloss es mit einer (besten) Genauigkeit von 33% über zehn Epochen ab. Wir können sehen, dass das Vorabtraining mit dem selbstüberwachten Datensatz zu einer besseren Leistung führt, obwohl das Modell nur fünf Epochen lang auf die eigentliche Aufgabe trainiert wurde.

Weitere Möglichkeiten zur Selbstüberwachung (und darüber hinaus)

Wir haben nun auch die Welt des selbstüberwachten Lernens kennengelernt. Wenn Sie tiefer eintauchen möchten, könnten Sie mit dem Grundgerüst, das wir gerade eingeführt haben, weiter experimentieren. Können Sie die Leistung verbessern, indem Sie der ursprünglichen Pipeline vielleicht noch weitere Transformationen hinzufügen? Oder durch eine Ausweitung des Trainings zur Feinabstimmung? Oder durch größere ResNet-Architekturen?

Darüber hinaus empfehle ich Ihnen dringend, einen Blick auf das *kontrastive Lernen* (engl. Contrastive Learning) zu werfen. Dabei handelt es sich um eine Vorgehensweise, bei der das Modell trainiert wird, indem ihm vergrößerte und nicht vergrößerte Bilder und ein weiteres Bild einer völlig anderen Kategorie gezeigt werden. Dies erweist sich als ein weiterer leistungsfähiger Ansatz, so viel wie möglich aus einem begrenzten Datensatz zu ziehen, der zudem bereits in vielen hochmodernen Studien im Rahmen der ImageNet-Klassifikation zum Einsatz kam.

Zusammenfassung

In diesem Kapitel haben wir uns mit weiteren Aspekten von PyTorch befasst. Dazu gehörten auch Bibliotheken mit bereits existierenden Modellen, die Sie in Ihre eigenen Projekte importieren können, sowie einige hochmoderne Ansätze zur Datenaugmentation, die in jedem Bereich angewandt werden können. Des Weiteren haben wir einen Blick auf Adversarial Samples geworfen, die den Erfolg Ihres Modells zunichtemachen können, wenn Sie sich nicht davor schützen. Ich hoffe, dass Sie am Ende unserer Reise verstehen, wie neuronale Netze aufgebaut werden und wie man Bild-, Text- und auch Tondaten als Tensoren durch sie hindurchströmen lässt. Sie sollten imstande sein, sie zu trainieren, Daten zu augmentieren, mit Lernraten zu experimentieren und sogar Modelle zu debuggen, wenn sie nicht einwandfrei funktionieren. Und wenn Sie all das erledigt haben, wissen Sie, wie man sie in Docker paketiert und so einrichtet, dass sie Anfragen aus der ganzen Welt bedienen können.

Wie geht es jetzt weiter? Schauen Sie doch einmal in den PyTorch-Foren vorbei und sehen Sie sich die übrigen Dokumentationen auf der Webseite an. Ich empfehle auf jeden Fall auch den Besuch der fast.ai-Community, selbst wenn Sie die Bibliothek am Ende nicht benutzen. Dort herrscht reges Treiben – es gibt viele gute Ideen, und Sie treffen Leute an, die mit neuen Ansätzen experimentieren, aber auch freundlich zu Neueinsteigern sind!

Es wird immer schwieriger, an der vordersten Front des Deep Learning dranzubleiben. Die meisten Publikationen werden auf arXiv (*https://arxiv.org*) veröffentlicht. Die Veröffentlichungsrate scheint jedoch fast exponentiell zu steigen. Während ich diese Zusammenfassung verfasst habe, wurde XLNet (*https://arxiv.org/abs/1906.08237*) veröffentlicht, das BERT bei verschiedenen Aufgaben anscheinend übertrifft. Es wird nie aufhören! Um kontinuierlich auf dem aktuellsten Stand zu bleiben, habe ich Ihnen hier noch ein paar Twitter-Accounts aufgelistet, auf denen oft interessante Artikel empfohlen werden. Ich rate Ihnen, diesen zu folgen, um einen Vorgeschmack auf aktuelle und interessante Veröffentlichungen zu bekommen. Zu gegebener Zeit könnten Sie auch ein Tool wie den arXiv Sanity Preserver (*http://arxiv-sanity.com*) verwenden, um die Veröffentlichungen nach Themen sortieren oder sogar tagesaktuell verfolgen zu können.

Zu guter Letzt habe ich ein GPT-2-Modell auf Grundlage dieses Buchs trainiert; es würde gern ein paar Worte dazu sagen:

> Deep learning *is a key driver of how we work on today's deep learning applications, and deep learning is expected to continue to expand into new fields such as image-based classification and in 2016, NVIDIA introduced the CUDA LSTM architecture. With LSTMs now becoming more popular, LSTMs were also a cheaper and easier to produce method of building for research purposes, and CUDA has proven to be a very competitive architecture in the deep learning market.*

Wie Sie sehen können, ist es erfreulicherweise noch ein langer Weg, bis wir Autoren arbeitslos sind. Aber vielleicht können Sie ja helfen, das zu ändern!

Weiterführende Literatur

- Ein Überblick über aktuelle Super-Resolution-Techniken (*https://arxiv.org/pdf/1902.06068.pdf*)
- Ian Goodfellows Vorlesung zu GANs (*https://www.youtube.com/watch?v=Z6rxFNMGdn0*)
- You Only Look Once (YOLO) (*https://pjreddie.com/darknet/yolo*), eine Reihe schneller Objekterkennungsmodelle mit sehr gut lesbaren Artikeln

- CleverHans (*https://github.com/tensorflow/cleverhans*), eine Bibliothek mit Generierungstechniken für Adversarial Samples für TensorFlow und PyTorch
- Der veranschaulichte Transformer (*http://jalammar.github.io/illustrated-transformer*), eine ausführliche Einführung in die Architektur der Transformer
- PyTorch Lightning (*https://github.com/PyTorchLightning/pytorch-lightning*)
- A Simple Framework for Contrastive Learning of Visual Representations (*https://arxiv.org/abs/2002.05709*)

Nun noch ein paar interessante Twitter-Accounts:

- *@jeremyphoward* – Mitgründer von fast.ai
- *@miles_brundage* – Forschungswissenschaftler bei OpenAI
- *@BrundageBot* – Twitter-Bot, der täglich eine Zusammenfassung interessanter Beiträge von arXiv liefert (Achtung: twittert oft 50 Beiträge pro Tag!)
- *@pytorch* – offizieller PyTorch-Account

Index

Symbole

A

B

E

F

G

T

U

V

W

X

Z

Über den Autor

Ian Pointer ist Data Engineer. Er hat sich auf Lösungen für Fortune-100-Kunden spezialisiert, die auf Methoden des Machine Learnings (insbesondere Deep Learning) basieren. Ian arbeitet derzeit bei Lucidworks, wo er sich innovativen NLP-Anwendungen und dem Engineering widmet.

Er immigrierte 2011 aus Großbritannien in die Vereinigten Staaten und wurde 2017 amerikanischer Staatsbürger.

Über den Übersetzer

Marcus Fraaß ist Diplom-Volkswirt und Data Scientist. Derzeit beschäftigt er sich insbesondere mit Natural Language Processing und Deep Learning.

Kolophon

Das Tier auf dem Cover von *PyTorch für Deep Learning* ist ein Rotkopfspecht (*Melanerpes erythrocephalus*). Rotkopfspechte sind in den offenen Wäldern und Kiefersavannen Nordamerikas heimisch. Ihr Verbreitungsgebiet umfasst den Osten der Vereinigten Staaten und den Süden Kanadas.

Rotkopfspechte entwickeln ihre auffallend roten Federn erst, wenn sie erwachsen werden. Die erwachsenen Vögel haben einen schwarzen Rücken und Schwanz, einen purpurroten Kopf und Hals und rein weiße Unterseiten. Im Gegensatz dazu haben die jungen Spechte graue Köpfe. Ausgewachsene Rotkopfspechte sind fast so groß wie ein Buntspecht, sie wiegen 55 bis 85 Gramm, haben eine Flügelspannweite von etwa 42 Zentimetern und sind 19-23 Zentimeter lang. Sie brüten im Frühjahr und haben bis zu zwei Bruten pro Jahr. Die Weibchen legen vier bis sieben Eier. Beide Eltern legen die Nisthöhle an, bebrüten die Eier und füttern die Jungtiere.

Rotkopfspechte fressen Insekten, die sie in der Luft fangen können, sowie Samen, Früchte, Beeren und Nüsse. Sie suchen in Bäumen und auf dem Boden nach Futter mit den für Spechte charakteristischen pickenden Bewegungen. Für den Winter legen sie Nahrungsdepots mit Nüssen an, die sie fest in Stammritzen und Rindenspalten einklemmen, sodass sie von anderen Tieren nur schwer entfernt werden können.

Viele der Tiere auf den O'Reilly-Covern sind vom Aussterben bedroht. Doch jedes einzelne von ihnen ist für den Erhalt unserer Erde wichtig.

Der Umschlagentwurf dieses Buchs stammt von Susan Thompson und Michael Oréal, die hierfür einen Stich aus *Pictorial Museum of Animated Nature* verwendet haben. Auf dem Cover verwenden wir die Schriften Gilroy Semibold und Guardian Sans, als Textschrift die Linotype Birka, die Überschriftenschrift ist die Adobe Myriad Condensed, und die Nichtproportionalschrift für Codes ist LucasFonts TheSans Mono Condensed.